CODE RURAL.

DISCOURS PRÉLIMINAIRE.

Depuis la publication des cinq Codes, le public a souvent formé le vœu d'en obtenir un sixième, c'est-à-dire un Code de police rurale. Ce désir, qui a retenti jusque dans la tribune législative, semblerait annoncer l'absence et le besoin d'un pareil Code. Cependant, si cette absence n'est qu'idéale, si les lois en vigueur donnent de solides garanties aux propriétés, si ces garanties suffisent au maintien de l'ordre établi, si nulle contravention, nul délit rural ne peuvent être commis sans être réprimés par les règles existantes, je le demande, où est l'absence d'une législation rurale ? où est le besoin d'en créer une nouvelle ?

Mais si l'on entend sous le rapport du besoin, celui de l'ordre plutôt que la nécessité de créer, je dis que le vœu public est sage, et qu'il est même urgent de le remplir.

Il faut en convenir, nul ordre, nul ensemble n'existe dans la législation de la police rurale. Ses dispositions, ses détails, sa jurisprudence, sont prodigieusement disséminés dans les Codes nouveaux, dans le droit intermédiaire, dans l'ancienne législation et dans les nombreux réglemens, ordonnances et arrêts anciens et modernes.

Des élémens aussi isolés offrent des rapports très-difficiles à saisir. Plusieurs parties présentent des lacunes, des contradictions même, si elles ne sont péniblement comparées avec d'autres textes; et les applications particulières qui sont de tous les jours, de tous les instans, se trouvent noyées pour ainsi dire par l'extrême séparation des matières.

Ces inconvéniens, quoique graves, peuvent se corriger par un travail simple en apparence, mais qui est loin d'être facile.

Rassembler avec goût, clarté, précision, tous les élémens de la police rurale, les disposer et ordonner suivant leur nature et leurs effets dans un cadre particulier à chacun, former de différens articles un tout méthodique qui puisse se lier dans ses rapports et se comparer dans toutes ses parties, c'est ce que nous avons fait dans ce volume, non sans beaucoup de peine.

Nous ne discuterons point sur l'utilité de ce travail. La nature des choses nous paraît avoir prononcé et le vœu public s'est fait entendre; nous nous sommes efforcés d'y répondre. Pour rendre nos analyses plus simples et plus faciles, nous les donnons par ordre alphabétique, ce qui évite d es recherches fatigantes.

On y trouve réunis 1o les dispositions répressives des délits ruraux dont la connaissance est attribuée aux tribunaux correctionnels, avec les développemens ou les explications qui ont paru nécessaires;

2o Les lois et réglemens relatifs aux contraventions rurales qui sont du domaine de la simple police, et qui sont qualifiées telles par l'ancienne et la nouvelle jurisprudence;

3o Les attributions de l'autorité administrative sur la police des campagnes, sur la voirie, l'épizootie, le droit de chasse, l'exercice de la pêche, la conservation des routes, chemins vicinaux et de hallage, des viviers et ruisseaux, des récoltes de tous genres; sur le maintien du bon ordre dans les foires, marchés, fêtes dites patronales; la juridiction de police conférée aux maires des communes rurales non chefs-lieux, leurs attributions en matières de parcours, de vaine pâture, de pâturage, etc., etc.

4° Enfin les arrêts des cours, que nous appelons à juste titre les lumières de la jurisprudence, sont, dans chaque partie traitée, réunis de manière à lever tous les doutes de la théorie, et à rendre faciles les applications de la pratique.

Ainsi, cette réunion analytique présente aux différens pouvoirs qui concourent au maintien de la police rurale toutes les règles et les dispositions qui doivent leur servir de boussole; aux juges, les applications de la loi et la loi elle-même; aux préfets, sous-préfets, maires, adjoints, les mesures à la fois protectrices et répressives qui constituent leurs attributions; enfin aux simples agens champêtres les moyens par lesquels ils doivent régler leur conduite et leurs rapports judiciaires.

Ce n'est pas tout. Il est dans les attributions

des autorités administratives et judiciaires une source féconde d'hésitations et de difficultés qui ne s'alimente que trop chaque jour ; je veux dire les questions de compétence, plus nombreuses et peut-être élevées avec plus d'affectation qu'elles ne le furent dans aucun siècle. Ces doutes fâcheux sur les pouvoirs, sur leur étendue, leurs limites, leurs nuances même, jettent dans l'âme du magistrat une anxiété singulière, et dans l'administration de la justice sinon des désordres, du moins des lenteurs nuisibles au bien public.

Nous avons essayé d'aplanir des difficultés si sérieuses, en présentant d'abord dans nos analyses les lois anciennes, leurs variations intermédiaires et les principes maintenus ou nouvellement cr éés qui font les règles actuelles.

A ces premières comparaisons nous avons réuni les différences, les effets, les variations même des compétences, développées suivant leur importance et toujours décidées par des arrêts.

Par cet ordre simple, nous espérons soulager dans leurs pénibles fonctions MM. les maires et adjoints des campagnes, dont le plus grand nombre n'a pas étudié la science des lois. Nous osons même espérer d'être utile aux magistrats les plus instruits, en leur évitant des recherches aussi longues que pénibles, des rapprochemens et des applications toujours difficiles dans les matières que nous avons traitées.

On nous dira peut-être que cet ouvrage perdrait de son intérêt si les législateurs donnaient un nouveau Code rural. On se tromperait, car les élémens dont nos analyses se composent seraient infailliblement les sources où les législateurs puiseraient; et dans ce cas même, cet ouvrage serait le commentaire naturel de la loi nouvelle.

Mais le temps n'est plus où l'on improvisait les législations. La formation d'un nouveau Code rural, si elle était entreprise, ne serait que l'œuvre de la maturité et d'une prudente lenteur. On peut en juger par le spectacle qui frappe nos yeux depuis la restauration. Combien de lois nées du sein des orages et du despotisme impérial subsistent et doivent subsister long-temps, parce qu'un sage architecte ne détruit pas ce qui est déjà éprouvé, dans l'espoir incertain d'un mieux possible! Le monarque lui-même, du

haut de son trône, a proclamé cette éternelle vé-
rité, que le danger des innovations suit toujours
la manie de créer.

Et une voix ministérielle n'a-t-elle pas dit
dans la tribune législative même : « Le Code rural existe, c'est une erreur d'en douter, il est
dans les lois particulières et dans nos Codes. »

CODE RURAL,

ou

ANALYSE RAISONNÉE

DES LOIS, DÉCRETS, ORDONNANCES,

RÉGLEMENS, AVIS DU CONSEIL D'ÉTAT,

ET ARRÊTS ANCIENS ET MODERNES,

RENDUS EN MATIÈRE DE POLICE RURALE.

ABE

ABANDON. *Voyez* BESTIAUX ABANDONNÉS.

ABEILLES. Pour ne pas nuire au travail aussi ingénieux qu'utile de ces admirables insectes, le législateur a sagement prescrit qu'en cas de saisie légitime de leurs ruches, on ne pourra en opérer le déplacement que dans les mois de décembre, janvier et février. (*Art. 3, sect. 3, du tit. I de la loi du 6 octobre 1791.*)

Mais cette disposition n'est-elle pas paralysée par l'article 524 du Code Civil, qui répute immeubles par destination les ruches à miel? On doit le croire ainsi, puisqu'une autre disposition, expliquant la force de la première, dit en propres termes : « Ne pourront être saisis, 1° les objets que la loi déclare immeubles par destination..... » (*Art. 592 du Code de Procéd.*)

I

Ce point n'est cependant pas le plus essentiel qu'il convient d'examiner ici.

Les abeilles, malgré leur grande utilité, peuvent à la fois devenir importunes et nuisibles ; c'est ce qui arrive même très-souvent. La police doit-elle souffrir que l'on place dans l'intérieur des bourgs et villages, sur les sentiers et chemins, les ruches de ces insectes ? ne doit-elle pas, au contraire, les en faire disparaître avec soin ? Un traité, publié en 1700 par Lamare, décide affirmativement cette question ; et l'auteur cite, comme autorité, un réglement de 1557, qui autorise les officiers de police à faire enlever ou détruire tout ce qui peut nuire ou incommoder dans l'intérieur des villes, bourgs et villages.

On remarque des dispositions à peu près semblables dans quelques lois modernes, notamment dans celle du 24 août 1790. Il est nécessaire que l'autorité administrative, par des arrêtés spéciaux, renouvelle, en les publiant, ces dispositions, et qu'elle établisse un mode d'exécution modéré qui obtienne l'obéissance en persuadant.

Je pense néanmoins qu'une exception légitime doit être admise ici ; c'est-à-dire que toutes les fois que des ruches sont établies dans des lieux suffisamment clos, on doit laisser tranquillement jouir ceux qui les possèdent. La loi veut que toute propriété soit respectée ; elle ne réprime que l'abus que le propriétaire peut en faire au préjudice des voisins ou du public.

Au reste, les contraventions, qui doivent être en ce cas constatées, peuvent se réprimer par les dispositions du deuxième paragraphe de l'article 605 du Code de brumaire an 4, confirmé par le quatrième de l'article 471 du Code Pénal.

La première disposition est ainsi conçue : « Sont punis des peines de simple police...... ceux qui embarrassent les voies publiques; » et la seconde dit : « Ceux qui auront embarrassé la voie publique, en y déposant ou y laissant, *sans nécessité*, des choses quelconques qui empêchent ou diminuent la sûreté du passage. »

On voit que je suppose, en proposant d'appliquer ces textes, que des ruches sont placées près des chemins et carrefours dans les villages. S'il en était autrement, on pourrait appliquer les textes qui sont relatifs à la divagation des animaux malfaisans.

ACCIDENS. *Voyez* BLESSURES D'ANIMAUX.

AGRICULTURE. *Voyez* CULTURE ET INSTRUMENS D'AGRICULTURE.

AMENDES. C'est une peine pécuniaire infligée aux contraventions et délits ruraux. Elle est graduée suivant les faits et les circonstances qui aggravent ou diminuent la culpabilité du délinquant. Elle a été jadis singulièrement variée en matière de police rurale, c'est-à-dire que la fixation de sa valeur était incertaine, et dépendait des prix différens auxquels les autorités locales fixaient les journées de travail, car les lois de juillet 1791, du 6 octobre même année, et du 3 brumaire an 4, ne donnaient d'autres valeurs aux amendes que celles d'un certain nombre de journées de travail, ce qui prêtait quelquefois à l'arbitraire et à la singularité, tellement que, par la différence des lieux et des salaires des journées d'ouvriers, il résultait que le même délit était dans un lieu de la compétence correctionnelle, et dans un autre de la compétence de simple police.

Cet arbitraire était plus grand encore avant la révolution, car on voit très-souvent dans les ordonnances de ce temps ces mots : « *A peine d'amende arbitraire.*» Aussi le célèbre Montesquieu, frappé d'un abus si grave, disait : « C'est plutôt le juge que la loi qui prononce dans ces matières. »

Le nouveau Code Pénal a fait en partie cesser ces abus et ces incertitudes, en fixant, pour chaque amende, une somme positive dans les pénalités qu'il établit. Mais comme il n'a pu ni dû tout embrasser, il laisse par là même subsister l'ancien ordre des amendes pour les matières qu'il n'a pas prévues, et pour lesquelles il ordonne en effet que les anciens réglemens, lois et ordonnances continueront à être exécutés. (*Art.* 484.)

Entrons dans quelques développemens sur la nature des amendes, sur leurs variations encore subsistantes, et sur les principes dont il n'est pas permis de s'écarter dans leur application.

L'amende diffère essentiellement de l'indemnité qui est la réparation civile du délit. L'amende est la satisfaction due à la loi et à la société outragées. On ne peut cependant la regarder comme une peine infamante ou afflictive, mais elle est essentiellement une punition. De là vient qu'il n'est jamais permis aux juges ni aux administrateurs de la remettre sous quelque prétexte que ce soit ; ils peuvent seulement la modifier, dans les cas permis par les lois, à raison des circonstances atténuantes, c'est-à-dire qu'ils ne peuvent se dispenser de prononcer le *minimum* de l'amende.

De là vient encore que les juges ne peuvent aggraver cette peine pour aucun motif quelconque. Il leur est interdit de la prononcer au-dessus du *maximum* déterminé par la loi, sauf les circonstances pour lesquelles cette peine est graduée et élevée par le législateur.

On doit dire aussi que de ce que l'amende est une peine, elle doit être nécessairement subie sans distinctions de personnes ni de fortunes. Ainsi, l'indigent ou l'insolvable ne peut s'excuser sur sa situation fâcheuse, et, s'il ne peut payer, il doit être contraint par corps, du moins pendant un temps raisonnable, que les lois ont toujours su fixer.

L'article 26 du titre I de la loi du 22 juillet 1791 dispose en ces termes : « Ceux qui ne paieront pas dans les trois jours, à dater de la signification du jugement, l'amende prononcée contre eux, y seront contraints par les voies de droit; néanmoins la contrainte par corps ne pourra entraîner qu'une détention d'un mois à l'égard de ceux qui sont insolvables. »

Quelques changemens furent faits à ce texte par la loi du 28 septembre 1791, tit. II, article 5, qui porte que : « Le défaut de paiement des amendes n'entraînera la contrainte par corps que vingt-quatre heures après le commandement. La détention remplacera l'amende, à l'égard des insolvables; mais sa durée en commutation de peine ne pourra excéder un mois. Dans les délits pour lesquels cette peine n'est point prononcée, et dans les cas graves où la détention est jointe à l'amende, elle pourra être prolongée du quart du temps prescrit par la loi. »

Enfin, une dernière variation existe sur ce point. L'art. 467 du nouveau Code Pénal dit : « La contrainte par corps a lieu pour le paiement de l'amende. Néanmoins le condamné ne pourra être, pour cet objet, détenu plus de quinze jours, s'il justifie de son insolvabilité. »

De ces mots : *S'il justifie de son insolvabilité*, s'en-
suit-il que l'on doit attendre une telle justification avant
d'exercer la contrainte par corps contre le condamné?
Je ne le pense pas, autrement il en résulterait que le
coupable ne pourrait être atteint, car alors il se dispen-
serait certainement de donner des preuves de son indi-
gence. Je pense, au contraire, que la contrainte par
corps peut être exercée dès que l'insolvabilité est établie par un procès-verbal de carence, dressé par les
huissiers chargés de mettre à exécution la contrainte
que la régie de l'enregistrement décerne pour le paiement de l'amende. J'ai vu cependant le ministère public
demander la conversion de l'amende en la peine d'emprisonnement, après le constat de l'insolvabilité ; mais
c'est une formalité inutile et frustratoire : inutile, parce
que le jugement qui condamne à l'amende emporte
naturellement la contrainte par corps ; et frustratoire,
parce que cette ordonnance de conversion entraîne de
nouveaux frais à la charge de l'État, qui ne sont pas
plus payés que les premiers par le condamné insolvable.

Au reste, il suffit, pour se persuader du vice d'une
telle méthode, de lire l'article 26, titre I de la loi du
22 juillet 1791, que nous venons de citer. Néanmoins,
la détention peut se prolonger dans les cas prévus par
l'article 53 du Code Pénal actuel.

Mais quelle destination ont ces amendes? Celles de
simple police rurale, versées entre les mains du receveur de l'enregistrement, devaient être employées, aux
termes de la loi du 22 juillet précitée, un quart aux
menus frais du tribunal, un quart aux frais des bureaux
de paix et de jurisprudence charitables, un quart aux

dépenses de la municipalité, et un quart au soulagement des pauvres de la commune.

L'article 466 du Code Pénal dit généralement que
les amendes prononcées pour contravention seront appliquées au profit de la commune où la contravention
aura été commise.

A l'égard des amendes prononcées en police correctionnelle, elles sont aussi perçues par le receveur du droit
d'enregistrement, et, après la déduction de la remise accordée à ce receveur, elles sont appliquées, savoir : un
tiers aux menus frais de la municipalité et du tribunal
de première instance, un tiers à ceux des bureaux de
paix et de jurisprudence charitables, et un tiers au soulagement des pauvres de la commune.

Telles sont du moins les dispositions de l'article 70,
titre II de la même loi du 22 juillet. Des instructions
ministérielles, ou de la régie de l'enregistrement, ont pu
apporter des changemens ou des modifications sur ce
point.

Je viens à la variation des amendes. L'article 4 du
titre II de la loi du 6 octobre 1791 s'exprime ainsi : «Les
moindres amendes seront de la valeur d'une journée de
travail, au taux du pays, déterminé par le directoire du
département. Toutes les amendes ordinaires, qui n'excé-
deront pas la somme de trois journées de travail, seront
doubles, en cas de récidive dans l'espace d'une année,
ou, si le délit a été commis avant le lever ou après le
coucher du soleil; elles seront triples quand les deux circonstances précédentes se trouveront réunies. Elles seront versées dans la caisse de la municipalité du lieu. »

Mais cette variation d'une à trois journées de travail a cessé dès le 24 thermidor an 2, par une disposition de la loi rendue le même jour, qui ordonne que toute amende, pour délits ruraux, ne pourra être moindre de la valeur de trois journées de travail.

Ainsi, on ne connaît plus que quatre variations dans la différence des amendes pour la police rurale, c'est-à-dire celles qui sont encore déterminées par des valeurs équivalentes à un nombre de journées de travail; celles qui sont fixées et graduées par des sommes positives; celles qui se règlent suivant les dommages-intérêts accordés à la partie lésée; et celles enfin qui indiquent la contribution mobilière du délinquant, comme base de leurs valeurs ou de leurs graduations.

Voici à l'égard de ces dernières, une loi spéciale. C'est le décret du 31 juillet 1806.

« Dans tous les lieux où il n'existe point de contribution mobilière, les amendes déterminées par les lois d'après la contribution mobilière seront réglées ainsi qu'il suit :

» 1º Celles portées au quart, au tiers, à la moitié, ou à la totalité de la contribution mobilière, sont de 3 francs à 200 francs ;

» 2º Celles plus fortes que la contribution mobilière sont de 50 fr. à 600 fr. Les juges doivent se conformer, autant que possible, aux proportions indiquées par les lois qui ont réglé les amendes sur la contribution mobilière. »

Ces dispositions ne doivent-elles pas s'appliquer même dans les lieux où la contribution mobilière existe, quand le délinquant n'y est pas imposé? Je le pense ainsi, car c'est la même chose pour lui, que s'il n'y avait pas de contribution mobilière établie. *Ubi eadem ratio, ibi et idem jus.*

Nous ne dirons rien de plus ici sur les variations, la fixité, le *minimum* ou le *maximum* des amendes de la police rurale, dans la crainte d'être réduit à nous répéter dans les articles qui seront consacrés à chaque contravention, ou délits ruraux; il serait d'ailleurs fastidieux de distinguer les amendes pour fait de pêche, de celles qui sont prononcées contre les chasseurs; et les amendes qui tiennent à tel système de prohibition, d'avec celles qui se rattachent à tel autre.

Mais il est essentiel d'observer que l'action, en condamnation d'amende, est éteinte par le décès du prévenu, qui alors a satisfait à la fois à la nature et à la loi. La peine de l'amende est, comme toutes les autres, personnelle au délinquant, dont les héritiers ne peuvent être poursuivis que par la partie civile, à raison des indemnités qui peuvent lui être dues. Ainsi jugé par la Cour régulatrice, le 28 messidor an 8.

C'est encore un caractère particulier à l'amende, qu'elle ne porte point intérêt après qu'elle est prononcée. Le droit romain en contient une règle qui paraît unique, en ce qu'elle ne souffre point d'exception : la voici : *Ejus summæ quam tibi pœnæ nomine inflictam probaturus es, usuræ non exigentur.* (*Leg. I, Cod. de fisc. usur.*)

Cependant l'amende est susceptible de solidarité, de telle sorte que quand le magistrat en prononce le *maximum* contre des complices, chacun peut être contraint solidairement pour la totalité. Telle est la décision de la Cour suprême, du 11 novembre 1807.

Je termine cet article en rappelant une règle consacrée par une décision du ministre de la justice, du 17 floréal an IX. « Dans toutes les matières où la loi prononce des amendes, les juges-de-paix ne peuvent en connaître par voie de conciliation, sans commettre un abus de pouvoir grave : ils priveraient par là le trésor public d'une partie de ses ressources, et ils s'érigeraient en souverains, en faisant grâce des peines. »

ANIMAUX BLESSÉS. *Voyez* BLESSURES.

ANIMAUX DIVAGANS. Je dois parler ici, non-seulement des animaux féroces ou malfaisans, mais encore des animaux domestiques. C'est principalement dans les campagnes que la divagation de différens animaux est fréquente; heureusement elle y est moins nuisible que dans les villes.

On répute animaux domestiques, mais malfaisans, les poules, les canards, les oies, les pigeons et autres volailles; les lapins, les porcs, les vaches, les bœufs, les chiens, qui ne sont ni accompagnés ni retenus par leurs maîtres. Tous ces animaux, quand ils ne sont ni gardés, ni conduits, peuvent nuire de différentes manières : les uns par leurs excrémens qui produisent des exhalaisons malsaines; les autres, par les dégradations qu'ils commettent, par les denrées ou fruits qu'ils mangent, ou détériorent; par la tranquillité des habitans qu'ils troublent.

On regarde comme des animaux furieux ou féroces : les singes, les ours, les taureaux et autres bêtes sauvages, dont l'aspect seul cause une crainte souvent fondée (1).

______

(1) *Bestiæ feræ, mansuetæ mansuefactæ.*

Les maîtres de ces différens animaux, ou ceux qui en sont les gardiens, répondent des dommages qu'ils peuvent commettre et même des amendes qui sont prononcées à cet égard. Des réglemens de police fort anciens l'ont ainsi ordonné, et les lois nouvelles sont dans le même esprit.

On distingue parmi ces documens, un arrêt du 18 février 1688, qui statue « que les maîtres des chiens qui mordent, des chevaux qui ruent, des bœufs qui frappent de la corne, des bêtes farouches que l'on fait voir, sont généralement passibles des dommages qu'ils occasionent ;

» Que le maître des bestiaux est tenu des dégâts qu'ils causent en divagant ; qu'un muletier, un charretier qui n'a pas la force ou l'adresse de conduire une voiture, de retenir un cheval fougueux, est tenu des réparations des maux qui peuvent s'ensuivre ;

» Que celui qui, pour trop charger son cheval ou autre bête, ou qui ne sait pas éviter un passage dangereux, occasione une chute qui cause du dommage, doit en répondre. »

Ces dispositions paraissent respirer tout entières dans la législation transitoire et dans la loi nouvelle. On voit même qu'un arrêt de la cour de Paris, du 24 mai 1810, décide que généralement tout propriétaire d'animaux domestiques (quoique non malfaisans) qui ne prend pas des précautions pour prévenir le mal qu'ils peuvent causer, est tenu de réparer pleinement celui qu'ils ont fait.

Cependant si la personne qui aurait été blessée, mordue ou frappée, avait agacé ou excité l'animal auteur du mal, on pourrait dire que ce serait sa faute, et que le maître ne serait pas responsable des suites de l'événement. En ce cas, le fait seul de la divagation serait punissable.

La loi du 3 brumaire an 4, art. 605, n° 4, dit : « Sont punis des peines de simple police, ceux qui laissent divaguer des insensés ou furieux, ou des animaux malfaisans ou féroces. »

Le nouveau Code Pénal dit mieux : « Seront punis d'amende, depuis six francs jusqu'à dix francs inclusivement : 1° ceux qui auraient laissé divaguer des fous ou des furieux étant sous leur garde, ou des animaux malfaisans ou féroces ; ceux qui auront excité ou n'auront pas retenu leurs chiens lorsqu'ils attaquent ou poursuivent les passans, quand même il n'en serait résulté aucun mal ni dommage. »

On remarque une attention louable dans cette dernière disposition, qui me paraît absolument neuve dans la jurisprudence. Il ne paraît en effet aucun précédent qui ait statué que sans mal ni dommage il y a délit ou contravention, quand les chiens poursuivent les passans et ne sont pas retenus. Cette prévoyance est particulièrement utile dans les campagnes, où la négligence extrême des pâtres, bergers et habitans dé retenir leurs chiens, cause souvent des embarras et des inquiétudes aux étrangers et aux passans.

La contravention dont il s'agit est de la compétence des juges de simple police ; ils en connaissent soit sur la plainte des particuliers lésés, soit sur les procès-verbaux ou rapports des gardes champêtres, des maires ou adjoints. Ceux-ci ont concurrence et prévention même pour dresser ces procès-verbaux. (*Art.* 11 *du Code d'Instruction criminelle.*)

ANIMAUX TUÉS SANS NÉCESSITÉ. L'article 30 du tit. II de la loi du 6 octobre 1791 portait : « Toute personne convaincue d'avoir de dessein prémédité, méchamment, sur le territoire d'autrui, blessé ou tué des bestiaux ou chiens de garde, sera condamné à une amende double de la somme du dédommagement. Le délinquant pourra être détenu un mois si l'animal n'a été que blessé, et six mois si l'animal est mort de sa blessure ou en est resté estropié : la détention pourra être double si le délit a été commis la nuit, ou dans une étable, ou dans un enclos rural. »

Cette peine a paru avec raison trop élevée, et la loi nouvelle l'a modifiée en ces termes :

« Quiconque aura sans nécessité tué un animal domestique dans un lieu dont celui à qui cet animal appartient est propriétaire, locataire, colon ou fermier, sera puni d'un emprisonnement de six jours au moins, et de six mois au plus. S'il y a eu violation de clôture, le *maximum* de la peine sera prononcé. »

On remarque deux circonstances essentielles dans ces textes en les combinant l'un avec l'autre, car ils n'ont qu'un même but et une même base, sauf la différence de la peine.

La première est qu'il s'ensuit naturellement des mots *sans nécessité* ou *méchamment*, que si l'on tue ou blesse un animal pour sa défense ou celle d'autrui, il n'y a ni délit ni contravention, et dès lors la punition ne peut exister. C'est ainsi que le Code même décide en disant dans un autre endroit : « Il n'y a ni délit ni

crime lorsque l'on tue ou blesse pour sa légitime défense ou celle d'autrui. »

La seconde circonstance est que l'animal tué ou
blessé doit être, au moment où il est frappé, sur le terrain dont son maître jouit; autrement, si cet animal est
sur le terrain de celui qui le frappe, on peut présumer
que le propriétaire ou fermier du terrain ne veut que défendre ses récoltes, et qu'il n'agit alors ni méchamment
ni par préméditation. Néanmoins, on peut dire mieux
encore, que celui qui éprouve du dommage sur son terrain par la divagation ou le pâturage d'un animal, ne
doit pas le tuer pour se rendre justice, mais qu'il doit
le faire saisir, mettre en fourrière, et poursuivre son
indemnité contre le maître. Ainsi, celui qui, sur son
propre terrain, tue ou blesse un animal appartenant à
autrui, doit en payer la valeur; sauf à la compenser en
tout ou partie avec le dégât fait par la bête. Mais quant
à la peine du délit, il y a certainement une circonstance
atténuante; et c'est d'ailleurs à la prudence des juges à
décider si l'action est excusable ou non.

Au reste, en parlant de cette peine, nous n'avons
exprimé que la disposition relative à l'emprisonnement;
mais il en est une autre qui prescrit impérieusement
d'infliger encore une amende. C'est ce que l'on voit
dans l'article 455 du Code Pénal.

« Dans les cas prévus par les articles 444 et suivans
jusqu'au précédent article inclusivement, il sera prononcé une amende qui ne pourra excéder le quart des
restitutions et dommages-intérêts, ni être au-dessous
de seize francs. »

On conçoit aisément que l'application de ces peines

est toute dans la compétence des juges correctionnels. *Voyez*, pour complément de cet article, Blessures.

ANIMAUX MALADES. *Voyez* épizooties, morve, bestiaux morts.

Les lois et réglemens qui concernent ces maladies sont une branche particulière de législation à laquelle le Code Pénal n'a point entendu porter atteinte. Il se borne à quelques mesures générales applicables à tous les temps et à tous les lieux. Une personne a-t-elle en sa possession des bestiaux ou animaux infectés de maladie contagieuse, ou soupçonnés de l'être? elle doit en avertir sur-le-champ le maire de la commune où ils se trouvent, et, sans attendre que le maire ait répondu, les tenir enfermés. Autrement, dans l'intervalle qui s'écoulerait entre l'avertissement et la réponse, la communication libre qu'on leur laisserait pourrait occasioner une contagion parmi les autres animaux. Première précaution ordonnée sous peine d'un emprisonnement et d'une amende.

Si l'administration trouve que ces animaux ne sont infectés d'aucune maladie contagieuse, et que dès lors nul danger ne s'oppose à ce qu'on les laisse communiquer avec d'autres, le possesseur peut, d'après la décision administrative, leur rendre la liberté.

Il doit au contraire se l'interdire strictement lorsque la décision est prohibitive. Deuxième précaution dont on ne peut s'écarter, sans encourir un emprisonnement plus long et une amende plus forte que dans le premier cas.

Telle est en peu de mots la théorie des règles que le nouveau Code Pénal consacre en ces matières; règles qui ont été empruntées aux lois et réglemens précédens et même à des instructions ministérielles. Nous ferons connaître toutes ces dispositions avec les développemens dont elles sont susceptibles, à l'article Épizootie, auquel nous devons renvoyer pour empêcher des répétitions inutiles, que nous ne pourrions éviter ici.

ANIMAUX LAISSÉS A L'ABANDON. *Voyez* BESTIAUX ABANDONNÉS.

ANIMAUX MORTS. *Voyez* BESTIAUX MORTS.

ANIMAUX COURANT DANS DES LIEUX HABITÉS. La défense de laisser entrer ou courir les animaux dans les lieux habités se rattache sous plusieurs rapports à la divagation des animaux malfaisans, dont nous avons traité dans un précédent article. (*Voyez* le.) Cette défense est portée par le 4ᵉ paragraphe de l'article 475 du Code Pénal, en ces termes : « Ceux qui auront fait ou laissé courir les chevaux, bêtes de trait, de charge ou de monture, dans l'intéd'un lieu habité, seront punis d'amende depuis six francs jusqu'à dix francs inclusivement. »

La loi ajoute : « Pourra, suivant les circonstances, être prononcé, outre l'amende portée en l'article précédent, l'emprisonnement pendant trois jours au plus contre les rouliers, charretiers, voituriers et conducteurs en contravention. » (*Art.* 476.)

Et en cas de récidive « la peine de l'emprisonnement pendant cinq jours au plus sera toujours prononcée contre toutes les personnes mentionnées dans l'article 475. »

On voit que toutes ces dispositions sont du domaine de la simple police, et que les contraventions qui en résultent se constatent par les gardes champêtres, les maires, adjoints et commissaires de police concurremment.

J'ai dit dans un autre ouvrage [1], et je crois convenable de le répéter ici, que la disposition qui répute contravention le fait de laisser ou faire courir les chevaux et bestiaux dans un lieu habité, me paraît une disposition nouvelle. Je ne connais aucun précédent semblable, et c'était une lacune. La partie lésée par ce fait pouvait bien réclamer une indemnité, mais la partie publique ne pouvait atteindre, pour les faire punir, les auteurs de ces négligences ou malices.

Toutefois, l'article 8 d'une ordonnance de police pour la ville de Paris, du 21 déembre 1787, en ordonnant l'exécution de celles des 30 avril 1700, 5 mars 1751, 9 février 1757 et 11 août 1758, défendait expressément à toutes personnes de faire courir ou trotter, essayer ou faire essayer, exercer ou faire exercer aucuns chevaux dans les rues de Paris, sinon dans le marché public, lieux et endroits destinés pour cet effet, à peine de 300 fr. d'amende et même de prison. Mais c'est autre chose dans notre article 475; ce n'est pas un lieu ouvert et public dont il s'occupe, mais seulement de l'intérieur des lieux habités dans tout le royaume.

ANTICIPATIONS. Il en est de deux sortes : celles qui se commettent sur les propriétés particulières et celles qui se font sur la voie publique.

Anticiper doit être pris comme le synonyme d'usurper. (*Rem alienam usurpare.*)

---

[1] *Commentaire de la législation de simple police*, 3ᵉ édition.

L'anticipation qui se fait sur les propriétés particulières par des voisins dont les champs, prés ou vignes se touchent, n'est point une contravention ni un délit, quand il n'y a pas de circonstances aggravantes; c'est un simple trouble qui ne donne lieu qu'à une action possessoire dont les juges-de-paix connaissent toujours en première instance et souvent en dernier ressort. Mais l'usurpation cesse d'être un fait civil quand elle est accompagnée de voies de fait, de violences, de destructions. Elle cesse encore d'être telle, quand elle consiste dans une reprise de terrain; alors il y a délit ou contravention. Nous en traiterons par des articles séparés pour chaque fait. *Voyez* BLEDS COUPÉS EN VERT, DESTRUCTIONS, REPRISES DE TERRAIN, VOIES DE FAIT.

Par un arrêt du 15 mars 1643, rapporté au *Journal des Audiences*, il fut décidé que les usurpateurs d'héritages ruraux devaient être punis par une condamnation du triple de l'estimation des biens usurpés. Néanmoins un autre arrêt rendu en 1711 déclara bonnes et valables des offres réelles faites pour indemniser d'une usurpation de terres, quoiqu'elles ne fussent pas même du double de la valeur des terres.

Cette jurisprudence n'appartient qu'au droit civil et non à la législation rurale, ce qui nous interdit d'en dire davantage, et nous conduit à parler des anticipations sur la voie publique vicinale.

Ces faits ont lieu par des clôtures qui avancent ou empiétent sur les chemins; par des dégradations, des enlèvemens de terres ou de pierres. Ce sont autant de contraventions rurales, dont nous traiterons aussi séparément. *Voyez* GAZONS, VOIE PUBLIQUE.

Il suffit de dire ici, pour éviter des répétitions, que tout enlèvement des terres et pierres des chemins publics, vicinaux ou autres, est un délit si l'enlèvement n'a été autorisé par le préfet; que celui qui commet l'un de ces délits doit être condamné en outre de la réparation du dommage, à une amende qui, suivant les circonstances, ne pourra excéder vingt-quatre francs ni être moindre de trois francs; il peut être encore condamné à la détention de police simple. (*Art.* 44, *tit.* II *de la loi du* 6 *octobre* 1791.)

Cette disposition est encore en vigueur, parce que le Code Pénal, n'ayant point prévu les enlèvemens qu'elle précise, renvoit par son article 484 aux lois qui les concernent.

Quelle est l'autorité compétente pour connaître de ces dégradations? Le *maximum* de la peine semble la placer dans la compétence des juges correctionnels, mais un arrêt de la cour de cassation, du 3o janvier 1807, décide que les anticipations sur les chemins vicinaux par voies de fait sont considérées comme des contraventions et non comme des délits. *Voyez* cet arrêt à l'article CHEMINS VICINAUX ci-après.

Il ne faut cependant pas étendre la compétence des juges de police aux matières de grandes voiries, telles que les détériorations commises sur les arbres qui bordent les grandes routes, les ouvrages d'arts et les objets destinés à leur entretien, sur les canaux, fleuves et rivières navigables, chemins de hallage, francs-bords, etc.; tous ces faits sont constatés et réprimés par l'autorité administrative. (*Art.* 1ᵉʳ *et* 2 *de la loi du* 29 *flo-*

réal an x.) *Voyez* CHEMINS DE HALLAGE, RIVIÈRES.

ARBRES. La propriété des arbres existans sur les chemins publics et vicinaux appartient aux propriétaires voisins, à moins que les communes ne justifient en avoir la propriété par titre ou possession. (*Loi du 28 août* 1792, *art.* 14.)

La surveillance et la conservation des arbres qui bordent et embellissent ces chemins sont confiées aux gardes-champêtres, gendarmes, agens et commissaires de police ; tel est le vœu de l'article 106 du décret du 16 décembre 1811.

La propriété de ces arbres n'est point une propriété parfaite, puisque les propriétaires riverains ne peuvent les couper, abattre ni arracher, sans une autorisation du directeur général des ponts et chaussées, accordée sur la demande du préfet, lorsque le dépérissement des arbres aura été constaté par les ingénieurs, à la charge de remplacer immédiatement les arbres abattus. (*Art.* 99 *du décret précité.*)

Tout propriétaire qui, sans autorisation, arrache ou fait périr les arbres des chemins, plantés sur son terrain, encourt une amende du triple de la valeur des arbres détruits. Ce propriétaire ne peut même élaguer ces arbres qu'aux époques et suivant les indications contenues dans l'arrêté du préfet, et toujours sous la surveillance des agens des ponts et chaussées, sous peine d'être poursuivis comme coupables de dommages causés aux plantations des routes. (*Art.* 105, *ibid.*)

« Les arbres et haies riverains des grands chemins ne peuvent être plantés qu'à deux mètres de distance des fossés et berges qui séparent le chemin et les propriétés, et à dix mètres du pavé là où il n'y a pas de fossés, à peine d'amende et de 300 francs de dommages-intérêts applicables, un tiers à l'hôpital le plus voisin, un tiers au dénonciateur, et un tiers à l'entrepreneur de l'entretien de la route. » Telle est la disposition d'un arrêt du conseil du 17 juin 1721, et d'une ordonnance du 4 août 1731.

Il est accordé aux propriétaires riverains un délai de deux années pour planter d'arbres le bord des routes qui ne le sont pas, à compter de l'arrêté administratif qui ordonne ces plantations; mais après ce délai, les arbres sont plantés à leurs frais., et ils en ont la propriété, à la charge de rembourser ce qu'il en a coûté à l'autorité qui les a fait planter, et en outre de payer un franc d'amende pour chaque pied d'arbre fourni par l'administration. (*Décret du* 16 *décembre* 1811 , *art.* 97.)

Quant aux routes qui n'ont pas la largeur convenable pour avoir des plantations sur le terrain public, le propriétaire voisin qui veut planter des arbres sur son sol, plus près de six mètres du bord du chemin, doit obtenir du préfet une ordonnance qui lui prescrive l'alignement à suivre. (*Art.* 5 *de la loi du* 9 *ventôse an* 13.)

Au reste, nul ne peut planter sur les bords des chemins vicinaux, même dans son propre terrain, aucun arbre sans leur conserver pleinement la largeur établie par l'autorité administrative.

Nous n'avons pas besoin de dire que la répression des contraventions à ces différentes règles sont du domaine de l'autorité administrative; cela se voit sans peine; mais voici d'autres dispositions qui sont dans la compétence des juges ordinaires. Nous en parlerons sommairement, parce qu'elles ne sont pas comprises dans la police rurale proprement dite.

« Il n'est permis de planter des arbres de haute tige qu'à la distance prescrite par les réglemens particuliers actuellement existans, ou par les usages constans et reconnus; et à défaut de réglemens et usages, qu'à la distance de deux mètres de la ligne séparative des deux héritages, pour les arbres à haute tige, et à la distance d'un demi-mètre pour les autres arbres et haies vives. » (*Art.* 671, *Code Civil.*)

L'ancienne jurisprudence était dans cet esprit, et avant elle, la loi 13, ff. finium regundorum, disait : *Si quis spem ad alienum prædium fixerit, infoderitque, terminum ne excedito..... oleam aut ficum ab alieno ad noves pedes plantato, cæteras arbores ad pedes quinque.*

Si les arbres sont plantés à une distance moindre que celle prescrite, le voisin peut exiger qu'ils soient arrachés. Celui sur la propriété duquel avancent les branches des arbres peut contraindre leur propriétaire à couper ces branches. Si ce sont des racines qui avancent sur le terrain du voisin, celui-ci peut les couper lui-même. (*Art.* 672, *Code Civil.*)

Mais il n'en est pas ainsi des branches: le voisin lésé ne peut les élaguer avant d'en avoir obtenu l'autorité de la justice. C'est ce que la cour de cassation a décidé le 15 février 1811.

Il reste maintenant à examiner les délits et contraventions relativement à la mutilation et destruction des arbres; mais nous en formerons des articles séparés. Ainsi, *voyez* DESTRUCTIONS, GREFFES, BOIS.

ARE. C'est une mesure agraire ou rurale, qui doit contenir mille mètres carrés, suivant un arrêté du gouvernement, du 13 brumaire an IX.

On ne peut se servir d'autres mesures pour vérifier la contenance des terrains, que celles indiquées et mises en vigueur par les lois. Les mesures anciennes ou non vérifiées sont réputées fausses mesures. (*Arrêté du* 29 *prairial an* IX.)

Une amende de 11 fr. à 15 fr. est prononcée contre ceux qui emploient des mesures différentes de celles que la loi reconnaît. (*Art.* 479, *Code Pénal,* § VI.) L'application de cette peine est dans les attributions de la simple police, même en cas de récidive. Alors la peine d'emprisonnement peut être prononcée facultativement. (*Art.* 482 *ibid.*) Il y a d'ailleurs lieu, dans tous les cas, à la confiscation des fausses mesures.

BAC

BACS ou BATEAUX. Ils sont destinés à suppléer les ponts, pour le passage du public, sur les fleuves et rivières, moyennant une rétribution.

Nul n'a le droit d'établir un bac, ni un batelet ou bachot, qu'en vertu d'une permission du préfet, qui ne s'obtient que sur l'avis du maire, et qui est ensuite assujétie à la confirmation du gouvernement. (*Loi du* 6 *frimaire an* VII, *art.* 7.)

Toute personne peut se rendre adjudicataire des bacs appartenans à l'état. Les adjudicataires doivent les tenir en bon état, sinon ils sont contraints par les préfets, et par les mêmes voies que pour les entreprises du gouvernement, à faire les réparations nécessaires, et à les reconstruire, s'il est besoin. (*Art.* 35 *ibid.*)

La police et les opérations relatives à l'administration et à la perception des droits qui se perçoivent sur les bacs, sont confiées aux préfets; néanmoins, les maires sont autorisés à surveiller la conduite de ceux qui dirigent les bacs ou bateaux, les droits qu'ils perçoivent, le bon ou mauvais état de ces bacs, et à provoquer toutes mesures de prudence et de conservation pour la sûreté des passagers, et pour leur éviter toute vexation. Mais les contraventions aux arrêtés administratifs et aux lois sur ces matières, sont de la compétence des tribunaux. (*Art.* 33.)

Les ingénieurs des ponts et chaussées font, d'après les ordres des préfets, deux fois par an, en avril et en octobre, en présence du maire du lieu et d'un commissaire par lui nommé, la visite des bacs, ainsi que des batelets et autres objets dépendans du service du passage, pour s'assurer s'ils sont bien entretenus. (*Art.* 34.)

Si dans l'intervalle d'une visite à une autre, il survient des opérations urgentes pour le service, le maire y pourvoit, à la charge d'en instruire sans retard le préfet, qui ordonne, s'il y a lieu, une visite extraordinaire. (*Art.* 37 *et* 38.)

Le gouvernement détermine les dispositions générales que la sûreté publique exige; il désigne les lieux, les temps, les circonstances dans lesquels le bac ou bateau doit avoir un canot à sa suite, pour secourir les passagers qui peuvent se trouver en danger; il fixe le mode d'embarquement ou de débarquement, le nombre des passagers, la quantité du chargement que chaque bateau doit prendre (*art.* 44). Enfin, le gouvernement décide si les passages doivent être interdits pendant la nuit ; et en ce cas, les bacs sont enchaînés solidement aux rivages.

Mais lorsque les passages de nuit sont permis, les voyageurs doivent exhiber leurs passe-ports au patron du bateau, à l'exception des domiciliés, des courriers des malles, des porteurs d'ordre du gouvernement et des conducteurs de diligence. (*Art.* 46.)

Les adjudicataires sont tenus de placer de chaque côté du passage un poteau, sur lequel est affiché, d'une manière apparente, le tarif des droits qui se perçoivent.

Tout individu, voyageur, conducteur de voiture, les maîtres ou gardiens de bœufs, chevaux ou autres animaux, passant dans les bacs, sont tenus d'acquitter les sommes portées aux tarifs (*art.* 48). Il faut en excepter cependant les juges de paix, les administrateurs, les procureurs du Roi, les ingénieurs des ponts et chaussées, lorsqu'ils se transportent pour raison de leurs fonctions ; les gendarmes, leurs officiers, les militaires en route, et les officiers supérieurs dans l'étendue et pendant la durée de leurs commandemens. (*Art.* 49 et 50.)

Il est expressément défendu aux adjudicataires, mariniers, ou autres personnes employées au service des bacs et bateaux, d'exiger dans aucun temps, autres et plus fortes sommes que celles portées aux tarifs, à peine d'être condamné par le juge-de-paix du canton, soit sur la réquisition des parties plaignantes, soit sur celles des commissaires du directoire, à la restitution des sommes indûment perçues, et en outre, par forme de simple police, à une amende qui ne pourra être moindre de la valeur d'une journée de travail, et à trois jours d'emprisonnement : le jugement de condamnation sera imprimé et affiché aux frais du contrevenant.

En cas de récidive, la condamnation sera prononcée par le tribunal de police correctionnelle, conformément à l'article 607 des délits et des peines. (*Art.* 52, *ibid.*)

Si l'exaction est accompagnée d'injures, menaces, violences, ou voies de fait, les prévenus seront traduits devant le tribunal correctionnel, et en cas de conviction, condamnés, outre les réparations civiles, à un emprisonnement qui ne pourra excéder trois mois. (*Art* 53.)

Si des passagers refusent de payer les droits du tarif, ou veulent s'y soustraire, ils seront condamnés par le juge-de-paix au paiement de ces droits, et en outre à une amende de la valeur d'une à trois journées de travail. En cas de récidive, le juge prononcera avec l'amende un emprisonnement d'un à trois jours, et l'affiche de son jugement aux frais du contrevenant.

Si le refus de payer était accompagné d'injures, menaces, violences ou voies de fait, les coupables seront punis correctionnellement, et condamnés à une amende qui pourra être de cent francs, et à un emprisonnement qui ne pourra excéder trois mois.

Toute personne qui aurait commis les délits ou contraventions ci-dessus, sera tenue de consigner la valeur des amendes et des droits au greffe du juge-de-paix, ou de donner caution solvable qui sera reçue par le juge, ou l'un de ses assesseurs, sinon les chevaux, voitures et marchandises du délinquant seront déposés à ses frais jusqu'à la consignation ou la réception de caution. Toute consignation ou dépôt sera restitué immédiatement après l'exécution du jugement.

Je pense que les amendes qui sont fixées ici, comparativement à la valeur d'un ou de trois jours de travail, doivent maintenant être d'un franc à cinq francs, d'après le § 5 de l'article 471 du Code Pénal, applicable à ceux qui refusent d'exécuter les réglemens de la petite voirie. On ne peut pas disconvenir que la loi que nous venons d'analyser soit un tel réglement, et que le refus de payer les droits d'un passage public ne soit une résistance à l'exécution du réglement.

Au reste, ne sont point compris dans aucune des dispositions précédentes, les barques, batelets, bachots qui servent à l'usage de la pêche, ou de la marine, ou des particuliers; mais les propriétaires ou conducteurs de ces petits bateaux ne peuvent indiquer des passages à heure ni lieux fixes. (*Art.* 9 *ibid.*)

BAN DE VENDANGE. C'est une permission donnée par l'autorité aux propriétaires vignobles de faire leurs récoltes ou vendanges.

Autrefois cette permission était donnée par les juges, et en quelques lieux par les seigneurs des fiefs. Les motifs qui ont introduit le ban de vendange, dit Henrys, sont le danger du vol des fruits, du dommage des bêtes, l'utilité publique qui ne permet pas de vendanger avant la maturité des raisins, l'intérêt de maintenir la bonne qualité des vins, et la commodité des seigneurs et des décimateurs qui avaient des droits d'agrier, de complant, dîmes, etc., sur les vignes.

Ajoutons que si ces droits n'existent plus aujourd'hui, il existe d'autres redevances en nature dont les vignes sont chargées, et qu'il est juste que les créanciers de ces droits soient instruits du temps pendant lequel les fruits dont ils doivent percevoir une part seront cueillis.

On avait établi jadis un autre ban, celui des moissons; mais il n'existait pas généralement en France, et même il fut supprimé partout, ou il tomba en désuétude; il fut notamment rejeté par un arrêt du parlement de Paris, du 10 septembre 1755, rendu contre des seigneurs hauts-justiciers.

Le ban de vendange est maintenant publié par les maires, qui, avant de le proclamer et afficher, désignent un certain nombre d'habitans, propriétaires ou cultivateurs, pour visiter les vignobles et donner leur avis sur la maturité des raisins.

Les contrevenans au ban de vendange, c'est-à-dire ceux qui se permettent de récolter leurs raisins avant le jour fixé par le maire, sont passibles d'une amende de six francs à dix francs, qui est prononcée par les juges de simple police. (*Art. 471, Cod. Pén.*)

Mais une exception ne doit-elle pas être admise en faveur des propriétaires dont les vignes sont renfermées par une clôture suffisante et qui ne sont point assujéties à des redevances en nature? Je le pense ainsi, parce qu'il n'y a pas à craindre que ces propriétaires nuisent à personne.

Cependant, en général, on doit tenir la main à l'exécution du ban de vendange, parce que l'intérêt public l'exige : j'en ai déjà donné les motifs.

C'est aux gardes champêtres, aux adjoints et aux maires des campagnes à constater les contraventions au ban de vendange; ce qui exige une surveillance soutenue et impartiale.

BANCS DE BOIS OU DE PIERRES. Il est assez fréquent de voir placer de tels bancs dans les campagnes près des maisons, et sur la voie publique, ce qui est une contravention, à moins d'en avoir obtenu la permission de la petite voirie, autrement dit du maire.

Une déclaration du 16 juin 1693 ordonne la destruction de ces bancs, et prononce une amende de vingt francs contre les contrevenans.

Les saillies de ces bancs, quand ils sont autorisés, ne peuvent excéder vingt-deux centimètres (huit pouces), et ils ne doivent être permis que dans des rues larges et peu fréquentées. Telle est la disposition d'une ancienne ordonnance du 26 octobre 1666, dont les maires et les préfets peuvent renouveler les dispositions, comme chargés par les lois modernes de veiller et de maintenir tout ce qui peut assurer la liberté et la sûreté de la voie publique.

BERGERS ou PATRES. Il en est de deux sortes; les uns sont de simples domestiques, les autres sont les gardiens des bestiaux des communes.

Il est libre à tout propriétaire ayant droit d'avoir un troupeau de bêtes à laines, de se servir de tel berger qu'il voudra pour la garde de son troupeau; c'est ce qui est établi par l'article 9 de la déclaration du Roi du 10 juillet 1764.

Il suit de cette liberté que les propriétaires de bestiaux ne sont point obligés, lors même qu'il y a un pâtre pour la commune, de lui confier la garde de leurs bestiaux, et qu'ils sont libres au contraire d'avoir un domestique ou pâtre particulier. L'arrêt du 10 janvier 1767, rendu par le parlement de Paris, l'avait décidé ainsi.

Les pâtres des communes n'existent que dans les lieux sujets au parcours ou à la vaine pâture, dont les habitans mettent en commun les bestiaux qu'ils ont droit de faire pâturer sur les terrains communaux et autres. Tous ces bestiaux réunis sont confiés à la garde des pâtres communaux, dont la responsabilité est fixée par l'article 3 du titre XIX de l'ordonnance de 1669.

Mais cette responsabilité n'empêche pas que les communes elles-mêmes ne répondent des dégâts que leurs pâtres laissent commettre, sauf leur recours contre eux. Ainsi jugé par arrêt de la cour régulatrice du 22 février 1811.

Cette décision est conforme à l'article 7 du titre II de la loi du 6 octobre, qui déclare les maîtres responsables pour leurs subordonnés; et à l'article 8, qui déclare à leur tour les subordonnés responsables envers leurs maîtres. Néanmoins, voyez *verbo* BESTIAUX ABANDONNÉS, un autre arrêt de cassation qui paraît peu en harmonie avec ces principes; mais je crois qu'il faut le regarder seulement applicable à la circonstance pour laquelle il fut rendu.

Dans les lieux de parcours ou de vaine pâture, comme dans ceux où ces usages ne sont point établis, les pâtres et les bergers ne pourront mener les troupeaux d'aucune espèce dans les champs moissonnés et ouverts que deux jours après la récolte entièrement enlevée, sous peine d'une amende de la valeur d'une journée de travail. L'amende est double si les bestiaux ont pénétré dans un enclos rural. (*Art.* 22, *tit.* II *de la loi du* 6 *octobre* 1791.)

Mais cette amende est élevée à trois journées de travail par la loi du 23 thermidor an 4.

Ces dispositions dernières sont encore dans toute leur force, parce que le nouveau Code Pénal les maintient provisoirement par son article 484, en prescrivant l'exécution de toutes les lois particulières non prévues ni abrogées spécialement. Jugé ainsi par la cour suprême, le 19 brumaire an 8.

Une autre cour, celle du parlement de Paris, a donné, le 4 avril 1669, un arrêt en forme de réglement de police, qui fait défenses aux bergers, et à tous autres gardiens de bestiaux, de les laisser entrer dans les terres ensemencées ou couvertes d'herbages, de légumes ou d'arbustes, depuis le 15 mars jusqu'à ce que les dernières récoltes soient enlevées, à peine contre les contrevenans de trois cents livres d'amende et de confiscation des bestiaux.

On reconnaît les traces de cette disposition dans les articles 22 et 24 de la loi du 6 octobre 1791, et dans les textes du nouveau Code Pénal.

Déjà nous avons rapporté l'article 22, voici le texte du 24ᵐᵉ : « Il est défendu de mener sur le terrain d'autrui des bestiaux d'aucune espèce, et, en aucun temps, dans les prairies artificielles, dans les vignes, oseraies, dans les plants de capriers, d'oliviers, de mûriers, de grenadiers, d'orangers et arbres du même genre, dans tous les plants ou pépinières d'arbres fruitiers ou autres faits de main d'homme. L'amende encourue pour le délit sera une somme de la valeur du dédommagement dû au propriétaire ; l'amende sera double si le dommage a été fait dans un enclos rural, et suivant les circonstances, il pourra y avoir lieu à la détention de police municipale. »

On voit que cette peine est beaucoup plus modérée que celle de l'arrêt précité. La même modération existe dans les textes du Code Pénal qui seront rapportés aux trois articles destinés aux passages de bestiaux sur différens terrains. *Voyez* les *infra*.

Une controverse s'est élevée sur la compétence de quelques délits ou contraventions commis par des bergers. Un arrêt de la cour de cassation, du 1ᵉʳ août 1818, décide que le délit de pâturage ou dépaissance, réglé par la loi du 6 octobre 1791, et réprimé par une amende illimitée, est dans les attributions des juges correctionnels, surtout quand les bestiaux sont gardés à vue ; mais un autre arrêt de la même cour, du 1ᵉʳ février 1822, décide en faveur des juges de police.

M. le procureur-général, dont la cour approuva les motifs purement et simplement, exposa dans son réquisitoire, qui précéda ce dernier arrêt : « Que l'article 26 du titre II de la loi du 6 octobre ne pouvait être pris isolément, et que pour en saisir le véritable sens il fallait le combiner avec les article 3 et 4 du même titre, dont il était la suite ; qu'en effet, il résultait de cet article 3 que tous les faits mentionnés dans les articles suivans constituaient un délit rural punissable ; que l'article 4 dit positivement que les moindres amendes seront de la valeur d'une journée de travail ; que toute objection contraire est détruite par l'article 606 du Code du 3 brumaire an iv, et par l'article 2 de la loi du 23 thermidor an iv; que ce dernier porte que la peine d'une journée de travail ou d'un jour d'emprisonnement, fixée comme la moindre par l'article 606 du Code des délits et des peines, ne pourra, pour tout délit rural et forestier, être au-dessous de trois journées de travail ou de trois jours d'emprisonnement... »

Ces motifs paraissent changer les principes de l'arrêt du 1er août 1818. Néanmoins, je regarde qu'il est prudent que les juges de paix distinguent ou apprécient les hypothèses semblables à celle qu'il leur est accordé de connaître par ce dernier arrêt, afin de s'abstenir de prononcer dans des circonstances différentes sur des faits qui se rattachent aux attributions de la police correctionnelle.

BESTIAUX ABANDONNÉS. « Celui qui trouve abandonnés ou égarés des animaux utiles ou des bestiaux, doit en faire la déclaration à l'officier de police le plus voisin, et les lui représenter. Si le propriétaire est connu, l'animal lui est rendu en payant les frais; mais si le maître de l'animal est inconnu, il est envoyé en fourrière. »

Telle est sommairement l'ancienne jurisprudence que la loi du 6 octobre 1791 a complété; elle dit, article 12 du titre II : « Les dégâts que les bestiaux de toutes espèces, laissés à l'abandon, feront sur les propriétés d'autrui, soit dans un enclos rural, soit dans les champs ouverts, seront payés par les personnes qui ont la jouissance des bestiaux; et si elles sont insolvables, ces dégâts seront payés par celles qui en ont la propriété.

» Le propriétaire qui éprouvera les dommages aura le droit de saisir les bestiaux, sous l'obligation de les faire conduire dans les vingt-quatre heures au lieu du dépôt, qui sera désigné à cet effet par la municipalité.

» Il sera satisfait aux dégâts par la vente des bestiaux, s'ils ne sont pas réclamés, ou si le dommage n'a point été payé dans la huitaine du jour du délit. »

Si les bestiaux abandonnés avaient été confiés, par leurs propriétaires, à la garde du pâtre établi par la commune, c'est le pâtre qui supporte les dégâts commis par les bestiaux, l'amende encourue, les frais, et qui répond au propriétaire de la valeur de ses bestiaux, s'ils sont vendus. Jugé ainsi par la cour de cassation, le 14 frimaire an XIV. Cependant, *Voyez* à TROUPEAU COMMUN un autre arrêt qui rend les communes responsables de leurs pâtres.

BESTIAUX GARDÉS A VUE *SUR LE TERRAIN D'AUTRUI.* « Quiconque sera trouvé gardant à vue ses bestiaux dans les récoltes d'autrui, sera condamné, en outre du paiement du dommage, à une amende égale à la somme du dédommagement, et pourra l'être, suivant les circonstances, à une détention qui n'excédera pas une année. » (*Art. 26 de la loi du 6 octobre 1791.*)

Cette disposition est certainement de la compétence de la police correctionnelle, mais celle qui suit n'est que dans les attributions de la simple police.

« Les conducteurs des bestiaux revenant des foires, ou les menant d'un lieu à un autre, même dans les pays de parcours ou de vaine pâture, ne pourront les laisser paître sur les terres des particuliers ni sur les terrains communaux, sous peine d'une amende de la valeur de deux journées de travail, en outre du dédommagement.

» L'amende sera égale à la somme du dédommagement, si le dommage est fait sur un terrain ensemencé, ou qui n'a pas été dépouillé de sa récolte, ou dans un enclos rural.

» A défaut de paiement, les bestiaux pourront être saisis et vendus, jusqu'à concurrence de ce qui sera dû pour l'indemnité, l'amende, et autres frais relatifs ; il pourra même y avoir lieu, envers les conducteurs, à la détention de police municipale, suivant les circonstances. »

Ajoutez à ces textes, et pour compléter les prohibitions de garder les bestiaux sur les terrains d'autrui, l'article 24 de la même loi du 6 octobre, même titre, dont nous avons tracé les expressions *verbo* BERGERS.

Il faut ici distinguer avec soin les dégâts qui se commettent en gardant à vue des bestiaux sur les propriétés d'autrui d'avec ceux qui sont occasionés par le passage des animaux sur ces propriétés. Ce sont des faits jugés différens, et réprimés par des peines spéciales. Les uns sont punis par la loi précitée du 6 octobre, et les autres par les articles 471, 475 et autres du Code Pénal. Nous traiterons de ceux-ci *verbo* PASSAGES DE BESTIAUX.

BESTIAUX MORTS. Un arrêt dn parlement de Paris, donné en forme de réglement de police le 7 septembre 1778, contre les habitans du baillage de Salers, et qui par la suite fut généralement appliqué dans le royaume, fait défense à toutes personnes, de quelque état, qualité et conditions qu'elles soient, d'exposer ni faire exposer aucunes bêtes mortes, soit le long des chemins, soit le long des ruisseaux ou dans les communes et dans tous autres endroits, sous peine de cent livres d'amende, même d'être poursuivies extraordinairement suivant l'exigence des cas; leur enjoint de faire enterrer lesdites bêtes mortes dans des fosses au moins profondes de sept pieds, et plus si besoin est, avec trois pieds de terre, au moins, dessus lesdites bêtes mortes; et faute par ceux à qui elles auront appartenu de les faire enterrer, autorise les syndics des paroisses à le faire faire aux frais et dépens des propriétaires qui seront tenus de les rembourser suivant les quittances des ouvriers, passées devant notaires.

Un second arrêt de la même cour, rendu le 8 mars 1781, enjoint aux syndics des paroisses de veiller à l'exécution de l'arrêt précédent.

La loi du 6 octobre 1791 a pourvu aussi à l'enterrement des bêtes mortes; elle dit : « Les bestiaux morts seront enfouis dans la journée, à quatre pieds de profondeur par le propriétaire et dans son terrain, ou voiturés à l'endroit désigné par la municipalité pour y être également enfouis, sous peine par le delinquant de payer une amende de la valeur d'une journée de travail, et les frais de transport et d'enfouissement. » (*Art.* 23, *du tit.* II.)

Cette amende fut élevée au *maximum* de trois journées de travail par une loi du 24 thermidor an IV. (*Art.* 3.)

Si les bestiaux sont morts de maladie contagieuse, il est prescrit de ne les enfouir que dans des lieux éloignés de cinquante toises des maisons et dans des fosses de huit pieds de profondeur, après avoir fait taillader leur peau. Les fosses doivent être recouvertes de toute la terre qui en est sortie. Telles sont les dispositions de l'article 5 d'un arrêt du parlement de Paris de l'année 1745, et de l'article 6 de celui du Conseil de 1784.

Ces dispositions sont remises en vigueur par une ordonnance du Roi, du 22 janvier 1815, dont nous parlerons plus amplement *verbo* ÉPIZOOTIES *infra*.

BESTIAUX VOLÉS. « Celui qui achètera des bestiaux hors des foires et marchés sera tenu de les restituer gratuitement au propriétaire, en l'état ou ils se trouveront, dans le cas où ils auraient été volés. » (*Art.* 11, *tit.* II, *de la loi du* 6 *octobre* 1791.)

Cette règle n'est point nouvelle, et l'ancienne jurisprudence obligeait aussi l'acheteur d'une chose volée à la rendre au propriétaire qui la revendiquait, sans en pouvoir exiger le prix [1], à moins qu'elle n'eût été achetée en foire, ou chez un marchand faisant commerce public de marchandises semblables à la chose dérobée, et dont les livres fussent en règle, ou qui eût exigé de son vendeur inconnu une caution bien famée. *Voyez* Bouvot, Despeisses, *verbo* Revendication, et Denisart, article *Marchand*.

Néanmoins plusieurs arrêts avaient décidé que l'acheteur de bonne foi, de la chose volée, devait être remboursé du prix par lui payé au voleur; et qu'il en

____

[1] La loi romaine disait : *Invicilem rem desideratis, ut agnitas res furtivas non priùs reddatis, quam pretium fuerit solutum a dominis : curate igitur, cautiùs negotiari.* (Cod de Furtis, lib. II.)

était ainsi des bestiaux achetés en foire. (*Arrêts des 9 décembre 1648 et 10 décembre 1766.*)

Mais consultons la loi nouvelle sur les vols de bestiaux. « Quiconque aura volé dans les champs, des chevaux, ou bêtes de charge, de voiture, ou de monture, gros et menus bestiaux, etc., sera puni de la réclusion. » (*Art.* 388, *Code Pénal.*) Cette espèce de vol était punie, d'après la jurisprudence des arrêts de l'ancienne législation, de trois années de galères pour la première fois, et de la même peine pour plus longues années en cas de récidive. Mais cette peine fut trouvée trop forte par les modernes législateurs, qui, par l'article 2 de la loi de 1791, la réduisirent à un emprisonnement de trois mois à un an lorsque le vol était commis le jour; et s'il était commis la nuit, à six mois, au moins, et deux ans, au plus, de prison. Il paraît que le Code Pénal a pris un juste milieu entre ces diverses pénalités.

« Ou le vol a été commis à l'égard d'objets qu'on ne pouvait se dispenser de confier à la foi publique, tels que les vols de bestiaux, d'instrumens d'agriculture, de récoltes.... En ce cas, les coupables seront punis d'une peine afflictive. Ou les objets volés pouvaient être gardés, de sorte que c'est volontairement qu'on les aura confiés à la foi publique. Dans ce dernier cas, ce n'est plus qu'un vol simple, qui dès lors sera puni des peines de police correctionnelle. » (*Discours de l'orateur du gouvernement.*) *Voyez* l'article 401 du même Code.

BÊTES A LAINE (Amélioration des races de). Un décret du 8 mars 1811 établit des dépôts de béliers mérinos dans les lieux indiqués par le ministre de l'intérieur. Chaque dépôt, confié à des propriétaires ou fermiers, doit contenir cent cinquante à deux cents béliers, qui sont nourris et soignés par les dépositaires, et ceux-ci, reçoivent indépendamment des toisons dont ils font la tonte, une indemnité, s'il y a lieu, suivant la décision du ministre. (*Art.* 1, 2, 3 et 6.)

Les béliers sont, au temps de la monte, distribués gratuitement aux propriétaires de troupeaux indigènes, qui doivent les soigner, et les remettre au dépôt après la monte, en bon état, sous peine de répondre du dépérissement ou des accidens arrivés par leur faute ou négligence. (*Art.* 4.)

Il est défendu à tout propriétaire de race reconnue, pure, de faire châtrer aucun bélier, sans que l'un des inspecteurs ait examiné les animaux anciens et nouveaux du même troupeau, fait le choix des béliers pour les dépôts et permis la castration de ceux qu'il juge défectueux ou trop faibles, et qu'il marque. (*Art.* 8.)

Tout propriétaire d'un troupeau métis, qui est à portée d'un dépôt de béliers mérinos, et à qui ce dépôt peut fournir des béliers pour la monte, est tenu de faire châtrer tous ses mâles. (*Art.* 5.)

La contravention aux articles 4 et 5 est constatée par les inspecteurs des troupeaux, ou, sur leur réquisition, par les officiers de police. Elle est punie :

1° De la confiscation des animaux châtrés dans le cas de l'article 4 ; et des non châtrés dans le cas de l'article 5 ;

2° D'une amende de cent francs à deux cents francs, qui est double en cas de récidive.

Ces contraventions sont de la compétence de la police correctionnelle.

BLANCHISSEURS. Pour établir des blanchisseries dans les campagnes, par le moyen de l'acide muriatique, il est indispensable d'obtenir une autorisation du préfet du département. Le décret du 15 octobre 1810 en fait une condition impérieuse.

Les blanchisseurs et blanchisseuses ne peuvent attacher aux arbres plantés sur les bords des chemins, aucun cordage pour faire sécher des linges, draperies et habillemens, ni établir leurs étalages sur les haies bordant les chemins, à peine de cinquante francs d'amende, de saisie et de confiscation des linges et étalages.

Cette peine est prononcée par une ordonnancè des trésoriers de France de la ville de Paris, du 2 août 1774 ; ordonnance qui était exécutée dans un grand nombre de provinces en vertu de réglemens locaux.

Les maires et les préfets peuvent renouveler cette disposition, comme chargés d'empêcher tout ce qui peut nuire aux propriétés publiques.

BLÉS ou GRAINS *coupés ou détruits*. Plusieurs arrêts de réglement du parlement de Paris ont défendu aux propriétaires et cultivateurs de faire faucher leurs propres blés, parce que le mouvement de la faux agitant plus fortement l'épi que la faucille, il s'échappe des grains qui tombent à terre et sont perdus. La peine infligée aux contrevenans était de cent francs d'amende, et du double, en cas de récidive. (*Arrêt du 26 juillet* 1782.)

Mais ces dispositions, qui portaient atteinte à la liberté et à la propriété, ne subsistent plus, et on en remarque l'abrogation formelle dans l'article 1ᵉʳ de la loi du 6 octobre 1791, titre I, qui est conçu en ces termes : « Chaque propriétaire sera libre de faire sa récolte, de quelque nature qu'elle soit, avec tel instrument et au moment qui lui conviendra, pourvu qu'il ne cause aucun dommage aux propriétaires voisins. »

La loi du 6 messidor an III prohibe toutes ventes de blé en vert, ou pendant par racines, sous peine de confiscation des grains ou blés ainsi vendus; confiscation qui est supportée moitié par le vendeur et moitié par l'acheteur, et applicable, un tiers au dénonciateur, un tiers à la classe indigente de la commune de la situation du blé vendu, et l'autre tiers au trésor public. Les officiers municipaux sont chargés de veiller à l'exécution de cette loi.

On excepte de ces dispositions les ventes de grains en vert par suite de tutelle, changement de fermier, saisie de fruits légitimement faite.

« Si quelqu'un avant leur maturité coupe ou détruit de petites parties de blé en vert, ou d'autre production de la terre, sans intention manifeste de les voler, il paiera en dédommagement au propriétaire une somme égale à la valeur que l'objet aurait eue dans sa maturité; il sera condamné à une amende égale à la somme du dédommagement, et il pourra l'être à la détention de police municipale. » (*Art.* 28 *de la loi du 6 octobre.*)

Voici de quelle manière le Code Pénal dispose dans ces circonstances. « Quiconque aura coupé des grains ou des fourrages qu'il savait appartenir à autrui, sera puni d'un emprisonnement qui ne sera pas au-dessous de six jours, ni au-dessus de deux mois. (*Art.* 449.)

» L'emprisonnement sera de vingt jours au moins, et de quatre mois au plus, s'il a été coupé du grain en vert. Dans les cas prévus par le présent article et les précédens, si le fait a été commis en haine d'un fonctionnaire public et à raison de ses fonctions, le coupable sera puni du *maximum* de la peine établie par l'article auquel le cas se référera. Il en sera de même, quoique cette circonstance n'existe point, si le fait a été commis la nuit. » (*Art.* 450, *ibid.*)

Indépendamment de ces peines, il est prononcé contre les coupables une amende qui ne peut excéder le quart des restitutions et dommages-intérêts, ni être moindre de seize francs. (*Art.* 455, *ibid.*)

BLESSURES D'ANIMAUX. Nous avons parlé des animaux tués sans nécessité, il convient maintenant d'analyser des faits moins graves, les simples blessures faites aux animaux.

Déjà nous avons rapporté dans l'un des précédens articles le texte de l'article 3o, titre II de la loi du 6 octobre 1791, qui inflige la peine d'un mois de prison et une amende double de la somme du dédommagement à celui qui a blessé des bestiaux ou des chiens de garde sur le terrain d'autrui, sans nécessité, par malice et préméditation.

Voici une autre disposition de la même loi : « Le voyageur qui, par la rapidité de sa voiture ou de sa monture, tuera ou blessera des bestiaux sur les chemins, sera condamné à une amende égale à la somme

du dédommagement dû au propriétaire des bestiaux. »
(*Art.* 42.)

Mais cette disposition ne fait plus la règle ; ce sont les iie, iiie et ive paragraphes de l'article 479 du Code Pénal qu'il faut suivre ; ils portent que : « Ceux qui auront occasioné la mort ou la blessure des animaux ou bestiaux appartenans à autrui par l'effet de la divagation des fous ou furieux, ou d'animaux malfaisans ou féroces, ou par la rapidité, la mauvaise direction ou le chargement excessif des voitures, chevaux, bêtes de trait, de charge ou de monture ;

» Ceux qui auront occasioné les mêmes dommages par l'emploi ou l'usage d'armes sans précaution ou avec maladresse, ou par jet de pierres ou autres corps durs ; ceux qui auront causé les mêmes accidens par la vétusté, la dégradation, le défaut d'entretien des maisons ou édifices, ou par l'encombrement et l'excavation, ou telles autres œuvres dans ou près les rues, chemins, places ou voies publiques, sans les précautions ou signaux ordonnés ou d'usage, seront punis d'une amende de onze à quinze francs inclusivement. »

On voit que ces textes prévoient beaucoup d'événemens, ce qui les rend plus complets que l'article 42 de la loi du 6 octobre précitée. Disons mieux, ils remplissent les lacunes de ce même article ; mais on reconnaît les sources où ils ont été puisés, dans les ordonnances du 1er juillet 1712, du 18 août 1730, et 1er septembre 1779.

L'amende de onze à quinze francs n'est pas la seule peine qui soit applicable aux contraventions qui nous occupent ; celle de prison, pendant cinq jours au plus, peut encore être prononcée contre ceux qui ont blessé ou tué des animaux par l'usage d'armes sans précaution (*art.* 480); et en cas de récidive, cette dernière peine est nécessairement prononcée dans toutes les circonstances qui occasionent la mort ou la blessure des animaux et bestiaux.

Celui qui frappe avec un bâton des animaux passant dans un chemin vicinal, doit-il être considéré comme faisant usage d'armes sans précaution? La cour régulatrice l'a décidé affirmativement par ces motifs : « Vu l'article 101 du Code Pénal, qui déclare compris dans le mot armes toutes machines, tous instrumens ou ustensiles tranchans, perçans ou contondans; attendu que par l'article 479, paragraphe III du même Code, la mort ou la blessure des animaux et bestiaux appartenans à autrui, occasionée par l'emploi ou l'usage d'armes sans précaution, ou avec maladresse, est punie d'une amende de onze à quinze francs inclusivement, etc.

» Attendu que des faits, tels qu'ils sont établis au procès, il ne résulte pas que le prévenu qui a voulu s'opposer au passage du troupeau du plaignant dans le chemin vicinal de Montauban à Ardes, ait eu l'intention coupable de tuer, de blesser ou d'estropier les animaux dont ce troupeau était composé; que si l'un de ces animaux a eu une jambe fracturée, ce dommage causé par ledit prévenu à la propriété d'autrui doit être réputé l'effet de l'emploi ou de l'usage sans précaution ou avec maladresse du bâton qu'il avait à la main, et qui, étant un instrument contondant, est compris dans le mot Armes, d'après l'article 101 du Code Pénal; que ce fait constituait donc la contravention prévue et punie par l'article 479, n° 3 du même Code.

» Qu'en disant que les faits dénoncés n'étaient déclarés punissables par aucune loi, en refusant de faire au prévenu l'application de cet article 479, n° 3, et en le renvoyant de la plainte portée contre lui, le tribunal de police de Montauban a contrevenu audit article, ainsi qu'à l'article 137 du Code d'Instruction criminelle ; qu'il a méconnu ses attributions et violé les règles de sa compétence. Par ces motifs, la cour casse, etc. »

BOIS TAILLIS. Nous ne traiterons point ici du système établi pour le gouvernement et la conservation des forêts de l'état. C'est une législation entièrement séparée de la législation rurale. Le système forestier est un véritable code spécial, exécuté par une administration particulière, par des agens et des officiers attachés à cette partie. Telle était la célèbre ordonnance de 1669, si connue sous le nom *des eaux et forêts ;* tel est encore l'ensemble des lois modernes sur le même objet, quoiqu'elles aient abrogé toutes les mesures d'administration, et toutes les règles de juridiction consacrées par l'ordonnance.

Il suffit à l'objet de ce petit ouvrage, de présenter et de réunir les règles et les pénalités relatives aux bois taillis, et aux dégâts qui peuvent s'y commettre.

On entend par bois taillis ceux qui sont principalement destinés au chauffage. Ils sont de plusieurs sortes : les bois francs proprement dits, de chêne, d'orme, de frêne ; les morts-bois, qui sont certains bois verts, comme saules, épines, aulnes, etc. ; les bois blancs, comme sont les charmes, les trembles, le bouleau, l'érable, et tous autres qui ne produisent aucuns fruits.

L'ordonnance des eaux et forêts veut que tous les

propriétaires, sans exception, soient tenus de régler la coupe de leurs taillis de manière qu'ils ne puissent être coupés tout au plus qu'une fois en dix ans. Néanmoins l'usage de différentes localités autorise la coupe des taillis dès qu'ils atteignent leur septième ou huitième année.

La même ordonnance enjoint à tous propriétaires, aussi sans distinction, de laisser seize baliveaux par chaque arpent de bois lorsqu'ils font couper les taillis; mais cette disposition n'est pas toujours exactement suivie. (*Art.* 1ᵉʳ, *tit.* XXVI.)

On sait que les baliveaux sont de jeunes arbres qui croissent sur les souches des taillis et qui sont jugés propres à devenir futaies. Ces baliveaux, quand ils sont anciens, ne peuvent être coupés sans une permission de l'administration forestière; ils sont même réputés incorporés au sol, et en faire tellement partie que leur coupe est sujette aux mêmes formalités que la vente des fonds. (*Art.* 2, *tit.* XXVII.)

Les délits qui se commettaient dans les bois taillis des particuliers pouvaient jadis être punis des mêmes peines et réparations qui étaient prescrites par l'ordonnance des eaux et forêts. (*Art.* 5, *tit.* XXVI.)

Mais ces punitions sont en partie maintenant fixées par des lois plus modernes. Celle du 6 octobre 1791 dit : « Le vol dans les bois taillis, futaies et autres plantations d'arbres des particuliers ou communautés, exécuté à charge de bête de somme, ou de charrette, sera puni par une détention qui ne pourra être de moins de trois jours, ni excéder six mois; le coupable paiera en outre une amende triple de la valeur du dédommagement dû au propriétaire. (*Art.* 37, *tit.* II.)

» Les dégâts faits dans les bois taillis des particuliers, ou des communautés, par des bestiaux ou troupeaux, seront punis de la manière suivante : il sera payé d'amende, pour une bête à laine, une livre; pour un cochon, une livre; pour une chèvre, deux livres ; pour un bœuf, une vache, ou un veau, trois livres.

» Si les bois taillis sont dans les six premières années de leur croissance, l'amende sera double.

» Si les dégâts sont commis en présence du pâtre et dans des bois taillis de moins de six années, l'amende sera triple.

» S'il y a récidive dans l'année, l'amende sera double; et s'il y a réunion des deux circonstances précédentes, ou récidive avec une des deux circonstances, l'amende sera quadruple.

» Le dédommagement dû au propriétaire sera estimé de gré à gré, ou à dire d'experts. » (*Art.* 38, *ibid.*)

Conformément au décret sur les fonctions de la gendarmerie, tout dévastateur des bois, des récoltes, ou chasseur masqué pris sur le fait, pourra être saisi par tout gendarme sans aucune réquisition de l'officier civil.

L'article 388 du Code Pénal punit de la réclusion les vols de bois dans les ventes; il établit aussi des peines contre les auteurs des incendies dans les bois, contre les maraudeurs, etc. Mais nous ne devons retracer ces dispositions que dans les articles particuliers qui leur sont destinés. *Voyez* FEUX ALLUMÉS DANS LES CHAMPS, INCENDIE, MARAUDAGE.

Ajoutons à ces dispositions nouvelles celles de l'ordonnance de 1669, qui sont laissées en vigueur par la loi du 3 brumaire an IV, dont voici les termes : « En attendant que l'ordonnance des eaux et forêts de 1669 ait pu être révisée , les tribunaux correctionnels appliqueront aux délits qui sont de leur compétence, les peines qu'elle prononce. »

Ce maintien résulte aussi de l'article 484 du Code Pénal, ainsi conçu : « Dans toutes les matières qui n'ont pas été réglées par le présent Code, et qui sont réglées par des lois et réglemens particuliers, les cours et tribunaux continueront de les observer. »

Les orateurs du gouvernement, en développant l'étendue de cet article, ont dit : « Il est d'absolue nécessité ; il maintient les dispositions pénales, sans lesquelles quelques lois, des Codes entiers, des réglemens généraux d'une utilité reconnue, resteraient sans exécution.... » Ainsi cette dernière disposition maintient les lois et réglemens en vigueur, relatifs « aux dispositions du Code rural..... *à la chasse, aux bois, aux forêts.* »

Mais continuons à restreindre nos citations au sujet unique de cet article, les bois taillis.

« Pendant vingt-cinq ans, à partir du mois de mai 1803, aucun bois ne peut être arraché ni défriché que six mois après la déclaration qui en aura été faite par le propriétaire devant le conservateur forestier de l'arrondissement. (*Art.* 9 *de la loi de floréal an* XI.)

» Pendant ce délai de six mois, l'administration forestière peut faire mettre opposition au défrichement du bois, à la charge d'en référer, avant l'expiration du délai, au ministre des finances, sur le rapport duquel le gouvernement statue dans le même délai. (*Art.* 2.)

» En cas de contravention, le propriétaire est condamné par le tribunal compétent, sur la réquisition du conservateur de l'arrondissement, et à la diligence du procureur du Roi : 1o à remettre une égale quantité de terrain en nature de bois; 2o à une amende de trente francs au moins, et du vingtième de la valeur du bois arraché. (*Art.* 3.)

» Faute par le propriétaire d'effectuer la plantation ou le semis dans le délai fixé, après le jugement, par le conservateur, il y est pourvu à ses frais par l'administration forestière. (*Art.* 4.)

» Sont exceptés des dispositions ci-dessus, les bois non clos d'une étendue de moins de deux hectares, qui ne seraient pas situés sur le sommet ou la pente d'une montagne; et les parcs et jardins clos de murs, haies ou fossés tenant à l'habitation principale. (*Art.* 5.)

» Les semis ou plantations des particuliers ne sont soumis qu'après vingt ans aux dispositions de l'article 9 ci-dessus et suivans. (*Art.* 6.)

» Dans les forêts royales et des établissemens publics, il n'est fait aucune adjudication ni vente de coupes de bois, qu'à la charge de réserver tout le bois de *bourdaine*, de trois, quatre ou cinq ans de crue, et d'en faire des bottes de deux mètres de long, sur un mètre cinquante centimètres de grosseur, pour la confection du charbon propre à la fabrication de la poudre à canon. (*Arrété du 25 fructidor an* xi.)

» L'administration des poudres est autorisée à faire faire en tout temps la recherche, coupe et enlèvement des bois de bourdaine de l'âge ci-dessus, dans lesdites forêts, où il y a des coupes ouvertes, vendues et adjugées. (*Idem*, *art.* 2.)

» Les dispositions des deux articles précédens s'appliquent aux bois des particuliers non clos et non attenans à des habitations, situés dans l'étendue de quinze myriamètres des fabriques de poudre. (*Décret du* 16 *floréal an* XIII.)

» Conformément aux articles 1er du titre XV, et 4 du titre XXIV de l'ordonnance de 1669, et 9 du titre VII de la loi du 29 septembre 1791, il n'est fait aucune coupe dans les quarts de réserve des bois des communes, des hôpitaux, des bureaux de charité, des colléges, des fabriques, des séminaires, des évêchés et archevêchés, et de tous autres établissemens publics, qu'en vertu d'ordonnance du Roi, à peine de nullité des adjudications et de tous dommages-intérêts contre ceux qui les ordonneraient ou adjugeraient ; même contre les adjudicataires. Les gardes forestiers sont chargés, sous leur responsabilité, de s'opposer à toute coupe extraordinaire non autorisée. (*Arrêté du* 8 *thermidor an* IV; *ordonnance du* 7 *mars* 1817, *article* 1er.)

» Tous ceux qui jouissent ou administrent des forêts appartenantes à des établissemens publics, sont tenus de faire en leurs bois taillis les mêmes réserves ordonnées pour les forêts royales, à peine d'amende et de confiscation du prix des ventes et des bois abattus. (*Arrêté du* 27 *messidor an* X.)

» Il est défendu à toutes personnes de débiter, vendre ou acheter en fraude des bois coupés en délits, à peine, contre les vendeurs et les acheteurs, d'être poursuivis suivant la rigueur des ordonnances ; lesdits bois

sont saisis, et la perquisition en est faite en présence
d'un officier de police, qui ne peut s'y refuser. (*Art.* 4
de la loi du 11 *décembre* 1789.)

» Ceux qui, sans aucun droit, laissent passer des
bestiaux, animaux de trait ou autres, en quelque saison que ce soit, dans les bois taillis, sont punis d'une
amende de six à dix francs, pour la première fois, et
d'un emprisonnement de trois jours en cas de récidive. »
(*Art.* 475, *n*o 10 *du Code Pénal.*)

Un arrêt de la cour régulatrice, du 5 novembre 1807,
a décidé que le délit commis dans les bois taillis par les
parcours des bestiaux, doit être puni, malgré que le
propriétaire du bois déclare que c'est avec sa permission que le bétail a pâturé ; il faut, pour croire à la sin-
cérité d'une telle déclaration, qu'elle soit faite par acte
authentique, ou ayant date certaine avant le temps où
le délit a été commis ; autrement la connivence qui
pourrait exister entre le propriétaire lésé et celui qui
aurait payé le dommage, empêcherait souvent l'application de la peine.

BORNES (DÉPLACEMENT DE). Arracher des bornes
fut autrefois un grand délit, qui était regardé à la fois
comme religieux et civil ; en effet, les Romains avaient
placé sous la protection d'une divinité particulière
(le dieu *Terme*) les bornes, limitations ou séparations
des propriétés.

Celui qui se plaint d'un déplacement de bornes a deux
actions : l'une civile, l'autre criminelle ; s'il choisit la première, il forme une demande possessoire devant le juge
de paix du lieu où le trouble a été commis, et il conclut en telles réparations et indemnités qu'il y a lieu.

Si la personne lésée préfère l'action criminelle, elle porte sa plainte devant le tribunal correctionnel, qui prononce à la fois sur les réparations, indemnités, et sur la peine encourue; mais quelle est cette peine?

La loi du 6 octobre, article 32 du titre II, dit : « Quiconque aura déplacé ou supprimé des bornes reconnues pour établir des limites entre différens héritages, pourra, en outre du paiement du dommage ou des frais de remplacement des bornes, être condamné à une amende de la valeur de douze journées de travail, et sera puni par une détention dont la durée, proportionnée à la gravité des circonstances, n'excédera pas une année. La détention cependant pourra être de deux années, s'il y a transposition de bornes afin d'usurpation. »

Le nouveau Code Pénal établit plusieurs circonstances et différentes peines. « Celui qui, pour commettre un vol, enlève ou déplace des bornes servant de séparation aux propriétés est puni de la réclusion. » (*Art.* 389.) Mais celui qui ne fait que déplacer ou supprimer des bornes ou pieds corniers, ou autres arbres reconnus pour servir de limites entre différentes propriétés, est puni d'un emprisonnement qui ne peut être moindre d'un mois, ni excéder une année, et d'une amende égale au quart des restitutions et des dommages-intérêts, qui dans aucun cas ne pourra être au-dessous de cinquante francs. »

Sous notre ancienne législation, la peine du déplacement de bornes était arbitraire; on prononçait quelquefois le fouet, le bannissement et même les galères, suivant la gravité des circonstances.

Mais c'était bien autre chose chez les Romains; une loi de Numa portait : *Qui terminum exarassit, ipse et boves ejus sacri sunto.*

« Il faut convenir, dit M. Fournel [1], qu'en venant des Romains jusqu'à nous, ce délit a bien perdu de son importance; il y a loin des exécrations de Numa, au mandat d'amener. Ce qui paraissait aux anciens une espèce de calamité publique, n'est pour nous qu'une simple affaire de police. »

BORNES ou CHASSE-ROUES. On appelle ainsi de petites colonnes de pierres ou de bois que l'on place près des maisons pour les garantir des roues des voitures et charrettes.

Suivant l'ordonnance du 26 octobre 1666, art. 1er, on ne peut établir des bornes contre les maisons sur la voie publique, dans les campagnes et dans les villes, sans une permission de la petite voirie, à peine d'amende.

Cette amende doit être celle infligée par le Code Pénal à ceux qui embarrassent la voie publique, ou qui en diminuent la liberté ou la sûreté; elle est d'un franc à 5 francs. (*Art.* 471, n° 4.)

Les bornes chasse-roues ne peuvent avoir une saillie plus forte que celle de 25 centimètres, à peine d'arrachement et d'amende.

Il est défendu de placer des bornes dans la face des pans coupés des maisons, à peine de cinquante francs d'amende et de suppression desdites bornes, parce qu'elles peuvent occasioner des accidens fâcheux. (*Ordonnances des 22 et 25 février 1787.*)

BRACONNIERS. *Voyez* GIBIER.

[1] Traité du voisinage.

CAB

CABANES DES BERGERS. Elles sont réputées maisons habitées, par l'article 390 du Code Pénal, quoique mobiles ; elles suffisent même pour faire regarder le parc, auquel elles sont jointes, comme une dépendance de maison habitée.

Celui qui détruit les cabanes des gardiens, ou rompt leurs fermetures, est puni d'un emprisonnement qui ne peut excéder une année ; il est en outre condamné à une amende qui ne peut excéder le quart des restitutions et dommages-intérêts, ni être au-dessous de seize francs. (*Art.* 451 et 455 *Code Pénal.*)

Quant à ces dommages-intérêts, ils sont laissés sans doute à la prudence des magistrats qui ne peuvent se dispenser d'en accorder. D'ailleurs, la condamnation aux peines établies par la loi est toujours prononcée sans préjudice des restitutions et indemnités qui appartiennent aux parties. (*Art.* 10, *ibid.*) C'est ce que disait encore le Code du 25 septembre 1791. Mais la loi du 6 octobre prononçait une peine moindre contre les destructeurs ou voleurs des cabanes mobiles. Peut-être qu'elle ne les considérait pas comme des lieux habités, mais comme de simples instrumens d'agriculture ; elle disait : « Toute destruction ou rupture d'instrumens de l'exploitation des terres, qui aura été commise dans les champs ouverts, sera punie d'une amende égale à la somme du dédommagement dû au cultivateur, et d'une détention qui ne sera jamais de moins d'un mois, et qui pourra être prolongée jusqu'à six, suivant la gravité des circonstances.

CARRIÈRES. Les carrières qui, sous plusieurs rapports, intéressent la sûreté publique dans les campagnes, font partie des attributions de la police administrative. Ainsi cette autorité ordonne les mesures nécessaires, 1° pour conserver en bon état les chemins qui approchent les carrières, et empêcher leur dégradation par ceux qui les exploitent; 2° pour garantir les propriétés et la vie même des hommes, de tous événemens malheureux qui peuvent résulter d'une mauvaise exploitation des carrières.

Les maires et leurs adjoints sont autorisés à constater les contraventions aux réglemens qui existent et qui pourront être donnés en ces matières. Voici quelques-uns de ces réglemens :

Un arrêt du Conseil, du 5 avril 1772, défend d'ouvrir aucune carrière de pierres de taille, de moellons, ou de grès, de faire aucune fouille pour tirer de la marne, du sable, etc., à une distance moindre de trente pieds des arbres plantés au long des grandes routes et chemins; il défend en outre de pratiquer aucune fouille ou galerie souterraine plus près de la même distance desdits arbres, et des bords extérieurs des routes, à peine de cinq cents francs d'amende.

Un autre arrêt de la même autorité, donné le 15 septembre 1776, enjoint à tous propriétaires ou exploitans de carrières de laisser des murs et des piliers partout où il sera nécessaire pour soutenir le plafond desdites carrières, et prévenir les éboulemens et accidens, à peine de cinquante francs d'amende.

A l'égard des carrières à plâtre, il est défendu d'en ouvrir aucune que préalablement il n'ait été examiné et constaté, aux frais des propriétaires, si la position de la masse peut permettre une exploitation en décombre et à tranchée ouverte; auquel cas la permission ne sera expédiée que sous la condition d'exploiter la carrière à tranchée ouverte, non autrement. Il est défendu aussi de construire dans l'intérieur de ces carrières des fours pour faire dessécher et écarter les parties de la masse, de manière à précipiter son écroulement. (*Arrêt du Conseil, du* 19 *septembre* 1778.)

Enfin, une ordonnance de police de la ville de Paris, du 2 ventôse an IX, en confirmant les anciens réglemens, enjoint aux propriétaires des carrières exploitées par cavage ou à puits de les fermer à clef pendant la nuit et les jours de cessation de travail; et, pour celles dont l'exploitation se fait à découvert, d'établir au devant des tranchées, des barrières en planches ou pierres.

Cette ordonnance défend, en outre, à tous propriétaires ou exploitans de carrières, de les condamner et combler, sans en avoir fait la déclaration au préfet de police, et auparavant que la visite en ait été faite pour s'assurer si elles ne présentent aucun danger pour la sûreté publique.

Le vol des pierres *dans les carrières* est puni de la réclusion. (*Art.* 388, *Code Pénal.*) Mais si ces pierres étaient sorties des carrières et transportées dans un lieu ouvert, le vol qui en serait fait ne serait plus qu'un vol simple et puni des peines établies par l'article 401, car alors elles ne seraient plus confiées à la foi publique.

Au reste, cet article 388 est modifié par le deuxième de la loi du 25 juin 1824; et dans tous les cas, ce sont maintenant les peines prononcées par le même article 401 qui sont applicables.

CHANVRE. Différens réglemens généraux et particuliers interdisent de faire rouir les chanvres dans les rivières, ruisseaux, étangs et mares, parce que cette opération, en corrompant les eaux, est nuisible à la salubrité de l'air; elle occasione d'ailleurs la mort des poissons et des maladies aux bestiaux.

On distingue parmi ces réglemens les arrêts du conseil d'état, des 4 avril et 27 juin 1702, 24 décembre 1719, 11 septembre 1725, 26 février 1732, 6 août 1735, et 28 décembre 1758.

La loi du 24 août 1790, et celle du 22 juillet 1791, qui permettent aux administrateurs de faire des réglemens pour tout ce qui tient à la conservation de la salubrité publique et du bon ordre, sont applicables au fait particulier qui nous occupe; ainsi l'autorité administrative doit prendre les mesures convenables pour empêcher le rouissage du chanvre dans les lieux prohibés.

Ce que nous venons de dire pour le chanvre s'applique également au lin, dont le rouissage produit les mêmes effets.

CHAMPS. *Voyez* DÉGATS, DOMMAGES, PASSAGES, VOLS DANS LES CHAMPS.

CHARRETIER. Je ne donnerai sous ce titre que les règles qui concernent principalement les charretiers circulans dans les campagnes, et non celles qui les assujétissent aux réglemens de police des villes, afin de nous renfermer scrupuleusement dans le cercle de la législation de police rurale.

Une ordonnance du 4 février 1786 prescrit aux charretiers de faire place aux courriers et voyageurs allant en poste, à peine de trente francs d'amende; elle leur ordonne en outre de se tenir constamment à la tête de leurs chevaux pour les guider sans pouvoir marcher sur le derrière de la voiture, ni à côté, sous la même peine.

Mais l'amende a été élevée jusqu'à cinquante francs contre les charretiers qui ne cèdent pas la moitié du pavé aux voitures des voyageurs. (*Décret du* 28 *août* 1808.)

Ces différentes dispositions sont modifiées par le n°3 de l'art. 475 du Code Pénal, qui est conçu en ces termes: « Les rouliers, charretiers, conducteurs de voitures quelconques, ou de bêtes de charge, qui auraient contrevenu aux réglemens par lesquels ils sont obligés de se tenir constamment à portée de leurs chevaux, bêtes de trait ou de charge, ou de leurs voitures, et en état de les guider et conduire, d'occuper un seul côté des rues, chemins ou voies publiques, de se détourner ou ranger devant toutes autres voitures et à leur approche, de leur laisser libre au moins la moitié des chaussées, routes et chemins, seront condamnés en une amende de six à dix francs. »

Cette disposition a été maintenue par une ordonnance du 15 mai 1822, qui en rappelle une autre du 4 février 1820, laquelle infligeait la peine établie par le décret précité du 28 août 1808.

Ces ordonnances enjoignent aux gendarmes de con-

traindre les charretiers et voituriers à se tenir à côté
de leurs chevaux, à laisser les communications et les
passages libres, et en cas de résistance, de les saisir et
conduire devant l'autorité civile pour y être condamnés
à l'amende. Néanmoins, il paraît que les rapports faits
par de simples gendarmes dans de telles circonstances
ne font pas la même foi qu'un procès-verbal d'un officier de police, puisque la cour régulatrice décide que
ces rapports ne sont pas sujets à l'enregistrement, et
qu'ils ne sont considérés que comme des dénonciations
officielles, tellement que les signataires de ces rapports
peuvent être appelés comme témoins. (*Arrêt du* 24
mai 1821.)

Un autre arrêt de cette cour a décidé, le 25 ventôse an XIII, que les maires ont le droit de défendre
aux voituriers de s'asseoir sur leurs chevaux en par-
courant les rues ; et qu'une telle disposition est obligatoire pour les tribunaux.

On ne peut douter du bien jugé de cet arrêt, puisqu'il ne fait qu'appliquer l'article premier de l'ordonnance du 21 décembre 1787, qui prescrit positivement aux voituriers, charretiers, garçons et autres, de
se tenir à pied près de leurs chevaux, pour les guider
et conduire.

La même ordonnance veut encore que les charrettes,
chariots et autres voitures de transports soient en bon
état, à peine de 100 francs d'amende et de confiscation des voitures ; permet aux commissaires de police,
assistés de gens du métier, d'en faire la visite au besoin.

Aucun charretier ne doit laisser sa charrette attelée

ou non, stationner sur la voie publique, si ce n'est pour en opérer le chargement ou le déchargement, à peine de la punition infligée à ceux qui embarrassent la voie publique. Cependant les voitures des marchands forains des halles et celles des voituriers des ports peuvent stationner à des endroits indiqués.

Tout charretier doit faire placer au côté gauche de sa voiture, et en avant de la roue, une plaque sur laquelle sont écrits en gros caractères les noms et demeures du propriétaire de la voiture, à peine de 25 fr. d'amende, qui est double si la plaque porte un nom et un domicile supposé. (*Loi du* 3 *nivôse an* vi, *décret du* 23 *juin* 1806.)

D'après la loi du 7 ventôse an xii, nul ne peut conduire une charrette attelée de plus d'un cheval, si les jantes des roues ne sont de la largeur suivante:

A deux chevaux, onze centimètres (4 pouces 1 ligne);

A trois chevaux, 14 centimètres (5 pouces 2 lignes);

A quatre chevaux, 17 centimètres (6 pouces 4 lignes);

A plus de quatre chevaux, 25 centimètres (9 pouces 3 lignes) :

A peine de cinquante francs d'amende et de destruction des roues.

Sont exceptées de ces dispositions les charrettes employées au transport des récoltes et à l'exploitation des fermes.

Les charretiers sont responsables des objets qui leur sont confiés, à moins qu'ils ne prouvent qu'ils ont été perdus ou avariés par cas fortuit ou force majeure. (*Art.* 1783 et 1784 *du Code Civil.*) Mais ils ne sont pas responsables des paquets qui sont remis directement à leurs domestiques et non à eux-mêmes. C'est du moins ce que la cour de cassation a décidé par arrêt du 5 mars 1811.

Les charretiers ou voituriers qui détournent des marchandises chargées sur leurs voitures sont poursuivis comme voleurs. Ils doivent fidèlement conduire ces marchandises au lieu de leur destination, sans pouvoir exiger de plus fort salaire que celui convenu, à peine de 5o francs d'amende. (*Art.* 3 *de l'ordonnance du* 31 *août* 1787.)

CHASSE. Le besoin enseigna aux premiers hommes l'exercice de la chasse, qui, depuis des siècles, n'est plus qu'un amusement pour le plus grand nombre.

Tout propriétaire peut se livrer à la chasse sur ses propriétés, mais nul ne peut se dispenser de se conformer aux lois et réglemens portés sur cette matière.

La loi du 3o avril 1790 défend à toute personne de chasser sur le terrain d'autrui sans son consentement, à peine de 20 francs d'amende envers la commune du lieu, et de 10 francs envers le propriétaire du terrain, sans préjudice de tous dommages-intérêts et réparations.

Si le terrain sur lequel on a chassé est clos, l'amende est de 3o francs envers la commune, et de 15 francs au profit du propriétaire; elle est de 4o francs pour l'un et de 20 francs pour l'autre, si le terrain clos joint à une maison, indépendamment de la peine pour violation de clôture. Enfin, ces amendes sont doubles en cas de récidive, triples à la troisième fois, et ainsi de suite, pourvu que ce soit dans l'intervalle d'une même année. (*Art.* 1, 2 et 3 *ibid.*)

A défaut de paiement de l'amende, le délinquant est passible d'un emprisonnement de vingt-quatre heures pour la première fois, de huit jours pour la seconde, de trois mois pour les suivantes. Au reste, les armes sont confisquées, sans néanmoins que les gardes puissent désarmer les chasseurs. (*Art.* 4 et 5.)

Personne ne peut chasser sans un permis de port d'armes. Ces autorisations ne se délivrent qu'aux propriétaires ou fermiers de 60 hectares au moins de terre, ou aux porteurs d'une permission desdits propriétaires ou fermiers; ceux-ci justifient de l'étendue de la propriété par un certificat du maire de la situation des biens : cet administrateur doit viser la permission du propriétaire.

Telle est la disposition d'une ordonnance du préfet de police de Paris, du 12 août 1807, mais elle n'est pas généralement exécutée dans les départemens, où les préfets font des réglemens particuliers auxquels il faut se conformer.

Les préfets sont autorisés à proclamer l'époque de l'ouverture de la chasse, et celle de son interdiction. (*Art.* 2 *de la loi du* 30 *avril* 1790 *précitée.*)

Cependant on ne peut empêcher le propriétaire ou possesseur de chasser en tout temps dans ses propriétés ou possessions closes de murs ou de haies, dans ses bois et forêts; il peut se servir de filets et engins pour prendre le gibier dans ses récoltes, et d'armes à feu pour repousser les bêtes fauves. (*Art.* 13, 14 et 15 *de la loi précitée.*)

Les pères et mères sont responsables des délits de chasse commis par leurs enfans mineurs non mariés, domiciliés avec eux. Cette responsabilité ne dure pas plus d'une année, car tel est le terme de la prescription de ces délits. (*Art.* 17 *ibid.*)

La chasse est défendue dans les forêts royales, excepté pour les animaux nuisibles. Les contrevenans sont punis, savoir : pour chasser à feu, entrer et demeurer de nuit dans les forêts avec armes à feu, pour y prendre les nids d'oiseaux, œufs de cailles, de perdrix ou faisans, détruire toute espèce de gibier avec tirasses, traîneaux, tonnelles et autres engins, d'une amende de cent francs. (*Ordonnance de* 1669, *articles* 4, 8 et 12 *du tit.* XXX.)

Ces prohibitions n'empêchent pas qu'il soit fait tous les trois mois dans les campagnes, sous la surveillance de l'administration forestière, des chasses aux loups, renards, blaireaux et autres animaux nuisibles. Il en est dressé procès-verbal qui contient l'espèce et la quantité des animaux détruits. Il est envoyé au ministre des finances un extrait des procès-verbaux de ces chasses pour être accordé, s'il y a lieu, une ordonnance de paiement des récompenses promises par la loi du 10 messidor an v et par l'arrêté du 19 pluviôse précédent.

Un autre arrêté du 19 ventôse an x décide que les mêmes régimes, surveillance et administration prescrits pour les forêts royales, auront lieu pour les forêts et bois appartenans aux communes, aux hospices et autres établissemens publics. Ainsi personne n'y peut chasser sans une permission de ceux qui ont droit de la donner.

Il est encore défendu de chasser les bêtes destinées aux plaisirs du Roi, qui pourraient s'échapper de ses domaines, et se trouver sur les propriétés des particuliers. Si elles occasionent des dommages, la valeur en est payée après qu'ils sont constatés légalement.

Pareilles défenses sont faites de chasser dans les terrains, forêts, enclos et bois destinés uniquement aux chasses royales sans une permission spéciale du grand-veneur, visée par le conservateur dans le ressort duquel la permission est donnée.

Tous les piéges destinés à la destruction du gibier, notamment les filets, les panneaux, les tirasses, lacets, etc., sont prohibés. Il en est de même des battues par les chiens courans et les lévriers : le tout à peine de trente francs d'amende. (*Ordonnance des eaux et forêts, tit.* XXX, *art.* 12.)

Tout braconnier porteur de tirasses, lacets ou autre piége doit être arrêté et conduit devant le magistrat compétent. Il en est de même de tout chasseur masqué et pris sur le fait, sans qu'il soit besoin d'aucune réquisition d'officier de police.

Les gardes champêtres, gardes forestiers et gendarmes sont autorisés à constater les contraventions aux règles ci-dessus énoncées, et ils reçoivent une gratification de cinq francs par chaque contravention. (*Ordonnance du* 17 *juillet* 1816, *art.* 2.)

Les délits de chasse commis pendant le temps qu'elle est permise ne peuvent être poursuivis qu'à la requête des propriétaires lésés; mais pendant la prohibition ils peuvent être poursuivis à la requête du procureur du Roi. Décidé ainsi par la cour régulatrice le 12 février 1808.

Cependant celui qui est trouvé, en tout temps, chassant sans être muni d'un port-d'armes délivré par le préfet, doit être condamné, par la voie correctionnelle, à une amende de trente à soixante francs, et, en cas de récidive, d'une amende de soixante à deux cents francs, même à garder prison pendant six jours au moins, et un mois au plus. (*Décret du 4 mai 1812, art.* 1 et 2.)

Indépendamment de ces peines, la confiscation des armes saisies doit toujours être ordonnée; et si elles ne l'ont pas été, le coupable est condamné à les rapporter ou à en payer la valeur suivant l'arbitrage qui en est fait par le tribunal; valeur qui, dans aucun cas, ne peut être au-dessous de trente francs. (*Art.* 3 *du décret précité.*)

Quoique les militaires soient en général, pour les délits qu'ils commettent, justiciables des conseils de guerre, il y a exception pour les délits de chasse dont ils peuvent se rendre coupables; en ce cas ils sont jugés par les tribunaux correctionnels, même lorsqu'ils sont présens à leurs corps. (*Avis du conseil d'état du 4 janvier* 1806.)

Les différentes règles et dispositions qui précédent conservent toute leur force; les nouveaux codes l'ont ainsi prononcé : « La faculté de chasser ou de pêcher est réglée par des lois particulières, dit l'article 715 du Code Civil; et l'article 484 du Code Pénal, pour toutes les matières qu'il n'a ni prévues ni réglées, renvoie aux lois et réglemens anciens qui les concernent. Or ce dernier code ne parle aucunement des délits de chasse.

Mais voici plusieur sarrêtés qui s'y rapportent spécialement :

Le premier, rendu par la cour de Paris le 19 mars 1812, décide qu'un fermier ne peut exercer le droit de chasse proprement dit, lorsque ce bail se tait sur ce droit.

Le second juge que la chasse en temps permis sur le terrain d'autrui n'est un délit qu'autant qu'il n'y a pas d'autorisation du propriétaire. S'il y a autorisation, quelque dommage qu'ait commis le chasseur, le tribunal correctionnel ne peut en connaître. La justice répressive ne connaît des intérêts civils qu'accessoirement à l'application des peines. (*Arrêt de cassation du 13 juillet* 1810.)

Le troisième déclare que le fait de chasse avec des chiens lévriers sur le terrain d'autrui ne comporte pas de poursuites correctionnelles si la chasse a eu lieu dans un temps non prohibé, et si le propriétaire du terrain ne s'est pas porté partie civile;

Qu'un arrêté du préfet qui modifierait les dispositions de la loi du 30 avril 1790, sur la chasse, ne serait pas obligatoire pour les tribunaux. (*Arrêt de cassation du 22 juin* 1815.)

Le quatrième décide que le droit de chaque propriétaire de chasser sur son terrain, ne s'étend pas aux domaines enclavés dans ceux de la liste civile. (*Arrêt de la cour régulatrice du 2 juin* 1814.)

Les cinquième et sixième statuent que les délits de chasse, intéressant les délits de la police générale et la conservation des forêts, doivent toujours être poursuivis devant les tribunaux correctionnels, même à l'égard des militaires. (*Arrêts des 8 fructidor an* xi, *et* 10 *octobre* 1806, *cour de cassation.*)

Enfin, un septième arrêt décide qu'il y a fait de chasse de la part de celui qui tire des coups de fusil sur du gibier, de l'intérieur d'une cabane en feuillages, servant d'abri ou de poste au chasseur, pour épier et abattre le gibier; mais on peut dire que les coups de fusil ont été tirés d'une maison habitée. (*Arrêt du* 20 *juin* 1823.)

CHAUME (*ou bâtimens couverts de*). La loi du 24 août 1790, article 3, titre XI, confie à la vigilance des corps municipaux toutes les précautions et mesures de prudence pour prévenir les incendies. De là il suit que les maires des campagnes peuvent défendre de couvrir les maisons et bâtimens, avec des roseaux, pailles et rouches, que l'on nomme vulgairement chaume; néanmoins ils doivent renfermer de telles dispositions dans de justes limites, afin de ne porter aucune atteinte au droit sacré de propriété, sans des causes justes et suffisantes; autrement les préfets peuvent et doivent réformer leurs arrêtés, soit sur la plainte de la partie lésée, soit d'office.

Voici une espèce semblable, confirmée par la cour suprême. Un arrêté du maire de la ville de Bourges, du 21 août 1818, fit défense à tous propriétaires de maisons situées dans les faubourgs, d'en construire ou réparer les couvertures avec de la paille ou des roseaux,

5.

et enjoignit de suspendre ou de supprimer lesdites couvertures, si elles étaient terminées.

Au mépris de cet arrêté, des particuliers firent continuer leurs couvertures de roseaux, et refusèrent de
les supprimer. Traduits devant le tribunal de police de
Bourges, ils prétendirent que l'arrêté du maire n'était
point obligatoire, n'étant basé sur aucune loi, et que
d'ailleurs il portait atteinte au droit de propriété. Le
tribunal accueillit ce moyen, et d'après l'article 159 du
Code d'Instruction criminelle, renvoya les défendeurs
de la plainte.

Mais, sur le pourvoi en cassation, la cour pensa autrement; elle décida qu'il y avait fausse application de
l'article 159, et annula le jugement de police.

CHAUX. *Voyez* FOURS A CHAUX.

CHEMINÉES. *Voyez* FOURS ET CHEMINÉES.

CHEMINS VICINAUX. On ne connaît plus en France
que trois sortes de chemins : les grandes routes, les
chemins privés, et ceux dits vicinaux, auxquels nous
consacrons uniquement cet article.

Disons cependant que les Romains avaient aussi trois
espèces de chemins. *Vias publicas, quas alii prœtorias,
alii consulares appellabant; privatas quas agrarias
quidam dicebant, vicinales quœ in vicos ducebant.* [1]
Mais quelques coutumes divisaient les chemins en cinq
classes.

L'article 1er, section vi, titre Ier de la loi du 28
septembre (ou 6 octobre) 1791, porte : « Les agens
de l'administration ne pourront fouiller dans un champ
pour y chercher des pierres, de la terre ou des sables

[1] Leg. 11, Cod. *Ne quid in loco public. fiat.* Parag. XXII et XXIII.

nécessaires à l'entretien des grandes routes et autres chemins, sans qu'au préalable ils n'aient averti le propriétaire, et qu'il ne soit justement indemnisé, à l'amiable ou à dire d'expert. »

L'article 2 ajoute : « Les chemins reconnus par le directoire de district (aujourd'hui le sous-préfet) pour être nécessaires à la communication des paroisses, seront rendus praticables et entretenus aux dépens des communautés, sur le territoire desquelles ils sont établis. Il pourra y avoir à cet effet une imposition au marc la livre de la contribution foncière. »

Enfin, l'article 3 décide que, sur la réclamation d'une des communautés, ou sur celles des particuliers, le directoire du département, après avoir pris l'avis de celui de district, ordonnera l'amélioration d'un mauvais chemin, afin que la communication ne soit pas interrompue dans aucune saison, et il en déterminera la largeur.

Ces dispositions ont été modifiées, renouvelées, même suspendues par des réglemens postérieurs, et une dernière loi vient d'être portée sur les chemins vicinaux ; en voici le texte :

« *Art.* 1er. Les chemins reconnus par un arrêté du préfet, sur une délibération du conseil municipal, pour être nécessaires à la communication des communes, sont à la charge de celles sur le territoire desquelles ils sont établis, sauf le cas prévu par l'article ci-après.

» *Art.* 2. Lorsque les revenus des communes ne suffisent point aux dépenses ordinaires de leurs chemins, il y est pourvu par des prestations en argent ou en nature, à la volonté des contribuables.

» *Art.* 3. Tout habitant, chef de famille ou d'établis-sement, à titre de propriétaire, de régisseur ou de fer-mier, qui est porté sur l'un des rôles des contributions directes, peut être tenu : 1° à une prestation qui ne peut excéder deux journées de travail, ou leur valeur en argent, pour lui et chacun de ses fils vivant avec lui, ainsi que pour chacun de ses domestiques mâles, pour-vu que les uns et les autres soient valides et âgés de vingt ans accomplis;

» *Art.* 2. A fournir deux journées au plus de chaque bête de trait ou de somme, de chaque charrette en sa possession, pour son service ou pour le service dont il est chargé.

» *Art.* 4. Il peut aussi être perçu sur tout contribuable pour les mêmes dépenses, à titre de prestation; et en cas d'insuffisance de celles qui précèdent, jusqu'à cinq cen-times additionnels au principal de ses contributions directes.

» *Art.* 5. Les prestations ne seront imposées qu'au fur et à mesure des besoins; celles qui devront être payées en nature ne seront requises que hors du temps des se-mailles et des récoltes. Elles seront votées par les conseils municipaux; les préfets en autoriseront l'im-position; le recouvrement en sera poursuivi, et les dégrèvemens prononcés comme pour les contributions directes.

» Dans le cas prévu par l'article 4, les conseils muni-cipaux devront être assistés des plus imposés en nombre égal à celui de ses membres.

» *Art.* 6. Si des travaux indispensables exigeaient qu'il fût ajouté par des contributions extraordinaires, au produit des prestations, il y serait pourvu conformément aux lois, par des ordonnances royales.

» *Art.* 7. Toutes les fois qu'un chemin sera habituellement ou temporairement dégradé par des exploitations de mines, de carrières, de forêts, ou de toute autre entreprise industrielle, il pourra y avoir lieu à obliger les entrepreneurs ou propriétaires à des subventions particulières, lesquelles seront, sur la demande des communes, réglées par les conseils de préfectures, d'après des expertises contradictoires.

» *Art.* 8. Les propriétés de l'état et de la couronne contribueront aux dépenses des chemins communaux, dont les proportions seront réglées par les préfets, en conseil de préfecture.

» *Art.* 9. Lorsqu'un même chemin intéresse plusieurs communes, et en cas de discord entre elles sur la proportion de cet intérêt et des charges à supporter, ou en cas de refus de subvenir auxdites charges, le préfet prononce en conseil de préfecture, d'après l'avis du conseil d'arrondissement, et après avoir entendu les conseils municipaux, assistés des plus imposés.

» *Art.* 10 *et dernier.* Les acquisitions, aliénations et échanges ayant pour objet les chemins communaux, seront autorisés, par arrêtés des préfets en conseil de préfecture, après délibérations des conseils municipaux intéressés, et après enquête *de commodo et incommodo*, lorsque la valeur des terrains à acquérir, à vendre ou à échanger, n'excédera pas 3000 francs.

» Seront aussi autorisés par les préfets dans les mêmes formes, les travaux d'ouvertures ou d'élargissemens desdits chemins, qui pourront donner lieu à des expropriations pour causes d'utilité publique, en vertu de la loi du 8 mars 1810, lorsque le prix des terrains qui en sont l'objet ne devra pas excéder la même somme de 3000 fr.» (*Loi du 28 juillet* 1825.)

Mais il est temps de retracer des dispositions d'un autre genre, celles de la police des chemins vicinaux. L'article 40, titre II de la loi du 6 octobre, statue que les cultivateurs ou tous autres qui auront dégradé ou détérioré, de quelque manière que ce soit, des chemins publics, ou usurpé sur leur largeur, seront condamnés à la réparation ou à la restitution, et à une amende qui ne pourra être moindre de 3 fr., ni excéder 24 fr.

La même loi prévoit ou établit d'autres contraventions relatives aussi aux chemins, soit pour la détérioration des arbres, soit pour l'enlèvement des gazons et pierres; mais l'ordre de cet ouvrage veut que ces dispositions soient réservées pour d'autres articles. *Voyez* ARBRES, GAZONS,

A quelle autorité appartient-il de connaître des dégradations des chemins vicinaux prévues par l'article précité de la loi du 6 octobre? Si la compétence des tribunaux de justice répressive se détermine par le *maximum* de la peine à infliger, point de doute que l'amende de 24 francs ne peut être prononcée par les juges de police; mais s'il y a dérogation au texte cité, il doit en être autrement. En effet, l'article 605 du Code de brumaire an IV porte : « Seront punis des peines de simple police..... ceux qui embarrassent ou dégradent les voies publiques. » Cette disposition, postérieure à la loi du 6 octobre, y a dérogé d'après la règle *posteriora prioribus derogant*, du moins pour les faits d'embarras ou de dégradations des chemins.

Mais il y a quelque chose de plus positif. Le tribunal de police de Tours, saisi par le ministère public d'une plainte contre le sieur Duplessis, pour *anticipation* sur des chemins vicinaux, se déclara incompétent, et renvoya la cause devant l'autorité administrative.

Il en fut autrement sur le pourvoi en cassation. La cour régulatrice, le 30 janvier 1807, attendu les dispositions de l'article 40 de la loi des 28 septembre et 6 octobre 1791, cassa le jugement, en délaissant au ministère public à se pourvoir.

Ce ne fut pas tout, le préfet d'Indre-et-Loire, par un arrêté du 14 mars suivant, éleva un conflit qui fut vidé par un décret du 18 août 1807, dont voici les propres termes : « Considérant que les articles 6 et 7 de la loi du 9 ventôse an XIII n'attribuent aux conseils de préfecture, en matière de *petite voirie*, que la connaissance des anciennes limites des chemins vicinaux, et la surveillance des plantations qui peuvent avoir lieu sur leurs biens ; que les poursuites qui ont lieu par devant ces mêmes conseils, dans les matières dont ils connaissent, sont purement civiles, et ne peuvent empêcher la répression des délits par les tribunaux qui en sont chargés;

» Décrète, article 1er : L'arrêté du préfet d'Indre-et-Loire, du 14 mars 1807, qui revendique par devant l'autorité administrative la connaissance des délits reprochés au sieur Duplessis, est annulé. »

Un décret semblable a été rendu sur un conflit élevé par le préfet de la Charente-Inférieure contre un jugement du tribunal de police de La Rochelle, portant condamnation du sieur Boulet, qui s'était permis d'enlever des terres et gazons sur une grande route. Le décret a maintenu le jugement et annulé l'arrêté du préfet.

Ainsi, il paraît décidé que les juges de police doivent connaître les dégradations des chemins vicinaux publics.

Cependant il ne faut pas croire que l'autorité administrative soit étrangère à la police de ces chemins, qui forment en partie la petite voirie placée sous l'inspection des maires et la surveillance des préfets. Cette inspection s'étend sur les limites des chemins, sur les plantations dont ils sont bordés, les envahissemens, les alignemens, etc.; tout cela peut et doit être le sujet de mesures administratives de conservation et de répression.

Le nouveau Code Pénal n'a rien changé aux textes et à la jurisprudence que nous venons d'analyser; il ne parle même des chemins publics que sous le rapport des vols qui s'y commettent et de leur punition; enfin, l'orateur du gouvernement, sur le dernier article de ce code, dit qu'il maintient expressément en vigueur les lois et réglemens anciens relatifs à la formation, entretien et conservation des chemins et voies publiques.

Cependant je ne pense pas que l'on puisse encore appliquer les pénalités prononcées par un arrêt du conseil d'état du 17 juin 1721, dont voici les termes :

« Fait défenses à tous laboureurs, vignerons et autres, de combler les fossés ou d'abattre les berges qui bornent la largeur des grands chemins, et d'anticiper sur cette largeur par leur labour ou autrement, en quelque manière que ce soit; de planter aucun arbre à une moindre distance que celle de six pieds du bord extérieur desdits fossés et berges, et de décharger aucun gravois, fumier, immondices, ou autres empêchemens au passage public, tant sur les chaussées de pavés et de terre que sur les ponts et dans les rues des bourgs et villages; d'abattre aucune borne mise pour empêcher le passage des voitures, à peine de cinq cents francs d'amende contre chaque contrevenant, de prison contre ceux qui seront pris sur le fait, et de confiscation des chevaux et voitures servant au transport des matières déposées, sans préjudice de la responsabilité des maîtres auxquels appartiennent les chevaux et voitures. »

Tous ces faits, dégradations ou usurpations, paraissent au contraire n'être plus passibles que des peines infligées par les articles 40, 43 et 44 précités du titre II de la loi du 6 octobre 1791. Néanmoins, il faut distinguer s'il ne s'agit que d'embarras, encombrement, gêne ou diminution de la liberté ou sûreté du passage sur les chemins; alors c'est le paragraphe iv de l'article 471 du Code Pénal qu'il convient d'appliquer.

CHEMINS DE HALLAGE. Tous propriétaires dont les terrains sont limitrophes des rivières navigables, sont tenus de laisser le long des bords vingt-quatre pieds pour le passage des chevaux ou des marins qui remontent ou conduisent les bateaux. Il leur est défendu de planter des arbres, de faire des clôtures ni ouvrir des fossés plus près du bord des rivières que de trente pieds. (*Ordonnance de 1669, arrêté du 13 nivôse an* v).

« Sont tenus aussi, les propriétaires riverains des ruisseaux ou rivières flottables, de laisser le long de leurs héritages quatre pieds pour le passage des employés à la conduite des trains et flots. »

Les peines infligées à ceux qui contreviennent à ces dispositions sont l'arrachement des arbres ou le comblement des fossés, la destruction des ouvrages, la réparation des localités, et des dommages-intérêts au profit de ceux qui ont souffert des contraventions.

« Les dispositions de l'article 7 du titre XXVIII de l'ordonnance de 1669 sont applicables à toutes les rivières navigables, soit que la navigation y fût établie à cette époque, soit que le gouvernement se fût déterminé depuis ou se détermine à l'avenir à les rendre navigables. (*Art.* 1er *du décret du 22 janvier* 1808.)

» En conséquence, les propriétaires riverains, en quelque temps que la navigation ait été ou soit établie, sont tenus de laisser le passage pour les chemins de hallage. (*Art.* 2.)

» Il sera payé aux riverains des fleuves ou rivières où la navigation n'existait pas, et où elle s'établira, une indemnité proportionnée au dommage qu'il éprouvera; et cette indemnité sera évaluée conformément aux dispositions de la loi du 16 septembre dernier. (*Art.* 3.)

» L'administration pourra, lorsque le service n'en souffrira pas, restreindre la largeur des chemins de hallage, notamment quand il y aura antérieurement des clôtures ou haies vives, murailles ou travaux d'art, ou des maisons à détruire. » (*Art.* 4.)

CHEVAUX. Les chevaux attaqués de la morve ou d'autres maladies contagieuses ne peuvent être exposés en vente dans les marchés et foires, à peine de cinq cents francs d'amende, suivant un arrêt du conseil d'état du 16 juillet 1784. *Voyez* MORVE, *infra.*

« Ceux qui, par imprudence, ou par la rapidité de

leurs chevaux, auront blessé quelqu'un dans les rues ou voies publiques, seront, indépendamment des indemnités, condamnés à huit jours de détention, et à une amende égale à la totalité de leur contribution mobilière, sans que l'amende puisse être au-dessous de trois cents livres. S'il y a eu fracture, et telle qu'elle ne puisse se guérir en moins de quinze jours, les délinquans seront renvoyés à la police correctionnelle.» (*Art.* 16, § 1ᵉʳ, *titre* Iᵉʳ *de la loi du* 6 *octobre.*)

Ces peines sont modifiées par le Code Pénal, article 479, paragraphe II, qui prononce une amende de onze à quinze francs contre ceux qui auront occasioné la mort ou la blessure des animaux ou bestiaux appartenant à autrui par la rapidité ou la mauvaise direction, ou le chargement excessif des voitures, chevaux, bêtes de trait, de charge ou de monture.

Mais cette peine est encore moindre lorsque l'on fait ou laisse courir les chevaux ou bêtes de trait dans l'intérieur des lieux habités, ou que l'on viole les réglemens contre la rapidité ou la mauvaise direction des chevaux et voitures ; alors l'amende encourue n'est plus que de six à dix francs inclusivement. (*Art.* 475, § IV.)

Cependant, dans ces différentes circonstances, la peine de prison peut être prononcée, savoir : pour trois jours dans le cas prévu par l'article 475, et de cinq jours, s'il y a récidive, pour tous les cas ci‑dessus exprimés.

CHEVAUX MALADES. *Voyez* ÉPIZOOTIES et MORVE.

CHEVAUX TUÉS ou EMPOISONNÉS. *Voyez* EMPOISONNEMENS.

CHÈVRES. Ces animaux sont reconnus malfaisans, autant par leur salive venimeuse et brûlante, que par les dommages considérables qu'ils causent en broutant arbres, arbustes, buissons, haies, vignes, etc.

Aussi plusieurs de nos coutumes présentaient, à l'égard de ces animaux, des dispositions singulières. Celle de Nivernois défendait d'en nourrir dans les villes, d'autres leur interdisaient certains pâturages [1]. Un arrêt du conseil d'état, du 29 mai 1725, donné sur la représentation des États du Languedoc, et en homologuant leur délibération, défendit à toutes personnes, sans distinction, de tenir des chèvres dans l'étendue de la province du Languedoc, à peine de cent livres d'amende. Cependant, il fut permis à l'intendant de la province d'accorder des permissions spéciales pour tenir des chèvres dans les endroits où elles ne pouvaient faire aucun dommage.

Un autre arrêt, donné en forme de réglement par le parlement de Toulouse, le 6 mars 1723, fit défense à toutes personnes de tenir des chèvres, soit dans les plaines et dans les montagnes, où il y a des lieux cultivés et des bois taillis, soit qu'on les tienne attachées dans les granges, maisons et ailleurs, à peine du fouet et du bannissement pour trois ans.

Mais ces dispositions rigoureuses sont tombées en désuétude, et nous jouissons d'une législation plus modérée, même dès l'ordonnance de 1669, qui contient aussi des dispositions spéciales aux dégâts des chèvres.

[1] Art. 196 de la coutume du Poitou, et 14 de celle de Saintonge.

L'article 18, titre II de la loi du 6 octobre 1791, décide que : « Dans les lieux qui ne sont sujets ni au parcours ni à la vaine pâture, pour toute chèvre qui sera trouvée sur l'héritage d'autrui, contre le gré du propriétaire, il sera payé une amende de la valeur d'une journée de travail par le propriétaire de la chèvre ;

» Que dans les pays de parcours ou de vaine pâture où les chèvres ne sont pas rassemblées et conduites en troupeau commun, celui qui aura des animaux de cette espèce ne pourra les mener au champ qu'attachés, sous peine d'une amende d'une journée de travail par tête d'animal ;

» Qu'en quelque circonstance que ce soit, lorsqu'elles auront fait du dommage aux arbres fruitiers ou autres haies, vignes, jardins, l'amende sera double, sans préjudice du dédommagement dû au propriétaire. »

Mais ces différentes amendes sont élevées à la valeur de trois journées de travail chacune, d'après la loi du 24 thermidor an IV, article 2.

Si les dommages occasionés par les chèvres ont lieu dans les bois taillis des particuliers ou des communes, la loi du 6 octobre précitée décide qu'il sera payé deux francs d'amende par tête de chèvres ; si les bois taillis sont dans les six premières années de leur croissance, l'amende sera double ; si les dégâts sont commis en présence du pâtre, et dans les bois taillis de moins de six années, l'amende sera triple ; enfin, s'il y a récidive dans l'année ; l'amende sera double ; et s'il y a réunion des deux circonstances précédentes, ou récidive avec l'une des deux circonstances, l'amende sera quadruple. (*Art.* 38 *ibid.*)

Ces peines sont indépendantes de l'indemnité due à la personne lésée; indemnité qui s'estime de gré à gré, ou par expert, ou enfin par le juge.

Les juges de paix, comme juges de police, sont compétens de connaître des différentes contraventions que nous venons d'exprimer, quand il n'y a pas une réunion de chèvres en nombre capable d'élever le total de l'amende au-delà du *maximum* de la compétence de ces juges; autrement les tribunaux correctionnels doivent seuls en connaître.

CHIENS. Animaux domestiques, à la fois utiles, nuisibles et même dangereux.

Depuis bien des siècles, la police en France a pris des mesures pour préserver le public des accidens que les chiens peuvent occasioner. Le plus ancien document qui nous soit connu sur ce point est une ordonnance de 1556, rendue par Henri II, qui enjoint de tuer les chiens dont les maîtres sont inconnus, ou qui ne sont reconnus par personne. Dans le cas où les chiens sont enragés, il est ordonné, tant à ceux à qui ils appartiennent qu'à tous ceux qui en ont connaissance, de les tuer sur-le-champ, ainsi que tous les autres animaux qu'on sait en avoir été mordus. Ces animaux doivent être enfouis dans des fosses assez profondes pour qu'il soit impossible aux chiens de les sortir de terre.

Cette ancienne jurisprudence est loin d'être abolie, car nous avons sous les yeux un arrêt de la cour suprême du 19 août 1819, qui décide qu'un réglement municipal, ordonnant aux habitans de renfermer leurs chiens pour prévenir qu'ils ne soient mordus par des chiens enragés, est de sa nature obligatoire, étant pris dans le cercle des attributions municipales; que la contravention à un tel réglement est passible des peines de police, et que les tribunaux ne peuvent valablement en éluder l'application.

Cet arrêt casse un jugement du tribunal de police de Montreuil qui, en renvoyant les prévenus absous, déclarait que l'objet du réglement du maire n'était prévu par aucune loi. Mais ce système erroné est positivement contraire à l'article 46 du titre Ier de la loi du 22 juillet 1791, qui autorise les autorités municipales à prendre les mesures convenables pour la sûreté publique, et autres objets confiés à leur surveillance; il est encore contraire, ce système, à l'article 3 du titre II, §. 1 et 5, de la loi du 24 août 1790, qui place sous la surveillance des mêmes autorités tout ce qui concerne la sûreté du passage dans les rues et voies publiques, et toutes les mesures convenables pour *prévenir les accidens*.

C'est donc à la fois un droit et un devoir pour l'autorité administrative de prévenir les administrés de l'existence des chiens enragés, et de prendre toutes les mesures de prudence pour prévenir des événemens qui ont les suites les plus terribles.

Les ordonnances des 20 avril 1725, 11 février 1741, 10 avril 1762, et 21 mai 1784, défendent aux marchands, artisans, cultivateurs et autres, de laisser vaguer leurs chiens, de se faire suivre par eux, à moins qu'ils ne les tiennent attachés en laisse, ou qu'ils ne soient muselés; de les agacer et faire battre contre d'autres chiens; de les faire courir devant les voitures;

de les placer en garde sous les charrettes sans y être attachés.

Il est enjoint, par l'une de ces ordonnances (celle de 1762), à ceux qui en sont chargés, de tuer les chiens épars et abandonnés dans les rues, soit de jour, soit de nuit. Mais tout cela s'exécute fort mal, et même aucunement dans la majeure partie des villes, bourgs et villages.

La peine qui me paraît applicable à ces différentes contraventions est l'amende de 6 à 10 francs infligée par l'article 475 du Code Pénal, § 8, sans préjudice des indemnités et autres réparations des dommages qui peuvent en résulter.

Tout propriétaire d'un chien, enragé ou non, qui a mordu quelqu'un, est tenu des dommages et intérêts envers la personne blessée. (*Arrêt du parlement de Paris, du 18 juillet 1688.*)

Cette réparation est essentiellement juste, et nos lois modernes la maintiennent positivement : « Chacun est responsable, dit l'article 1383 du Code Civil, du dommage qu'il cause, non-seulement par son fait, mais encore par sa négligence ou son imprudence. »

« Toute personne convaincue d'avoir, de dessein prémédité, méchamment, sur le territoire d'autrui, blessé ou tué des chiens de garde, sera condamnée à une amende double de la somme du dédommagement; le délinquant pourra être détenu un mois si l'animal n'a été que blessé, et six mois s'il est mort de sa blessure ou est resté estropié : la détention pourra être du double si le délit a été commis la nuit, ou dans une étable, ou dans un clos rural. » (*Art.* 30, *tit.* II *de la loi du* 6 *octobre* 1791.)

Cette disposition est modifiée par le nouveau Code Pénal, dont l'article 454 inflige à celui qui tue sans nécessité un animal domestique dans un lieu dont celui à qui cet animal appartient est propriétaire, locataire ou fermier, la peine de prison pendant six jours au moins et pendant six mois au plus : s'il y a eu violation de clôture, le *maximum* de la peine sera prononcé.

Par les expressions *sans nécessité*, ce texte dit assez que si le chien, ou tout autre animal domestique, a été tué pour la défense de soi-même ou d'autrui, il n'y a ni délit, ni contravention, ni peine à appliquer.

Indépendamment de l'emprisonnement lorsqu'il y a délit, il doit être prononcé une amende, qui ne peut excéder le quart de la valeur des indemnités, ni être au-dessous de 16 francs. (*Art. 455, Code Pénal.*)

Un arrêt de la cour régulatrice, du 29 janvier 1823, décide qu'un chien qui, dans les rues ou chemins, mord quelqu'un sans être provoqué par de mauvais traitemens, est réputé animal féroce ou malfaisant ; le propriétaire qui l'a laissé divaguer est punissable des peines énoncées en l'article 473, n° 7.

Mais aux termes d'un autre arrêt de la cour régulatrice, il n'y a ni délit ni contravention, quand les morsures ou dommages faits par les chiens ont lieu dans l'intérieur d'une maison ou autres lieux habités ; en ce cas on ne peut former qu'une action purement civile : il faut qu'il y ait divagation pour donner lieu à l'application des peines prescrites. (*Voyez, pour com-plément,* ANIMAUX DIVAGANS.)

CLOTURES. Ce sont les murs, fossés ou haies

6.

qui entourent les champs, prés, vignes et autres terrains, dans les campagnes.

Suivant les dispositions de plusieurs coutumes, les
clôtures étaient interdites dans les lieux ou les propriétaires étaient assujétis à la servitude de la vaine pâture
après les récoltes enlevées. Cependant on pouvait clore
les prés depuis le moment que la végétation se faisait
sentir jusqu'à la coupe des foins. Les époques de cette
clôture ou de sa destruction différaient suivant les usages locaux.

De cette faculté de se clore, on exceptait en quelques endroits les héritages qui joignaient les villes,
bourgs et villages.

Mais heureusement pour le respect des propriétés
et les intérêts de l'agriculture, les choses sont changées.

« Le droit de clore et de déclore ses héritages résulte
essentiellement de celui de propriété, et ne peut être
contesté à aucun propriétaire. Toutes lois et coutumes
qui peuvent contrarier ce droit sont abrogées. (*Art.* 4,
sect. IV, *tit* Ier *de la loi du* 6 *octobre* 1791.)

» L'héritage sera réputé clos lorsqu'il sera entouré
d'un mur de quatre pieds de hauteur, avec barrière
ou porte, ou lorsqu'il sera exactement fermé et entouré de palissades, ou de treillages, ou d'une haie
vive, ou d'une haie sèche, faite avec des pieux, ou
cordelée avec des branches, ou de toute autre manière de faire les haies, en usage dans chaque localité; ou enfin d'un fossé de quatre pieds de large au
moins à l'ouverture, et de deux pieds de profondeur. »
(*Art.* 6, *ibid.*, *ibid.*)

Un édit donné pour la Lorraine et quelques autres provinces, contenait une disposition fort sage pour opérer les clôtures : « Celui qui veut clore un héritage est tenu d'en informer l'officier de police ou le maire des lieux, qui doit s'y transporter le jour qu'il indique, pour reconnaître, en présence des voisins et des principaux laboureurs, si le terrain peut être clos, en tout ou en partie, sans intercepter le passage nécessaire pour cultiver les terres, enlever les récoltes et mener les bestiaux paître sur les terrains non clos.

» Le maire dresse procès-verbal des opérations qui ont lieu ; il le dépose au greffe pour y avoir recours au besoin. » (*Edit du* 11 *juin* 1767.)

« Mais tant que la reconnaissance n'a pas été faite en règle, les terrains restent ouverts à la pâture commune, sans qu'il y ait contravention ni amende encourue. Telle était la jurisprudence du parlement de Lorraine. » (*Merlin.*)

Toutes violations de clôtures de murs, haies ou fossés, quoique non suivies de vol, sont punies suivant les dispositions des lois rurales.

Celle du 6 octobre 1791, article 17 du titre II, dit : « Il est défendu à toute personne de recombler les fossés, de dégrader les clôtures, de couper des branches de haies vives, d'enlever des bois secs des autres haies, sous peine d'une amende de la valeur de trois journées de travail. Le dédommagement sera payé au propriétaire ; et, suivant la gravité des circonstances, la détention pourra avoir lieu, mais au plus pour un mois. »

Et l'article 41 de la même loi ajoute : « Tout

voyageur qui déclora un champ pour se faire un passage dans sa route, paiera le dommage fait au propriétaire, et de plus une amende de la valeur de trois journées de travail, à moins que le juge de paix du canton ne décide que le chemin était impraticable, et alors les dommages et frais restent à la charge de la communauté.

La disposition précédente est reproduite par l'article 456 du Code Pénal, en d'autres termes et avec augmentation de peines. « Quiconque aura, dit cet article, détruit des clôtures, de quelques matériaux qu'elles soient faites; coupé ou arraché des haies vives ou sèches, sera puni d'un emprisonnement qui ne pourra être au-dessous d'un mois, ni excéder une année, et d'une amende égale au quart des restitutions et des dommages - intérêts, qui dans aucun cas ne pourra être au-dessous de 5o francs.

» Il est défendu de jeter des pierres, des immondices ou des corps durs contre les clôtures d'autrui, sous peine d'une amende de six à dix francs. » (*Art.* 475, § 8, *Cod. Pén.*)

Voyez, pour complément de cet article, HAIES, PARCOURS et VAINES PATURES.

COMMUNAUX (BIENS). Ce sont ceux à la propriété ou au produit desquels les habitans d'une ou plusieurs communes ont un droit acquis. (*Art.* 542, *Code Civil.*)

Nous ne parlerons ici que de la propriété, du partage des biens communaux, et des droits qui s'y rattachent, afin de préluder au système du parcours, où nous ferons connaître la police, les délits et les peines établies en ces matières. La loi du 9 ventôse an XII et quelques arrêts appliqués à l'article 542 précité composeront uniquement cet article, COMMUNAUX.

Commençons par le texte de la loi :

« 1ᵉʳ. Les partages de biens communaux effectués en vertu de la loi du 10 juin 1793 et dont il a été dressé acte, seront exécutés.

» 2ᵉ. En conséquence les copartageans ou leurs ayant-cause sont définitivement maintenus dans la propriété et jouissance de la portion desdits biens qui leur est échue, et pourront la vendre, aliéner, et en disposer comme ils le jugeront convenable.

» 3ᵉ. Dans les communes où des partages ont eu lieu sans qu'il en ait été dressé acte, les détenteurs de biens communaux qui ne pourront justifier d'aucun titre écrit, mais qui auront défriché ou planté le terrain dont ils ont joui, ou qui l'auront clos de murs, fossés ou haies vives, ou enfin qui y auront fait quelques constructions, sont maintenus en possession provisoire, et peuvent devenir propriétaires incommutables, à la charge par eux de remplir, dans les trois mois de la publication de la présente loi, les conditions suivantes : 1° de faire devant le sous-préfet de l'arrondissement la déclaration du terrain qu'ils occupent, de l'état dans lequel ils l'ont trouvé et de celui dans lequel ils l'ont mis ; 2° de se soumettre à payer à la commune une redevance annuelle, rachetable en tout temps pour vingt fois la rente, et qui sera fixée, d'après estimation, à la moitié du produit annuel du bien, ou du revenu dont il aurait été susceptible au moment de l'occupation. Cette estimation sera faite par experts, en la forme légale, dans le cours de l'an XII, et le paiement de la redevance courra à compter du 1.er vendémiaire an XIII.

» 4e. L'aliénation définitive de ces terrains sera faite comme toutes les autres aliénations de biens communaux, en vertu d'une loi qui sera rendue d'après l'exécution des dispositions prescrites par les articles précédens, et qui autorisera les maires des communes à passer le contrat de concession aux frais des concessionnaires. Néanmoins, ces concessionnaires resteront en possession provisoire jusqu'à l'époque ou la loi aura été rendue, à la charge par eux de payer la redevance annuelle, ainsi qu'il est dit ci-dessus.

» 5e. Tous les biens communaux possédés à l'époque de la publication de la présente loi, sans acte de partage, et qui ne seront pas dans le cas précisé par l'article 3, et pour lesquels les déclarations et soumissions de redevance n'auront pas été faites dans le délai et suivant les formes prescrites par le même article, rentreront entre les mains des communautés d'habitans. En conséquence les maires et adjoints, les conseils municipaux, les sous-préfets et préfets, feront et ordonneront toutes les diligences nécessaires pour faire rentrer les communes en possession.

» 6e. Toutes les contestations relatives à l'occupation desdits biens, qui pourront s'élever entre les copartageans, détenteurs, ou occupans depuis le 10 juin 1793, et les communes, soit sur les actes et les preuves du partage des biens communaux, soit sur l'exécution des conditions prescrites par l'article 3 de la présente loi, seront jugées par les conseils de préfecture.

» 7e. Quant aux actions que des tiers pourraient

avoir à intenter sur ces mêmes biens, le sursis prononcé par la loi du 21 prairial an IV, à toutes poursuites et actions résultantes de l'exécution de la loi du 10 juin 1795, est levé.

» 8e. En conséquence, toutes personnes prétendant des droits de propriété sur les biens communaux partagés ou occupés par des particuliers comme biens communaux, pourront se pourvoir devant les tribunaux ordinaires, pour raison de ces droits, à la charge cependant de justifier que celles ou ceux aux droits de qui elles se trouvent étaient en possession des biens dont elles répètent la propriété avant le 4 août 1789, ou qu'à cette époque il y avait instance devant les tribunaux pour la réintégration....

» 9e. Il ne sera prononcé de restitution de fruits ou jouissance, ni par les tribunaux en faveur des tiers, dans les cas des répétitions prévues par l'article précédent, ni par les conseils de préfecture en faveur des communes, dans celui mentionné en l'article 5, qu'à compter du jour de la demande pour les particuliers, et à compter du 1er vendémiaire an XIII pour les communes.

» 10e. *et dernier*. Ne pourront également les détenteurs actuels ou occupans, même en vertu d'un partage dont l'acte aurait été dressé, qui se trouveront évincés par suite des actions intentées dans l'un ou l'autre cas, répéter soit à l'égard des communes, soit à l'égard des copartageans, aucune indemnité pour raison de l'éviction qu'ils auront soufferte, à moins qu'ils n'aient fait des plantations ou des constructions, auxquels cas ils seront indemnisés conformément au Code Civil. »

On voit par ces dispositions quels biens ont pu rester communaux et peuvent en conséquence être assujétis au droit de parcours.

Mais une commune ne peut prétendre à l'exercice du droit de parcours sur le territoire d'une autre commune, si elle n'offre à cette dernière une juste réciprocité dans l'étendue de son territoire. (*Avis du conseil d'État du* 28 *frimaire an* XII, *sanctionné le* 30.)

« Les communautés d'habitans qui n'ont pas partagé leurs biens communaux, aux termes de la loi du 10 juin 1793, ne peuvent aujourd'hui, sans l'autorisation du prince, changer l'ancien mode de jouissance. » (*Décret du* 9 *brumaire an* XIII.) C'est ce que répète un avis du conseil d'État du 7 mai 1808, sanctionné le 29.

« En cas de non partage de marais communaux, celui de leurs produits doit avoir lieu par feu, c'est-à-dire par tête de chef de famille, non par tête d'habitant, ni eu égard à l'étendue des propriétés foncières de chaque commune. » (*Décret du* 26 *février* 1808.)

Il en est ainsi du partage des biens communaux, même entre plusieurs communes, ou plusieurs sections d'une même commune ; ce partage doit toujours être fait par feu, sans aucun égard à l'étendue plus ou moins grande des territoires. (*Arrêt de cassation du* 12 *décembre* 1809.)

Il en est de même encore des bois indivis entre communes. (*Avis du conseil d'État, du* 12 *avril* 1808).

CONTRAINTE PAR CORPS. Il est de règle que les restitutions, amendes et dommages-intérêts qui sont prononcés pour les contraventions et délits ruraux, emportent nécessairement la contrainte par corps.

Ainsi l'ont prononcé les articles 4, titre II, de la loi du 22 juillet 1791 ; 5, titre II, de celle du 6 octobre, et 467 du Code Pénal. Déjà nous l'avons dit pour les amendes. *Voyez* AMENDES. Mais il n'avait rien été statué par les deux premières de ces lois pour le paiement des frais, en cas d'insolvabilité du condamné. Trois pourvois eurent lieu à cet égard devant la cour de cassation, qui, vu les lacunes existantes dans la législation, se pourvut en interprétation sur la question de savoir si la contrainte par corps pouvait avoir lieu pour le recouvrement des frais de justice dont la condamnation était prononcée au profit du trésor public, en matière de police correctionnelle. Alors il fut rendu un décret que nous croyons devoir rapporter en entier.

« Vu les différens arrêts des cours de justice criminelle d'Ile-et-Vilaine, du Morbihan et de la Loire-Inférieure, et les pourvois contre ces arrêts ; vu l'arrêté pris par la cour de cassation, sections réunies, le 29 janvier 1808, par laquelle elle a provoqué, conformément à la loi du 16 septembre 1807, l'interprétation de la loi sur la question de savoir si la contrainte par corps peut avoir lieu pour le recouvrement des frais de justice dont la condamnation est prononcée au profit du trésor ; vu l'article 41 du titre II de la loi du 22 juillet 1791, et la loi du 18 germinal an VII, portant que les frais de justice criminelle et de police correctionnelle seront à la charge des parties condamnées ;

» Considérant que l'article 41 du titre II de la loi du 22 juillet 1791 ne distingue point entre les restitutions et amendes que les juges auraient le droit de prononcer lors de la publication de la loi, et celles qui pourraient être prononcées en exécution des lois postérieures; qu'ainsi les amendes établies depuis 1791, par exemple celles prononcées par la loi du 19 brumaire an VI, contre les fabricans et marchands d'ouvrages d'or et d'argent qui contreviennent à ses dispositions, et celles prononcées par la loi du 15 ventôse an XIII contre les entrepreneurs de voitures, en cas de contravention à cette loi, ont toujours été considérées par les tribunaux comme devant emporter la contrainte par corps, en vertu de la loi de 1791; et quoique les lois particulières précitées ne contiennent aucune disposition spéciale à cet égard, qu'il en doit être de même, et à plus forte raison, à l'égard des restitutions; qu'une restitution est une dette encore plus rigoureuse que l'amende, puisqu'il n'en résulte aucun bénéfice et qu'elle n'a pour objet que de rendre indemne la partie à qui elle est due; que la restitution des frais de justice avancés par le trésor public doit être d'autant plus protégée par la loi que l'instruction qui donne lieu à ces frais opère la découverte du crime, et assure tout à la fois la punition du coupable et la réparation due à la partie lésée, et qu'il serait contre toute raison que le paiement des frais, sans lequel le délit resterait impuni, n'emportât point la contrainte par corps, tandis que la contrainte aurait lieu pour le paiement de l'amende, c'est-à-dire pour la peine infligée au délit;

» Le conseil d'État entendu, décrétons ce qui suit:

» La disposition de l'article 41 du titre II de la loi du 22 juillet 1791 est applicable à la loi du 18 germinal an VII; en conséquence il y a lieu à la contrainte par corps pour les frais de justice correctionnelle. »

Depuis cette décision il a passé sans difficulté dans la jurisprudence et dans les lois nouvelles, que la contrainte par corps aurait lieu pour les frais de poursuites, les dommages et restitutions, comme elle avait lieu d'abord pour les amendes. (*Voyez* les articles 467 et 469 du Code Pénal.)

COURS D'EAU. C'est le mouvement des ruisseaux et des rivières, occasioné par une pente naturelle.

L'ordonnance de 1669 défend à toutes personnes d'établir aucune usine, moulin, et autres choses dans les rivières navigables, qui puisse affaiblir, arrêter ou suspendre le cours des eaux, à peine d'amende arbitraire.

Elle interdit encore de faire des tranchées, canaux et fossés dans les mêmes rivières, et de détourner le cours des eaux, à peine d'être puni comme usurpateur et d'être condamné à réparer les détériorations ou changemens.

Néanmoins, l'ancienne jurisprudence permettait au propriétaire dans le fonds duquel se trouvait une source d'eau, d'en détourner le cours pour son utilité, même au préjudice de ceux qui sont au-dessous, quoiqu'ils soient en possession immémoriale d'user de cette eau à sa sortie du fond supérieur.

Cette jurisprudence, imitée de la loi 6 au Code *De servitutibus et aquâ*, était maintenue par un assez grand nombre d'arrêts, rapportés par Augeard et Guyot. (*Voyez* principalement ceux des 13 août 1644, 17 septembre 1698 et 22 août 1766.)

Le nouveau Code Civil maintient ces principes; néanmoins il les modifie dans plusieurs circonstances.

« Celui qui a une source dans son fonds peut en user à sa volonté, sauf le droit que le propriétaire du fonds inférieur pourrait avoir acquis par titre ou par prescription. »

Sur cela il faut observer que ces droits ne sont point personnels, mais bien inhérens aux fonds : *Hauriendi jus non hominis, sed prœdii est.* (*Leg.* 21. *ff. de servitutibus prœdiorum rusticorum.*)

Observons encore que si le droit de conduire de l'eau par le fonds d'autrui, n'est pas désigné par tel ou tel endroit, la servitude peut affecter le fonds entier. *Si mihi concesseris iter aquœ per fundum tuum, non destinatâ parte per quam ducerem, totus fundus tuus serviet.* (*Leg. eod.*)

« Le propriétaire de la source ne peut en changer le cours lorsqu'elle fournit aux habitans d'une commune, village ou hameau, l'eau qui leur est nécessaire; mais si les habitans n'en ont pas acquis ou prescrit l'usage, le propriétaire peut réclamer une indemnité, laquelle est réglée par experts. » (*Art.* 643.)

Ce texte est une imitation de la loi 17 *de servitut. prœd. rusticor.*

De même, celui dont la propriété borde une eau courante (autre que celle qui est déclarée dépendance du domaine public), ne peut en détourner le cours, ni l'absorber; il peut s'en servir à son passage, à la charge de la rendre à la sortie de ses fonds à son cours ordinaire. (*Art.* 644, *Cod. Civ.*)

Toutes les contestations qui peuvent survenir entre

les propriétaires auxquels les eaux d'une source particulière peuvent être utiles, doivent être décidées de
manière à concilier l'intérêt de l'agriculture avec le
respect dû aux propriétés, et les juges sont autorisés
à prononcer ainsi dans ces sortes de contestations.
(*Art.* 645, *ibid.; arrêt de la cour de cassation du
7 avril* 1807.)

Cependant on ne peut s'adresser aux tribunaux quand
il ne s'agit que d'une mesure de précaution pour prévenir ou éviter le mal. C'est-à-dire, si on éprouve la
crainte d'une inondation par quelque construction de
son voisin, sur ou dans les cours d'eau, alors on doit
se pourvoir devant l'autorité administrative pour prévenir les dommages et débordemens; mais s'il y a eu
inondation, c'est aux tribunaux d'en connaître. Jugé
ainsi par la même cour le 16 frimaire an XIV.

C'est assez discourir de la propriété des eaux cou-
rantes et de ses modifications; *voyez* d'ailleurs EAUX
PLUVIALES ET SOURCES. Il convient maintenant d'établir
les délits et contraventions qui ont lieu dans ces matières, avec les peines dont ils sont passibles.

« Personne ne peut inonder l'héritage de son voisin,
ni lui transmettre volontairement les eaux d'une manière nuisible, sous peine de payer le dommage et une
amende qui ne pourra excéder la somme du dédommagement. (*Art.* 15, *tit.* II *de la loi du 6 octobre.*)

» Les propriétaires ou fermiers des moulins et usines
construits ou à construire, seront garans de tous dommages que les eaux pourraient causer aux chemins ou
aux propriétés voisines par la trop grande élévation du
déversoir, ou autrement. Ils seront forcés de tenir les

eaux à une hauteur qui ne nuise à personne, et qui sera fixée par le directoire du département, d'après l'avis du directoire du district. En cas de contravention, la peine sera une amende qui ne pourra excéder la somme du dédommagement. » (*Art.* 16, *ibid.*)

Les dommages occasionés par une mauvaise direction d'un cours d'eau, ou des entraves apportées à son libre cours, sont-ils tellement placés dans la classe des délits ou des contraventions que l'on ne puisse en poursuivre la réparation devant les juges de paix, comme dommages faits de main d'homme ? La cour régulatrice prononçant sur cette question, l'a décidée négativement le 28 novembre 1817. Par ces motifs :

« Vu l'article 10 du titre III de la loi du 24 août 1790 ; considérant qu'il résulte de l'article ci-dessus que le juge de paix est compétent pour connaître des dommages causés dans les champs lorsqu'ils proviennent du fait de l'homme ;

» Que le jugement attaqué reconnaît lui-même que le dommage commis dans les champs de Delorme provient du fait des Vignat pour avoir baissé leurs écluses, dans un temps d'orage, ce qui a produit le débordement des eaux ;

» Que cette affaire, dans l'état où elle était devant le tribunal de Trévoux, ne donnait lieu à aucune contestation sur le pétitoire, puisqu'on ne contestait aux Vignat aucun des droits qu'ils prétendent sur leur écluse, et que les parties en cause agissaient en qualité de fermiers et non de propriétaires. »

Ainsi les juges de paix peuvent décider des contraventions en matières de cours d'eau, soit comme juges de police, soit comme juges civils dans le cas de dommages simples ou quasi-délits.

Mais dans le cas de l'article 16 précité de la même loi du 6 octobre, nous pensons que les mesures de conservation et la fixation de la hauteur des eaux étant arrêtées par l'autorité administrative, c'est à elle qu'il appartient de statuer sur les contraventions qui sont commises en ces cas; nous le pensons ainsi, d'après la loi du 28 pluviôse an VIII, et d'après un arrêté du gouvernement qui a cassé l'autorisation obtenue par une commune, de poursuivre devant les tribunaux un farinier qui avait fait des changemens à son moulin, sans une permission.

Enfin l'autorité administrative concourt à la conservation des cours d'eau. La loi du 14 floréal an XI porte : « Il sera pourvu au curage des canaux et rivières non navigables, et à l'entretien des digues et ouvrages d'art qui y correspondent, de la manière prescrite par les anciens réglemens ou d'après les usages locaux. (*Art.* 1er.)

» Lorsque l'application des réglemens ou l'exécution du mode consacré par l'usage éprouvera des difficultés, ou lorsque des changemens survenus ordonneront des dispositions nouvelles, il y sera pourvu par le gouvernement dans un réglement d'administration publique, rendu sur la proposition du préfet. (*Art.* 2.)

» Toutes les contestations relatives au recouvrement de ces rôles, aux réclamations des individus imposés, et *à la confection des travaux*, seront portées devant le conseil de préfecture. » (*Art.* 4.)

CULTURE. « Les propriétaires sont libres de varier à leur gré la culture et l'exploitation de leurs terres, de conserver comme il leur plaît leurs récoltes, et de disposer des productions de leurs domaines, tant dans l'intérieur du royaume qu'au dehors, en se conformant aux lois et sans blesser les droits d'autrui, (*Art.* 2, *tit.* I, *sect.* 1, *de la loi du* 6 *octobre* 1791.)

» Les propriétés ne peuvent être assujéties, envers qui que ce soit, qu'aux redevances et aux charges reconnues licites et permises par la loi, parce que le territoire français est libre comme les personnes qui l'habitent. (*Art.* 2, *ibid.*, *ibid.*)

» Ainsi, il ne pourra plus être payé aucun droit de treizième, de quint, de lods et ventes, et autres précédemment connus sous le titre de droits de vente, à raison des baux à fermes ou à loyer, pour quelque espace de temps qu'ils soient faits, nonobstant toutes lois, coutumes, statuts, ou jurisprudence contraire. (*Art.* 5, *ibid.*)

» Nul agent de l'agriculture, employé avec des bestiaux au labourage, ou à quelque travail que ce soit, ou occupé à la garde des troupeaux, ne pourra être arrêté, si non pour crime, avant qu'il ait été pourvu à la sûreté desdits animaux; et, en cas de poursuite criminelle, il y sera également pourvu immédiatement après l'arrestation, et sous la responsabilité de ceux qui l'auront exercée. (*Art.* Ier, *sect.* 11, *ibid.*)

» Aucun engrais ni ustensiles, ou autres meubles utiles à l'exploitation des terres, et aucuns bestiaux servant au labourage, ne pourront être saisis pour contributions publiques; et ils ne pourront l'être pour aucune cause de dettes, si ce n'est au profit de la personne qui aura fourni lesdits effets ou bestiaux, ou pour l'acquittement

de la créance du propriétaire envers son fermier ; et ce
seront toujours les derniers objets saisis, en cas d'insuffisance d'autres objets mobiliers. » (*Art. 2 , sect. 11, ibid.*)

C'est en confirmant ou renouvelant une partie de ces
dispositions, que le nouveau Code de Procédure., article 594, dit : « En cas de saisies d'animaux et ustensiles servant à l'exploitation des terres, le juge de paix
pourra, sur la demande du saisissant, le propriétaire
entendu, ou appelé, établir un gérant à l'exploitation.»

Avant ce Code, l'ordonnance de 1667, qui prescrivait au saisissant de laisser au saisi une certaine quantité de bestiaux, ne s'appliquait point au cas où ces bestiaux avaient été donnés à cheptel par le saisi ; alors ils
étaient saisissables. Ainsi jugé par la cour de cassation
le 1er thermidor an XI.

Cependant, les animaux et bestiaux servant à l'exploitation des terres sont déclarés immeubles par destination, et par conséquent insaisissables. (*Art.* 524
Cod. Civ., et 592 *Cod. de Proc.*) Mais il ne faut l'entendre ainsi que des bestiaux strictement nécessaires
à l'exploitation des terres, et non de ceux que l'on en-
tretient sur les domaines, par spéculation ou pour
les élever, ou par tout autre moyen d'en tirer des
profits.

La nomination d'un gérant ne peut être faite par
le juge de paix, que parties présentes ou duement appelées.

Il en est de même des ménagémens à observer pour
la saisie des mouches à miel, de leurs essaims, des vers
à soie ; nous en parlerons aux articles RUCHES, VERS A
SOIE.

« Tout propriétaire est libre d'avoir chez lui telle quantité et telle espèce de troupeaux qu'il croit utiles à la culture et à l'exploitation de ses terres, et de les y faire pâturer exclusivement, sauf ce qui est réglé pour le parcours et la vaine pâture. » (*Art.* 1er, *sect.* IV *de la loi du 6 octobre.*)

Cependant, il a existé plusieurs réglemens locaux qui ont interdit aux habitans non propriétaires ou non jouissant de terrains d'avoir aucuns bestiaux en propriété ou possession. Cette prohibition m'a paru fort sage ; elle tend à faire respecter les propriétés, à maintenir l'ordre, à garantir la sûreté et la liberté des chemins publics, des routes et des sentiers particuliers, sur lesquels on fait paître et vaguer communément les animaux dont les détenteurs ne jouissent d'aucune propriété. Je ne doute pas que les lois des 24 août 1790 et 22 juillet 1791, dans les facultés qu'elles accordent à l'autorité administrative de prendre des mesures de conservation et de sûreté, ne soient applicables dans cette circonstance.

« Il est permis à chacun de faire sa récolte ainsi qu'il l'entend, de quelque nature qu'elle soit ; avec tout instrument qui lui convient, et à telle époque qu'il lui plaît, pourvu qu'il ne cause aucun dommage aux propriétaires voisins. » (*Art.* 2, *sect.* IV, *loi du 6 octobre.*) Cependant *voyez* BAN DE VENDANGES.

« Ainsi, nulle autorité ne pourra intervertir ni suspendre les opérations de la culture des terres, des semences et des récoltes. » (*Art.* 3, *ibid.*, *ibid.*)

DÉL 101

DÉL

DÉGATS COMMIS PAR LES BESTIAUX. Déjà nous avons parlé de ces dégâts, *verbo* ANIMAUX ABAN-DONNÉS; nous en avons signalé d'une autre sorte aux articles BESTIAUX GARDÉS A VUE, et CHÈVRES; nous compléterons l'analyse de ces dégâts dans les articles DÉLITS RURAUX, DOMMAGES, PASSAGES DE BESTIAUX.

DÉLITS RURAUX. On appelle principalement ainsi ceux qui sont désignés dans la loi du 6 octobre 1791, dite improprement Code Rural. Voici sommairement en quoi ils consistent :

1° La négligence à nettoyer et réparer les fours et cheminées, dont nous parlerons ci-après, à FOURS ET CHEMINÉES.

2° L'imprudence d'allumer des feux dans les champs, près des maisons et bâtimens. *Voyez* FEUX ALLUMÉS.

3° Le refus ou la négligence d'enfouir les animaux morts. *Voyez* BESTIAUX MORTS.

4° La destruction des greffes des arbres fruitiers ou autres, etc. *Voyez* GREFFES.

5° L'inondation des propriétés des voisins. *Voyez* INONDATION.

6° La destruction des clôtures. *Voyez* CLÔTURES.

7° Les dommages causés par les chèvres. *Voyez* CHÈVRES.

8° La coalition des maîtres contre les ouvriers. *Voyez* MAÎTRES.

9° La coalition des ouvriers contre les maîtres. *Voyez* MOISSONNEURS.

10° Les dommages causés par les glaneurs et grapilleurs. *Voyez* GLANAGE.

11° Les contraventions au temps et au droit du parcours. *Voyez* PARCOURS.

12° La divagation des troupeaux malades. *Voyez* ÉPIZOOTIES.

13° Faire paître, ou mener les bestiaux dans les vignes et oseraies, les plants de capriers, d'oliviers et de tous arbres à fruits. *Voyez* PRAIRIES ARTIFICIELLES.

14° Les dégâts commis par les conducteurs de bestiaux et ceux qui les gardent, sur les récoltes d'autrui. *Voyez* BESTIAUX GARDÉS A VUE.

15° Le passage à cheval dans les champs. *Voyez* PASSAGES DES TROIS SORTES.

16° La destruction de petites parties de blés verts. *Voyez* BLÉS COUPÉS.

17° La dévastation des plants de récoltes. *Voyez* RÉCOLTES.

18° La mort ou la blessure des bestiaux et des chiens de garde. *Voyez* ANIMAUX TUÉS SANS NÉCESSITÉ.

19° La rupture ou destruction des choses ou ustensiles servant à l'agriculture. *Voyez* INSTRUMENS D'AGRICULTURE.

20° Le déplacement des bornes. *Voyez* BORNES.

21° Le vol des engrais. *Voyez* ENGRAIS.

22° L'enlèvement des productions de la terre. *Voyez* MARAUDAGE.

23° Les dégâts des bestiaux, faits dans les bois des particuliers ou des communes. *Voyez* BOIS TAILLIS.

DÉL 103

24° Les dégradations de la voie publique. *Voyez* CHE-MINS, CLÔTURES, GAZONS.

25° Les dommages ou mutilations d'arbres. *Voyez* ARBRES.

26° Règles et restrictions de la vaine pâture. *Voyez* VAINE PATURE.

Tels sont les principaux délits ruraux proprement dits, que nous devons simplement signaler ici, puisque nous en traitons par des articles séparés. Nous devons cependant ajouter deux questions d'un intérêt général.

Première. Quelle autorité doit réprimer les délits ruraux? « Les tribunaux de simple police sont exclusivement compétens de juger ceux qui ne sont punis par le Code Pénal que d'une amende de 15 fr. et au-dessous, ou d'un emprisonnement qui n'excède pas cinq jours. » (*Art.* 137 *et* 138 *du Code d'Instruction criminelle.*)

Ce sont encore les mêmes juges qui connaissent des délits auxquels la loi du 6 octobre inflige un emprisonnement qui n'excède pas la durée de la détention qu'elle appelle municipale. Cette détention, établie par la loi du 24 août 1790, titre XI, article 5, est facultativement de trois jours dans les campagnes, et de huit jours dans les villes; mais le *maximum* en est aujourd'hui fixé uniformément à cinq jours par le Code d'Instruction criminelle.

A l'égard des délits ruraux dont la punition excède la détention municipale, ils sont attribués aux tribunaux correctionnels; cela résulte de *l'art.* 6 *du tit.* II *de la loi du* 28 *septembre* 1791, *et de l'art.* 179 *du Code d'Instruction criminelle.*

Cet article 6 dit : « Les délits mentionnés au présent décret, qui entraîneraient une détention de plus de trois jours dans les campagnes, et de plus de huit jours dans les villes, seront jugés par voie de police correctionnelle ; les autres le seront par voie de police municipale. »

Et l'article 179 dit : « Les tribunaux de première instance en matière civile connaîtront, sous le titre de tribunaux correctionnels, de tous les délits forestiers poursuivis à la requête de l'administration, et de tous les délits dont la peine excède cinq jours d'emprisonnement et quinze francs d'amende. »

Point de difficulté jusqu'à présent sur ces diverses compétences ; mais il n'en est peut-être pas ainsi de la connaissance de ceux des délits ruraux que la loi du 6 octobre précitée punit d'une amende dont la valeur excède quinze francs, sans permettre qu'on y ajoute ou qu'on y substitue un emprisonnement de plus de cinq jours. « C'est ici le siége de la difficulté, dit M. Merlin.

» Il est certain, continue cet auteur, que, dans l'intention de cette loi, les tribunaux de police municipale pouvaient seuls connaître de ces délits ; mais ces tribunaux, qui étaient tenus par les municipalités, n'existent plus : le Code du 3 brumaire an iv, et après lui le Code d'Instruction criminelle les ont remplacés par les tribunaux de police ; et il s'agit de savoir si ces tribunaux ont pour ces sortes de délits les mêmes attributions qu'avaient dans le principe les tribunaux de police municipale.

» L'affirmative paraît au premier abord fondée sur

le n₀ 9 de l'article 6o5 du Code du 3 brumaire an ɪᴠ, lequel range parmi ceux qui doivent être punis des peines de simple police les personnes coupables des délits mentionnés dans le titre II de la loi du 28 septembre 1791, sur la police rurale, lesquelles (d'après ses dispositions annexées en note à ce Code) étaient dans le cas d'être jugées par voie de police municipale.

» Mais quelque précise que soit cette disposition, quelque impossible qu'il paraisse de n'y pas comprendre tous les délits ruraux que la loi du 28 septembre avait placés dans les attributions de la police municipale, il n'en est pas moins certain que dans l'usage on restreint cette disposition à ceux des délits ruraux que la loi précitée punit d'une peine qui n'excède ni la valeur de trois journées de travail, ni un emprisonnement de trois jours. Telle est la jurisprudence constante de la cour de cassation. »

A l'appui de son avis, l'auteur cite deux arrêts de cette cour, l'un du 24 brumaire an ᴠɪɪɪ, et l'autre du 27 messidor même année; mais nous pouvons en citer deux autres qui sont loin de présenter une jurisprudence uniforme; l'un, du 1ᵉʳ août 1818, décide que le délit du pâturage, consistant à garder des bestiaux à vue sur le territoire d'autrui, est dans la compétence correctionnelle; et l'autre, du 1ᵉʳ février 1822, reconnaît au contraire que le fait de garder une vache dans une espèce de terre appartenante à autrui a pu être jugé par un tribunal de police, mais qu'il a dû être puni d'une amende plus forte que celle appliquée par le juge.

Deuxième question: Quelle est la prescription admise en matière de délits ruraux?

Celle qui est reconnue par la loi du 6 octobre 1791, article 8 de la section VII, titre Ier, est d'un mois. « La poursuite des délits ruraux, dit ce texte, sera faite au plus tard dans le délai d'un mois, soit par les parties lésées, soit par le procureur de la commune ou ses substituts, s'il y en a ; soit par des hommes commis à cet effet par la municipalité, faute de quoi il n'y aura plus lieu à poursuite. »

Le procureur de la commune est aujourd'hui remplacé par l'adjoint du maire, ou par le maire lui-même, ou par le commissaire de police, dans tous les lieux où il y en a d'établis.

La durée de cette prescription a été la même sous l'empire du Code des délits et des peines, du 3 brumaire an IV. On prétendit cependant que ce Code avait dérogé à cette prescription par ses articles 9 et 10.

Le premier portait : « Il ne peut être intenté aucune action civile ni publique, pour raison d'un délit, après trois années révolues, à compter du jour où l'existence en a été connue et légalement constatée, lorsque dans cet intervalle il n'a été fait aucune poursuite. »

Et le dixième disait : « Si, dans les trois ans il a été commencé des poursuites, soit criminelles, soit civiles, à raison d'un délit, l'une et l'autre action durent six ans, même contre ceux qui ne seraient pas impliqués dans ces poursuites. »

Mais par arrêt rendu par la cour régulatrice, le 16 floréal an XI, il fut jugé que ces textes n'étaient pas applicables aux délits ruraux ; en conséquence le jugement du tribunal de police d'Aigre qui les avait appliqués fut cassé.

DÉL 107

Il était facile, en effet, de voir dans l'article 6o5, paragraphe 9, du Code de brumaire an III, une exception tendante à conserver les règles admises pour les délits ruraux par la loi du 6 octobre 1791, dont un titre entier est même annexé au Code.

Un autre arrêt de la même cour, du 2 messidor an XIII, décide cette question remarquable, que pour être réputé avoir commencé les poursuites d'un délit rural dans le mois, il ne suffit pas d'avoir rendu plainte devant les magistrats compétens, mais qu'il faut encore avoir cité le prévenu devant le tribunal qui en doit connaître.

« Attendu, dit l'arrêt, que les poursuites dont parle l'article 8 de la section VII de la loi du 6 octobre, comme interruptives de la prescription, ne sont autres que la citation même donnée au délinquant, et que c'est par conséquent la citation et la signification qui seules peuvent interrompre la prescription autorisée par cet article.

Mais les choses sont-elles encore les mêmes pour la durée de la prescription qui nous occupe? Le Code d'Instruction criminelle n'y déroge-t-il pas par son article 640, qui porte que l'action publique et l'action civile, pour une contravention de police, seront prescrites après une année révolue, à compter du jour où elles auront été commises, même lorsqu'il y aura eu procès-verbal, saisie, instruction ou poursuite, si dans l'intervalle il n'est point intervenu de condamnation?

Non, il n'y a pas dérogation, et ce Code lui-même ne permet pas d'en douter, car il ajoute, article 643, que les prescriptions qu'il établit précédemment ne dérogent point aux lois particulières relatives à la prescription des actions résultant de certains délits ou de certaines contraventions; et il termine, dans son article 484, par conserver les lois et réglemens pour les matières qu'il n'a pas réglées, telles que les délits ruraux. *Voyez, pour complément,* PRESCRIPTION.

DESTRUCTIONS, DÉGRADATIONS, MUTILATIONS. « Quiconque aura coupé ou détérioré des arbres plantés sur les routes sera condamné à une amende du triple de la valeur des arbres, et à une détention qui ne pourra excéder six mois. » (*Art.* 43, *titre* II *de la loi du* 6 *octobre* 1791.)

Depuis ce texte, il en est survenu un autre qui l'a répété presque en mêmes termes. (*Art.* 105 *de la loi du* 16 *décembre* 1811.)

« Quiconque sera convaincu d'avoir dévasté des récoltes sur pied ou abattu des plants venus naturellement, ou faits de main d'homme, sera puni d'une amende double du dédommagement dû au propriétaire, et d'une détention qui ne pourra excéder deux années. (*Art.* 29, *titre* II *de la loi du* 6 *octobre.*)

» Conformément au décret sur les fonctions de la gendarmerie, tous dévastateurs des bois, des récoltes, ou chasseurs masqués pris sur le fait, pourront être saisis par tout gendarme national, sans aucune réquisition d'officier civil. » (*Art.* 39, *ibid.*)

Mais voyons les changemens ou modifications que le nouveau Code Pénal a faits dans ces matières, car c'est lui qui dans les cas prévus doit faire la règle.

» Quiconque aura abattu un ou plusieurs arbres qu'il savait appartenir à autrui, sera puni d'un emprisonne-

ment qui ne sera pas au-dessous de si jours ni au-dessus de six mois, à raison de chaque arbre, sans que la
totalité puisse excéder cinq ans. (*Art.* 445 *du Code
Pénal.*)

» Dans les cas prévus par les articles 444 et suivans,
il sera prononcé une amende qui ne pourra excéder le
quart des restitutions et dommages et intérêts, ni être
au-dessous de seize francs. (*Art.* 455, *ibid.*)

» Quiconque aura dévasté des récoltes sur pied, ou
des plants venus naturellement, ou faits de main
d'homme, sera puni d'un emprisonnement de deux ans
au moins et de cinq ans au plus. » (*Art.* 444, *ibid.*)

On voit que la peine est ici fortement élevée, comparativement à la loi du 6 octobre; mais ce n'est pas
tout : « Les coupables pourront de plus être mis, par
l'arrêt ou jugement, sous la surveillance de la haute
police pendant cinq ans au moins et dix ans au plus. »
(*Même article.*)

Ceci nous rappelle les dispositions de l'ordonnance
de 1669, dont l'article 11 du titre XXVII défend d'arracher des plants de chênes dans les forêts domaniales,
sans la permission du Roi et l'attache du grand-maître,
à peine de cinq cents francs d'amende et de *punition
exemplaire.*

« Les peines de l'article 444 précité seront les mêmes,
à raison de chaque arbre mutilé, coupé ou écorcé de
manière à le faire périr. » (*Art.* 446, *ibid.*)

Si ces différens délits ont été commis en haine d'un
fonctionnaire public, et à raison de ses fonctions, le
coupable sera puni du *maximum* de la peine établie
par l'article auquel le cas se référera. Il en sera de

même, quoique cette circonstance n'existe point, si le fait a été commis pendant la nuit.

Si les arbres détruits, coupés, mutilés ou écorcés, étaient plantés sur des places, routes, chemins, rues ou autres voies publiques, le *minimum* de la peine applicable dans ce cas est de vingt jours, et de dix jours pour les greffes détruites. (*Art.* 448, *ibid.*)

Tous les délits que nous venons de signaler, s'ils sont commis par des gardes champêtres ou forestiers, ou par des officiers de police, la peine d'emprisonnement est d'un mois au moins et d'un tiers au plus, en sus de la peine la plus forte qui serait appliquée à tout autre coupable du même délit. (*Art.* 462, *ibid.*)

Dans tous les cas, si le préjudice causé n'excède pas vingt-cinq francs, et si les circonstances paraissent atténuantes, l'emprisonnement peut être réduit, même au-dessous de six jours, et l'amende même au-dessous de seize francs. Ces peines peuvent être prononcées séparément l'une de l'autre, sans qu'en aucun cas elles puissent être au-dessous de celles de simple police. (*Art.* 463.)

Tout dégât ou pillage de denrées commis en réunion ou bande, et à force ouverte, sera puni des travaux forcés à temps; chacun des coupables sera condamné à une amende de deux cents francs à cinq mille francs. (*Art.* 440.)

Le Code de 1791, article 39, fixait pour pareil fait la peine de six années de fers.

Si les denrées détruites ou pillées sont des grains, grenailles ou farines, substances farineuses, pain, vin, ou autre boisson, la peine que subiront les chefs, instigateurs ou provocateurs seulement, sera le *maximum* des travaux forcés à temps, et celui de l'amende prononcée par l'article 440.

Nous ne parlerons pas ici de toutes les destructions prévues par la législation rurale ; il suffit de celles que nous venons d'exprimer, parce que les autres doivent être traitées par des articles séparés, et nous l'avons déjà fait en partie. Ainsi, on voit à l'article CLOTURES les destructions, comblement et violations des fossés et clôtures, dont le complément se trouvera *verbo* HAIES. On a vu aussi à l'article BLÉS COUPÉS les destructions des grains en vert et des fourrages ; on a vu encore à l'article BOIS TAILLIS les dégradations qui les concernent, de même que l'on verra *verbo* INSTRUMENS D'AGRICULTURE les destructions et vols de ces instrumens, et à l'article GREFFE les mutilations des plants et greffes des arbres, etc.

DIGUES. *Voyez* EAUX.

DOMMAGE. C'est le tort ou préjudice causé à quelqu'un. Les jurisconsultes romains le définissaient ainsi : *Damnum et damnatio ab ademptione et quasi diminutione patrimonii dicta sunt.*

Le dommage est volontaire, direct, ou indirect, mais dans tous les cas celui qui en est l'auteur doit le réparer.

On comprend en général beaucoup de faits et de choses sous le mot dommage : les usurpations, les quasi-délits, les événemens accidentels ; ceux causés par l'imprudence, la négligence ou l'insouciance, les destructions, les dégradations, les mutilations, les enlévemens de fruits, de récoltes, de bois, d'instrumens d'agriculture, les voies de faits, les violences, les pâturages, les passages sur les terrains d'autrui, préparés et ensemencés; en un mot de nombreux délits ruraux, et des faits commis par la main de l'homme ou par les animaux, sont souvent qualifiés dommage.

Parmi ces faits ou dommages il en est qui ne donnent lieu qu'à des actions purement civiles; tels sont les quasi-délits, les troubles de possessions et toutes les actions possessoires; il en est d'autres qui, étant ou délits, ou contraventions, peuvent donner lieu, au choix de la partie lésée, à une action en simple indemnité, ou dommages-intérêts, ou à la plainte devant les tribunaux de police simple ou correctionnelle.

Cette faculté alternative est consacrée par un arrêt de la cour de cassation du 21 décembre 1813, qui a décidé qu'un juge de paix est compétent de connaître de l'action civile en réparation d'un délit intentée par la partie civile, lors même que l'action publique n'est pas de la compétence de ce juge.

Un autre arrêt de la même cour, du 21 décembre 1813, a jugé qu'une demande en 3000 francs d'indemnité pour calomnie ou diffamation peut être légalement portée devant le juge de paix, comme juge civil du domicile du défendeur, « attendu que l'action civile en réparation du dommage causé par un crime, délit, ou une contravention, peut être exercée indépendamment de l'action publique à laquelle le crime, le délit ou la contravention donne lieu; qu'elle ne peut être portée que devant le juge compétent; que, d'après l'article 10 du titre III de la loi du 24 août 1790, les juges de paix sont compétens pour connaître des actions

pour dommages résultant d'injures verbales, telles
qu'elles soient ; que cette compétence ne peut être res-
treinte aux actions qui, si elles étaient formées par
voie de plainte, devraient être portées devant les tribunaux de police. »

Un troisième arrêt de la même cour, du 18 novembre 1817, décide que les juges de paix sont compétens pour connaître d'une question de dommages
commis aux champs, non-seulement lorsqu'il s'agit
de constater l'existence et la quotité des dommages
causés par le fait immédiat de l'homme ou d'un animal, mais encore lorsqu'il s'agit de savoir si ces dommages sont des torts, ou la violation du droit de la
partie qui l'éprouve, ou le simple exercice du droit
de propriété appartenant à l'auteur du dommage, lorsque le défendeur répond *jure feci;* par exemple, lorsqu'un propriétaire riverain, en tenant ses écluses fer-
mées en temps d'orage, inonde le champ du voisin.

Il résulte de tout ce que nous venons de dire, qu'il
faut soigneusement distinguer dans les faits ou dommages ceux qui appartiennent à la compétence des
juges civils, d'avec ceux qui sont qualifiés contraventions ou délits ; afin d'agir toujours régulièrement
dans les poursuites que les réparations de ces dommages exigent si souvent : mais voici d'autres distinctions.

Le fait d'avoir envoyé paître des troupeaux dans une
lande appartenant à une commune, ne rentre dans aucune des contraventions de l'article 471 du Code Pénal, § 13 et 14 ; l'un ne parle que de l'entrée et du
passage des personnes sur le terrain d'autrui, s'il est

préparé ou ensemencé, et non du pâturage des bestiaux; dans l'autre paragraphe, il s'agit du passage des bêtes de trait, de charge ou de monture, et autres animaux, sur le terrain d'autrui, avant l'enlèvement de la récolte. Tout cela n'est pas relatif au pâturage dans une lande. Jugé ainsi par la cour régulatrice, par deux arrêts du même jour, 9 mars 1821.

Le n° 10 de l'article 475 du Code Pénal s'applique-t-il au délit de faire ou laisser paître des bestiaux sur les propriétés d'autrui? Il ne s'applique qu'à la contravention de faire ou de laisser passer des bestiaux sur ces propriétés. Le délit de dépaissance reste soumis aux règles établies par le code rural. En matière de police rurale, l'introduction sur des terrains dont on ne jouit pas peut autoriser une action correctionnelle, il n'en est pas de même du simple abandon. (*Arrêt du 1ᵉʳ août 1818, même cour.*)

Voyez, pour complément de cet article, DÉLIT RURAL ET PASSAGE DE BESTIAUX SUR DES TERRAINS ENSEMENCÉS, etc.

DOMMAGES volontaires causés aux propriétés mobilières d'autrui.

L'article 479, premier numéro, du Code Pénal, punit d'une amende de onze à quinze francs, inclusivement, ceux qui, hors les cas prévus depuis l'article 434 jusques et y compris l'article 462, auront volontairement causé du dommage aux propriétés mobilières d'autrui.

Mais il est de nombreuses exceptions à ce texte, qu'il importe de bien distinguer d'autres dommages de même nature : voici ces exceptions ou ces faits :

L'action de mettre le feu à des bateaux, navires, magasins, récoltes, forêts.

La destruction de semblables choses par l'effet d'une mine.

Mutiler ou détruire, par quelque moyen que ce soit, en tout ou partie, des instrumens, ustensiles, billets, lettres de change, ou autres choses appartenant à autrui.

Le pillage, les dégâts de denrées ou autres propriétés, commis en réunion ou à force ouverte.

Les dévastations des récoltes sur pied, ou de plans venus naturellement, ou faits de main d'homme.

Abattre un ou plusieurs arbres appartenant à autrui; les écorcer ou mutiler de manière à les faire périr.

Détruire des greffes, couper des grains et fourrages appartenant à autrui.

Rompre, détruire ou dégrader les parcs des bestiaux, les cabanes des bergers, les instrumens d'agriculture.

Empoisonner des chevaux ou autres bêtes de charge, bêtes à laine et à cornes, chèvres, porcs, et les poissons dans les étangs, viviers ou réservoirs.

Tuer sans nécessité, et sur le terrain des maîtres auxquels ils appartiennent, des chiens de garde, des bestiaux et autres animaux.

Combler des fossés en tout ou partie, détruire des clôtures, telles qu'elles soient; couper ou arracher des haies vives ou sèches; déplacer ou supprimer des bornes ou des arbres plantés pour établir la limite des héritages.

L'inondation des propriétés des voisins causée par

8.

l'imprudence ou la négligence de ceux*qui jouissent des moulins et usines, en élevant le déversoir des eaux au-dessus de la hauteur convenable ou déterminée.

L'incendie des propriétés d'autrui, causée par le défaut de réparation ou de nettoyage des forges, cheminées, fours, ou par des feux allumés dans les terres à moins de cent mètres des maisons, édifices, forêts, etc.; ou encore par des lumières ou des feux portés sans précaution.

Enfin, laisser vaguer des bestiaux soupçonnés ou atteints de maladie contagieuse, soit avant la défense ou la réponse du maire, soit après.

Tous ces faits sont punis, les uns par la justice criminelle, les autres par la justice correctionnelle, et dans aucun cas ils ne sont de la compétence des tribunaux de police.

DOMMAGES-INTÉRÊTS. C'est le synonyme d'indemnité ou de réparation, car la loi dit elle-même que les dommages-intérêts sont la réparation civile d'un préjudice quelconque. Cette indemnité est due à tous ceux auxquels on nuit dans leurs biens, dans leurs personnes, ou auxquels on empêche injustement de faire des bénéfices [1].

Les dommages-intérêts sont indépendans des amendes, des autres peines et des frais qui sont prononcés en matière de délits ruraux. (*Art.* 10 *du Code Pénal.*) Et même la loi de brumaire an IV voulait que par le ju-

---

[1] *Si commissa est stipulatio, ratam, rem dominum habiturum, in tantum competit, in quantum meâ interfuit, id est, quantum mihi abest, quantumque lucrari potui.* (*Leg.* 13, *ff. rem ratam haberi et de ratihabitione.*)

gement de condamnation on d'absolution, il fût statué sur les dommages-intérêts prétendus par le plaignant ou par l'accusé.

Il est accordé un privilége particulier aux dommages-intérêts ; c'est-à-dire que les parties lésées auxquelles ils sont adjugés sont préférées au fisc pour les amendes, qui ne sont payées qu'après le paiement des indemnités et dommages-intérêts. Mais il n'en est pas ainsi des frais que le gouvernement a déboursés.

Tous jugemens qui adjugent des dommages-intérêts doivent en contenir la liquidation, ou ordonner qu'ils soient donnés par état, c'est-à-dire par déclaration, sauf à débattre. (*Art.* 128, *Code de Procédure.*)

Je ne pense pas cependant que dans les tribunaux de police, où les formalités sont très-sommaires, on doive observer le 2e § de cet article 128 ; il est mieux de taxer habituellement les dommages-intérêts par le jugement même. D'ailleurs la liquidation n'est autre chose que la fixation de leur valeur ; *et hoc statuitur ut finis litibus celeriùs imponatur, et pareatur partium impensis.*

Le paiement des dommages-intérêts peut être exigé par la voie de contrainte par corps. (*Art.* 52, *Code Pénal.*) *Voyez* CONTRAINTE PAR CORPS. Au reste, les dommages-intérêts tiennent le même rang qu'un principal, et produisent la même hypothèque.

DOMESTIQUES. Suivant une ordonnance de 1567, et un arrêt du parlement de Rouen, du 26 juin 1722, les maîtres et propriétaires de campagne ne doivent point recevoir de domestiques sans un certificat de leurs derniers maîtres, à peine de 300 francs d'amende.

Cette disposition, sauf l'amende, a été renouvelée par une ordonnance de police du 6 novembre 1778, article 1er.

Les domestiques doivent obéir à leurs maîtres et les respecter. Les parlemens condamnaient à des peines rigoureuses les domestiques qui insultaient et injuriaient leurs maîtres. Il existe deux arrêts de celui de Paris, en date des 9 septembre 1722 et 14 août 1781, qui ont condamné des domestiques convaincus d'injures graves envers leurs maîtres au bannissement et au carcan.

Il faut convenir que ces punitions étaient sévères; il en est bien autrement aujourd'hui. Les maîtres, même ceux des campagnes, qu'il est si intéressant de protéger contre la grossièreté et l'impertinence habituelles de leurs domestiques, n'ont point d'actions différentes que toute autre personne pour les injures qu'ils reçoivent de leurs valets.

Les domestiques de campagne, engagés pour une année, doivent la finir, et prévenir les maîtres un mois avant l'expiration de l'année. Ceux qui ne sont engagés que pour un mois ou deux, ou même pour faire tel ouvrage ou labours, doivent les finir, à peine de trois cents francs d'amende, suivant l'ordonnance précitée de 1567.

Mais cela ne s'exécute pas rigoureusement. D'abord la jurisprudence actuelle ne prononce point d'amende; ensuite elle reconnaît souvent des époques dans le cours de l'année auxquelles les domestiques et les maîtres sont admis à se dégager de leurs engagemens, en se prévenant un mois d'avance. Néanmoins, j'ai toujours regardé comme fâcheux, et même préjudiciable aux maîtres, que les domestiques, après avoir passé la mauvaise saison de l'hiver chez eux, fussent autorisés à les quitter à la Notre - Dame de mars, au moment où les travaux de toute espèce vont prendre une nouvelle activité dans les campagnes. Aussi j'ai plus d'une fois, dans cette circonstance, condamné le domestique à continuer son service pendant l'année convenue.

Il est défendu aux domestiques des campagnes de se coaliser pour faire hausser leurs salaires, sous les peines portées au Code Pénal. *Voyez* MOISSONNEURS ET OUVRIERS.

Les maîtres sont civilement responsables de leurs domestiques, pour les dommages, contraventions, ou délits ruraux qu'ils commettent pendant les travaux ordonnés par les maîtres.

S'il survient des contestations pour le paiement des salaires, ou sur les conditions des engagemens des domestiques, le maître en est cru sur son serment, soit pour la valeur des gages, soit pour leur paiement du mois de la dernière année expirée, soit pour les à-comptes payés l'année courante. (*Art.* 1781, *Code Civil.*)

Au reste, l'action des domestiques pour réclamer leurs salaires se prescrit pour une année. (*Art.* 2272, *ibid.*)

EAU

EAUX. Les maires, adjoints et commissaires de police doivent veiller à la salubrité et à la conservation des eaux des fontaines, des rivières et des ruisseaux, et dresser des procès-verbaux contre ceux qui altèrent ou corrompent ces eaux, en y déposant des immondices, en y jetant des choses malsaines, insalubres ou nuisibles. *Voyez* CHANVRE, SOURCES, RUISSEAUX et RIVIÈRES.

Il est défendu de jeter de l'eau par les fenêtres, même dans les campagnes, sous les peines portées par l'article 471 du Code Pénal.

EAUX MINÉRALES. Parmi les nombreuses dispositions qui régissent la police, l'inspection et l'usage des eaux minérales, nous ne donnerons que celles dont il peut résulter quelques délits ou contraventions, et qui d'ailleurs se rattachent aux attributions de l'autorité administrative et aux compétences des tribunaux; car ce recueil ne doit nullement contenir toutes les lois rurales, mais seulement celles qui tiennent directement ou indirectement à la police des campagnes; autrement on s'écarterait du but et du plan de cet ouvrage.

Par un arrêté du directoire exécutif, du 29 floréal an VII, cette autorité, voulant remettre en vigueur les anciens réglemens relatifs aux eaux minérales et donner à cette partie intéressante de l'administration publique une organisation plus conforme aux principes de la législation actuelle, a arrêté les dispositions suivantes:

« Les officiers municipaux veilleront avec soin à la propreté et à la conservation des sources et des fontaines *d'eaux minérales;* ils donneront leurs avis et observations sur les réparations, changemens et améliorations qu'ils jugeront utiles et nécessaires : aucunes réparations ou améliorations ne pourront avoir lieu sans l'autorisation du département, qui en rendra compte au ministre de l'intérieur. (*Art.* 2.)

» Les plaintes et réclamations qui pourront s'élever relativement au service seront portées par devant l'administration municipale du canton, sauf le recours à l'autorité supérieure. » (*Art.* 5.)

Cette disposition renouvelle l'article 1ᵉʳ de l'arrêté du directoire du 23 vendémiaire, qui accorde aux municipalités la police des eaux.

« Le ministre de l'intérieur est autorisé à faire pour la police et la distribution des eaux, les instructions qu'il croira nécessaires. » (*Art.* 6.)

Voici un réglement particulier aux eaux minérales de Baréges :

« Conformément à l'arrêt du conseil d'état du 6 mai 1732, il est expressément défendu de faire à l'avenir aucune construction nouvelle dans la commune de Baréges, sans l'autorisation du préfet des Hautes-Pyrénées et hors l'alignement qui sera donné par lui à cet effet, sous les peines prescrites par l'arrêt du conseil. (*Art.* 1ᵉʳ *de l'arrêté du* 30 *prairial an* XII.)

» En conformité du même arrêt du conseil, il est également défendu à tous propriétaires ou cultivateurs des terres ou prés situés au-dessus de Baréges et du grand chemin allant à Bagnères, de mettre ou faire mettre l'eau des torrens dans les prés pour les arroser, à peine de cinq cents francs d'amende ; comme aussi de couper ou de dégrader, de quelque manière ou sous quelque prétexte que ce soit, les arbres et bois qui sont au-dessus de la muraille à pierres sèches qui couvre le village et le met à l'abri des ravins, sans l'autorisation prescrite, et sous les peines prévues par les lois.

» Le préfet des Hautes-Pyrénées proposera au gouvernement, pour être approuvées dans les formes voulues par les lois, toutes les mesures qu'il croira utiles pour prescrire et imposer aux communes de la vallée de Baréges et aux particuliers qui ont défriché les montagnes environnantes les bains et le village de Baréges, tous les semis, toutes les replantations d'arbres, toutes les prohibitions d'arrosemens, de dépaissance, de nouveaux défrichemens, et tous les travaux et prestations qui seront jugés nécessaires pour empêcher la formation des ravins et des avalanches et assurer la conservation de l'établissement thermal, après avoir pris l'avis desdites communes.

» Les contraventions au présent décret seront constatées dans les formes prescrites par la loi du 29 floréal an x, par les maires ou adjoints, les ingénieurs des ponts et chaussées, leurs conducteurs, le commissaire de police de Baréges, les médecins inspecteurs des eaux, la gendarmerie, et par les fonctionnaires duement assermentés; il sera statué définitivement sur lesdites contraventions en conseil de préfecture, conformément à ladite loi; et les arrêtés seront exécutoires, ainsi qu'il est prescrit en l'article 4 de cette loi. »

Au reste, tous propriétaires d'eaux minérales, sont tenus de se conformer aux règles de police de semblables eaux appartenant à l'état, de pourvoir au traitement d'un officier de santé commis par le gouvernement pour l'inspection desdites eaux, et de faire approuver par le préfet le tarif de leur prix. (*Arrêté du gouvernement du 6 floréal an* xi*, art.* 10.)

EAUX PLUVIALES ET VICINALES. Ce sont les eaux qui tombent des nuages sur les toits des maisons et bâtimens, et sur la superficie des terrains, chemins et routes.

Le propriétaire du sol sur lequel tombent ces eaux n'est point obligé de les y retenir, ni d'en empêcher l'écoulement sur les fonds voisins inférieurs. Ceux-ci doivent recevoir les eaux des fonds supérieurs; ainsi le veut la nature et la loi. *Semper enim hanc esse servitutem inferiorum prædiorum, ut naturá profluentem aquam excipiant.* (Leg. 1, § 32, ff de aquâ et aquæ pluviæ arscendæ.)

Le maître du terrain inférieur ne peut même rien faire qui empêche le libre effet de cette servitude naturelle, c'est-à-dire des ouvrages capables de faire refouler les eaux pluviales sur le terrain supérieur. (*Leg. Eod.*, § 13.)

Néanmoins personne sans un titre valable et suffisant ne peut faire couler des eaux ni quelque chose que ce soit sur l'héritage de son voisin. (*Leg.* 8, § 2, *ff si servitus vindicatur.*) « Mais cela ne s'entend, dit Merlin, que des eaux qui, par la position du lieu où elles se trouvent, sont destinées à y rester ou à en sortir par une issue différente de celle qu'on prétend leur donner. »

Ces différens principes nous sont conservés par le Code Civil. « Les fonds inférieurs, dit-il (art. 640), sont assujétis envers ceux qui sont plus élevés à recevoir les eaux qui en découlent naturellement, sans que la main de l'homme y ait contribué. Le propriétaire inférieur ne peut point élever de digue qui empêche cet écoulement, et le propriétaire supérieur ne peut rien faire qui aggrave la servitude du fonds inférieur. »

Nous avons dit, à COURS D'EAU, que le propriétaire d'une source peut en disposer à sa volonté, sauf les droits d'autrui acquis par titre ou prescription. Mais le propriétaire d'un terrain supérienr, qui fait dériver les eaux des chemins et les retient sur son terrain, en creusant des bassins, peut-il être poursuivi en indemnité ou contravention par celuï qui jouit du fonds inférieur, et qui se trouve privé des eaux ? Dunod soutient la négative en ces termes : « Lorsque, se prévalant de l'avantage du lieu, le propriétaire d'un fonds supérieur détourne les eaux vicinales, il n'y a pas lieu à complainte de la part des propriétaires inférieurs, quoiqu'ils seraient en possession immémoriale de recevoir ces mêmes eaux. »

Et, pour garant de son opinion, cet auteur cite un arrêt du parlement de Paris, du 5 avril 1710, rendu en pareille hypothèse, par lequel il fut jugé que le propriétaire supérieur avait pu détourner des eaux vicinales sur son terrain, sans aucun égard pour la possession du propriétaire inférieur, qui fut réputé n'avoir agi que par tolérance, ou du moins par une faculté commune à tout habitant ou voisin.

Mais voici une question non prévué par le nouveau Code. Un propriétaire d'un fonds supérieur détruit une digue qui y existait depuis long-temps pour retenir les eaux pluviales. Cette destruction est-elle une contravention rurale, ou du moins donne-t-elle au propriétaire du fonds inférieur une action pour faire rétablir la digue afin que les eaux soient retenues? Ni l'un ni l'autre. *Sed et si vicinus opus tollat, et su-*

*blato eo, aqua naturaliter ad inferiorem agrum per-
veniens noceat, labeo existimat aquæ pluviæ arcendæ agi non posse.* (Leg. 1, § 23 *ff* de aquâ et aquæ
pluviæ arcendæ.)

« Si cependant, dit Merlin, le propriétaire de l'héritage inférieur offrait de rétablir à ses frais la digue
qui a été détruite, soit par le propriétaire supérieur,
soit par la force des eaux, le propriétaire ne pourrait
s'y opposer, à moins qu'il ne prouvât que la digue lui
est nuisible. »

Cette décision est conforme à la loi 2, § 5, *ff. de
aqua et aquæ.* Néanmoins Rousseau de la Combe était
d'un avis contraire. *Voyez* sa jurisprudence civile.
Verbo EAU, n° 6.

Au reste, les dommages occasionés par une mauvaise direction d'un cours d'eau, ou par des entraves
apportées à son libre cours, ne sont considérés ni
comme délits ni comme contravention; ils sont réputés des dommages faits de main d'homme, dont
le juge de paix connaît jusqu'à une valeur illimitée.
(*Arrêt de la cour de cassation, du* 28 *novembre* 1817.)

ÉCHENILLAGE. C'est l'action de détruire les che-
nilles qui détériorent les arbres et les font périr.

« Chaque année avant le 1er ventôse, dit la loi
du 26 du même mois an IV, tous propriétaires, fermiers, locataires, ou autres faisant valoir leurs propres
héritages ou ceux d'autrui, seront tenus, chacun en
droit soi, d'écheniller ou faire écheniller les arbres
étant sur lesdits héritages, à peine d'amende qui ne
pourra être moindre de trois journées de travail, ni
plus forte de dix. »

Ce *maximum* plaçait nécessairement cette contravention dans la compétence correctionnelle ; mais cela est changé, et l'article 471 du Code Pénal, § 8, en modifiant la peine, en attribue l'application aux juges de police : voici ce que dit cet article : « Seront punis d'amende depuis un franc jusqu'à cinq francs inclusivement…. ceux qui auront négligé d'écheniller dans les campagnes et jardins où ce soin est prescrit par les réglemens.

» Les propriétaires ou fermiers sont tenus, sous les mêmes peines, dit encore la loi du 26 ventôse, de brûler sur-le-champ les bourses et toiles qui sont tirées des arbres, haies ou buissons, et ce dans un lieu où il n'y aura aucun danger de communication du feu, soit pour les bois, arbres et bruyères, soit pour les maisons et bâtimens. (*Art.* 2.)

» Les administrateurs de départemens (aujourd'hui les préfets) seront tenus de faire écheniller dans le même délai les arbres étant sur les domaines nationaux non affermés. » (*Art.* 3.)

» Les agens des communes (à présent les maires) sont chargés de surveiller l'exécution de la présente loi dans leurs arrondissemens respectifs, et ils seront responsables des négligences qui y seront découvertes. (*Art.* 4.)

» Dans le cas où quelques propriétaires ou fermiers négligeraient de faire écheniller à l'époque fixée par les articles 2 et 6, les agens et adjoints le feront faire, aux dépens de ceux qui l'auront négligé, par des ouvriers qu'ils choisiront ; l'exécutoire des dépens sera délivré par le juge de paix, sur les quittances des ouvriers, contre lesdits propriétaires et locataires, sans que ce paiement puisse le dispenser de l'amende. (*Art.* 7.)

» La présente loi sera publiée le 1ᵉʳ pluviôse (21 janvier) de chaque année à la diligence des agens des communes (les maires). » (*Art.* 8.)

Ces disposisions seraient maintenant tombées en désuétude, si l'article 471 précité n'avait pris soin de les renouveler ; mais la loi nouvelle n'est pas mieux observée que l'ancienne, par l'insouciance des maires et des adjoints de campagne ; insouciance qui est portée à tel point, que ces administrateurs souffrent sur leurs propriétés mêmes les ravages de ces dangereux insectes, plutôt que de s'exposer à mécontenter leurs voisins, ou certaines personnes qu'ils ont intérêt à ménager. C'est ainsi que les petites passions paralysent les mesures les plus sages !

EMPOISONNEMENT DES ANIMAUX ET BESTIAUX. Par le Code Pénal du mois de septembre 1791, il fut dit : « Quiconque sera convaincu d'avoir, par malice ou vengeance et à dessein de nuire à autrui, empoisonné des chevaux et autres bêtes de charge, moutons, porcs, bestiaux, et poissons dans des étangs, viviers ou réservoirs, sera puni de six années de fers. »

Ainsi, ce Code qualifiait crimes les faits qu'il exprimait, puisqu'il les punissait de peine afflictive et infamante.

Mais le nouveau Code Pénal a modifié cette peine, en ces termes :

« Quiconque aura empoisonné des chevaux, ou autres bêtes de voiture, de monture, ou de charge, des bestiaux à cornes, des moutons, chèvres, ou porcs, ou des poissons dans des étangs, viviers ou réservoirs, sera puni d'un emprisonnement d'un an à cinq, et d'une amende de seize francs à trois cents francs. Les coupables pourront être mis par l'arrêt ou le jugément sous la surveillance de la haute police pendant deux ans au moins, et cinq ans au plus. » (*Art.* 452.)

Cet article doit-il être appliqué à celui qui empoisonne des volailles, qui sont des animaux domestiques comme ceux désignés ici? La cour régulatrice a décidé cette question négativement par arrêt du 17 aout 1822, en ces termes : « Vu les articles 408 et 415 du Code d'Instruction criminelle. Attendu que l'article 452 du Code Pénal est ainsi conçu, etc.; que cet article, ne parlant que de quadrupèdes, qu'il désigne d'une manière spéciale, et de poissons, est nécessairement limitatif et non pas simplement démonstratif; qu'il ne saurait être étendu au cas d'empoisonnement de ces espèces d'oiseaux de basses-cours;

» Que l'article 454 du même Code punit quiconque tue sans nécessité un animal domestique, etc.; que les oiseaux de basse-cour, coqs, poules, sont appelés oiseaux domestiques et sont ainsi nécessairement compris sous cette dénomination générique de l'article, *animal domestique;* mais que la disposition de cet article n'est pas générale et absolue; qu'il ne suffit pas, pour que la peine qu'il prononce soit applicable, que l'animal domestique ait été tué sans nécessité; qu'il faut encore qu'il l'ait été dans un lieu dont celui à qui cet animal appartient est propriétaire, locataire colon ou fermier.

» Attendu que, dans l'espèce, il est déclaré par le

jugement dénoncé que les animaux de Noiset, dont la mort est imputée au prévenu Brosse, ont été empoisonnés; mais que ces animaux étant des volailles, le tribunal a dû, comme il l'a fait, ne pas juger applicable l'article 452 du Code Pénal;

» Que ce tribunal, qui a déclaré Brosse auteur de la mort des volailles de Noiset, n'a déclaré ni explicitement, ni même d'une manière implicite, que Noiset fût propriétaire, locataire, colon ou fermier du terrain sur lequel les volailles dudit Noiset avaient été tuées; que dès lors le prévenu n'était pas plus coupable du délit de l'article 454 du Code Pénal, que de celui de l'article 452 du même Code; que le fait du procès ne pouvait se rattacher qu'à l'article 479, n° 1er, dudit Code, relatif au dommage causé volontairement *aux propriétés mobilières d'autrui*, hors les cas prévus par divers articles du Code Pénal, au nombre desquels sont les articles 452 et 454; que ce dommage, quoique volontaire, est mis par la loi dans la classe des contraventions, et non dans la classe des délits, puisqu'il n'est puni que d'une peine de police;

» Que le renvoi au tribunal de police n'ayant été requis, ni par le ministère public, ni par la partie civile, le tribunal correctionnel saisi de la connaissance de la cause devait, aux termes de l'article 192 du Code d'Instruction criminelle, prononcer une peine de police, et adjuger des dommages-intérêts; mais qu'en prononçant la peine correctionnelle d'un mois d'emprisonnement, à raison d'un fait que la loi n'a pas mis dans la classe des délits, ce tribunal a méconnu les principes de la matière; qu'il a fait une fausse application de l'article 454 du Code Pénal et violé les règles de sa compétence; d'après ces motifs, casse et annule le jugement rendu par le tribunal de police correctionnelle de Charleville, contre Jean-Louis Brosse, le 22 juin dernier, etc. »

ENCLOS RURAL. C'est un lieu ceint de murs, de haies ou de fossés.

« Un héritage est réputé clos lorsqu'il est entouré d'un mur de quatre pieds, avec barrière ou porte, ou lorsqu'il est exactement fermé et entouré de palissades ou de treillages, ou d'une haie vive ou d'une haie sèche, faites avec des pieux ou cordelée avec des branches, ou de toutes autres manières de faire les haies en usage dans chaque localité, ou enfin d'un fossé large de quatre pieds au moins à l'ouverture, et de deux pieds de profondeur. » (*Art.* 6, *sect.* IV, *tit.* I, *loi du* 6 *octobre* 1791.)

Mais cette définition n'est applicable qu'au droit de parcours et à la vaine pâture; cependant l'article 21 du titre II de la même loi ajoute que le râtelage et le grapillage sont interdits dans tout enclos rural, tel qu'il est défini à l'article 6 précité.

La définition du clos ou enclos est plus étendue par l'article 391 du nouveau Code Pénal, qui s'exprime ainsi : « Est réputé *parc* ou *enclos* tout terrain environné de fossés, de pieux, de claies, de planches, de haies vives ou sèches, ou de murs, de quelque espèce de matériaux que ce soit, quelle que soit la hauteur, la profondeur, la vétusté, la dégradation de ses diverses clôtures, quand il n'y aurait pas de portes fermant à clef ou autrement, ou quand la porte serait à claire voie et ouverte habituellement. »

C'est ce qu'avait décidé la cour régulatrice, dès le 28 prairial an IV, en cassant un jugement de police qui n'avait pas regardé comme un lieu clos celui dont les murs, haies ou fossés étaient troués et dégradés.

On peut dire, d'après ces définitions, qu'il suffit que le propriétaire ait voulu enclore son terrain, de quelque manière que ce soit, pour le regarder comme clos.

Tout vol, délit ou contravention, commis dans un enclos rural, est toujours puni d'une peine plus forte que le délit ordinaire. Nous en avons donné plusieurs exemples dans les différens articles traités, et ceux qui suivront en donneront de même. Rappelons ici seulement la disposition du second paragraphe de l'article 24 de la loi du 6 octobre 1791 : « L'amende encourue pour le délit sera une somme de la valeur du dédommagement dû au propriétaire; l'amende *sera double* si le dommage a été fait *dans un enclos rural*, et, suivant les circonstances, il pourra y avoir lieu à la détention de police municipale. »

Le fait d'avoir forcé des barreaux de fer garnissant une fenêtre d'une maison de campagne habitée constitue le délit de clôture, prévu par l'article 456 du Code Pénal. Le mot clôture, dans le sens de cet article, s'entend aussi bien des ouvrages destinés à défendre l'entrée des maisons habitées que de ceux faits pour défendre l'entrée des propriétés rurales. (*Arrêt du* 31 *janvier* 1822.)

En général, toutes les clôtures sont réputées mitoyennes, s'il n'y a des marques, titres ou indications qui prouvent le contraire, c'est-à-dire que le mur, le fossé ou la haie appartient à un seul propriétaire. Ces marques sont des filets ou corbeaux, ou des témoins placés d'un seul côté des murs ; et pour les fossés, ils sont censés appartenir au propriétaire des terrains sur lesquels sont les jets. (*Voyez les art.* 653, 654 *et* 669 *du Code Civil.*)

Toute clôture mitoyenne doit être entretenue à frais communs ; chaque voisin est obligé de contribuer à cet entretien, à moins qu'il ne préfère renoncer à son droit. (*Art.* 213 *de la coutume de Paris,* 655 *et* 656 *du Code Civil.*)

Voyez, pour complément, les articles CLOTURES, PARCOURS.

ENGRAIS. On appelle ainsi les fumiers, les pailles, et certaines plantes que l'on fait mettre dans un état de putréfaction, en les plaçant dans les étables sous les animaux, et même dans les mares, cloaques et chemins.

Les fumiers sont à la fois utiles et nuisibles ; utiles, parce qu'ils fertilisent les terres, qui ne donneraient, sans de tels engrais, que de minces produits. Aussi la loi *Impensa*, § 1er, *ff. de impensis in res dotales factis*, met le fumage des terres au nombre des impenses utiles.

Ils sont nuisibles, parce qu'ils produisent des exhalaisons désagréables, corrosives et malsaines ; c'est pourquoi les législateurs ont presque toujours pris des précautions contre l'insalubrité que les fumiers produisent.

L'article 674 du Code Civil prescrit à celui qui veut adosser une étable où l'on fait des amas de fumier à un mur mitoyen, ou au mur d'autrui, de laisser la distance prescrite par les réglemens et usages particuliers sur ces

objets, ou de faire les ouvrages prescrits par ces réglemens et usages, afin d'éviter de nuire au voisin.

Le Code de brumaire an ɪv défend d'exposer au devant des maisons, ou sur la voie publique, aucune chose
qui puisse nuire ou causer des exhalaisons nuisibles.
Certes, dans ces choses on y doit comprendre les fumiers.

Le nouveau Code Pénal répète les mêmes dispositions
par son article 471, § 6, en ces termes : «Sont punis d'une
amende, depuis un franc jusqu'à cinq francs inclusivement, ceux qui auront exposé au devant de leurs édifices des choses de nature à nuire par des exhalaisons
insalubres.

Avant toutes ces lois, la contravention qu'elles répriment était prévue. *Voyez* l'ordonnance du 30 avril 1663,
un édit du mois de novembre 1707, et l'article 8 de
l'ordonnance du 8 novembre 1780.

Cependant on a plusieurs fois mis en question, sous
l'empire du Code de brumaire, si les fumiers ou engrais
pouvaient être placés par leurs propriétaires au devant de leurs maisons donnant sur la voie publique;
mais la question a toujours été résolue négativement.
Voici les motifs d'un arrêt qui l'a jugé ainsi le 18
mai 1810.

« Attendu que le procès-verbal dressé, le 10 avril
1809, contre le nommé Sévrin, énonce que ce particulier tenait un amas de fumier devant la porte de sa maison, située sur une rue de la commune de Puiseaux; que
ce fait constituait le délit de police prévu par la disposition du § ɪɪ de l'article 605 du Code du 3 brumaire,
ci-dessus transcrit; qu'ainsi, en le supposant constant,

le tribunal, sans avoir besoin d'examiner s'il existait ou n'existait pas de réglement de police, devait appliquer au délinquant la peine portée par cette disposition de la loi; d'où il suit qu'en renvoyant le nommé Sévrin de l'action intentée contre lui, et en motivant ce renvoi sur ce qu'il n'y avait pas de réglement particulier qui prohibât le fait dont il est question, et encore sur ce que le paragraphe 1er de l'article 605 du Code, qui indique comme punissables ceux qui négligent de nettoyer les rues, n'était applicable que dans les lieux où ce soin est laissé à la charge des habitans, le tribunal de police a fait une fausse application de ce paragraphe 1er, et a, par une contravention formelle à la disposition du paragraphe suivant du même article, commis un excès de pouvoir. »

Mais il en serait autrement si les fumiers étaient déposés sur un terrain particulier, tel qu'une cour enfermée de murs, sans aucune participation à la voie publique; alors il n'y aurait pas contravention aux lois précitées. C'est ce que la même cour de cassation a décidé par arrêt du 18 germinal an x, dont voici sommairement les motifs :

« Attendu qu'il s'agissait au procès d'un tas de fumier déposé par Gilles Bouté, dans sa cour, laquelle, d'après le jugement du juge de paix de Guingamp, rendu en matière de police, est cernée par la maison de Bouté et par quatre autres; que quoique cette cour ait son entrée par la rue, et que les quatre maisons aient des fenêtres au rez-de-chaussée donnant sur cette cour, elle n'est pas pour cela une voie publique; que les mots *de rien exposer ou jeter* se rapportent visiblement aux fenêtres et au devant des maisons donnant sur la voie publique, dont il est question dans la troisième disposition de l'article 605 du Code précité; que cette disposition n'est que le corollaire de l'article 3 du titre II de la loi du 24 août 1790, qui comprend dans ce qui est confié à la vigilance de la police tout ce qui intéresse la sûreté et la commodité du passage dans les rues et voies publiques, ce qui comprend l'interdiction de rien jeter qui puisse causer des exhalaisons nuisibles; et ce qui ne porte que sur les rues, quais, places et voies publiques; que l'article 605 du Code des délits et des peines, d'après ce qui vient d'être dit, ni aucune autre loi pénale, n'étant applicables au fait sur lequel a statué le juge de paix de Guingamp, jugeant comme en matière de police, ce juge a contrevenu à l'article 2 du même Code, et a fait une fausse application de l'article 605 précité : par ces motifs, la cour casse, etc. »

EPAVES. On nomme épaves, les bois, planches, meubles et tous autres effets mobiliers entraînés par les eaux, ou abandonnés, ou perdus. S'ils ne sont pas réclamés, ils appartiennent au domaine public, après un délai fixé.

C'est aux maires à faire recueillir et serrer dans un lieu sûr tous les effets entraînés ou abandonnés; ils en dressent un procès-verbal sommaire, contenant une description suffisante des choses recueillies ou réunies, et ils adressent ce procès-verbal aux préfets, qui font publier un avis du dépôt, afin que les personnes intéressées puissent en faire la réclamation dans un délai convenable et fixé.

Les maires sont tenus en outre, dès qu'ils sont instruits que le débordement ou la violence des eaux a entraîné des choses mobilières, de faire publier, par un arrêté, que tous ceux qui prendront ou détiendront ces effets se rendront coupables de vol; en conséquence, d'enjoindre à ceux qui auraient connaissance de ces soustractions, d'en faire leur déclaration incessamment.

Autrefois les épaves appartenaient aux seigneurs, à défaut de réclamations, même au préjudice du propriétaire sur le fonds duquel elles étaient trouvées. Mais on entendait alors par épaves toutes les choses égarées dont on ne connaissait pas les propriétaires; alors encore, les publications de la découverte des épaves se faisaient d'abord aux prônes des messes paroissiales, et ensuite aux portes des églises, en vertu de l'édit d'avril 1693, par le ministère d'huissier.

La loi du 23 avril 1791 abolit cet ancien ordre de choses; elle déclara que les épaves n'appartiendraient plus aux seigneurs haut-justiciers, mais à l'état. On voit cette disposition confirmée par l'article 539 du Code Civil.

L'article 31 de l'ordonnance de 1669, titre Ier, ordonne que les épaves pêchées sur les fleuves et rivières navigables soient données en garde à gens solvables, par les sergens et garde-pêches, qui sont obligés d'en dresser un procès-verbal, dont le procureur du Roi est chargé de prendre communication et d'en faire lecture à la première audience. En conséquence, le maître particulier ou le lieutenant doit ordonner que, si dans un mois ces épaves ne sont point réclamées, elles seront vendues au profit du Roi, par adjudication, et

les deniers en provenant remis entre les mains du receveur du domaine, sauf à les délivrer au propriétaire
qui les réclamera dans le mois après la vente, si cela
est ainsi ordonné en connaissance de cause.

« Il est fait défense à toutes personnes de prendre
ou détourner lesdites épaves, sans la permission de ceux
qui ont le droit de la donner. » (*Art.* 17 *de la même
ordonnance.*)

On reconnaît encore d'autres épaves qu'on appelle
maritimes; ce sont les objets que la mer jette sur les
côtes, et dont le maître est inconnu.

L'article 26 du titre IX du livre IV de l'ordonnance
du mois d'août 1681 (*dite de la marine*), ordonne que
les objets trouvés ou naufragés sur le rivage, qui ne sont
pas demandés par les légitimes propriétaires, après une
année et un jour, sont partagés entre le souverain
et l'amiral, déduction faite d'abord des frais de justice et de sauvetage.

La même ordonnance contient plusieurs autres dispositions sur le même sujet, qu'il est inutile de rappeler ici, parce qu'elles ne sont plus en vigueur. Les épaves
maritimes appartiennent à présent à l'état, et c'est aux
juges de commerce que la connaissance de ces matières
appartient.

ÉPIZOOTIES. C'est une expression générique dont
on qualifie les maladies contagieuses des bestiaux.

« L'épizootie proprement dite est la maladie qui
attaque les bêtes à cornes; elle fut connue des anciens
et décrite en vers sublimes par Virgile, etc.» (*Merlin.*)

Sans remonter aussi loin, nous dirons que cette contagion fit de grands ravages en France dans le cours

du xviiie siècle, et que des mesures fort étendues furent prises pour en arrêter les progrès affligeans et désastreux.

On voit quelles furent ces mesures, par différens arrêts du Conseil, des 10 avril et 1er septembre 1714, 24 mars 1745, 19 juillet 1746, et 16 juillet 1784. Il convient d'en connaître les principales dispositions, pour y remarquer, soit les imitations des lois modernes, soit les règles qui peuvent encore être exécutées, si elles ne sont pas prévues par le nouveau Code Pénal, en vertu de son article 484.

Cette analyse est bien facile à présenter ; car elle est presque toute faite par une instruction du ministre de l'intérieur, approuvée par le gouvernement le 27 messidor an v.

« Tout propriétaire ou détenteur de bêtes à cornes, à quelque titre que ce soit, qui aura une ou plusieurs bêtes malades, ou suspectées de maladie, sera obligé, sous peine de 500 fr. d'amende, d'en avertir sur-le-champ le maire de sa commune, qui les fera visiter par l'expert le plus prochain, ou par celui qui aura été désigné par le département ou le canton.

» Lorsque, d'après le rapport de l'expert, il sera constaté qu'une bête ou plusieurs seront malades, le maire veillera à ce que ces animaux soient séparés des autres, et ne communiquent avec aucun animal de la commune. Les propriétaires, sous quelque prétexte que ce soit, ne pourront les faire conduire dans les pâturages, ni aux abreuvoirs communs, et ils seront tenus de les nourrir dans les lieux renfermés, sous peine de 100 fr. d'amende.

» Le maire en informera dans le jour le sous-préfet

de l'arrondissement, auquel il indiquera le nom du propriétaire et le nombre des bêtes malades.

» Aussitôt qu'il sera prouvé au maire que l'épizootie existe dans sa commune, il en instruira tous les propriétaires de bestiaux, par une affiche apposée aux lieux ordinaires ; laquelle affiche enjoindra auxdits propriétaires de déclarer le nombre de bêtes à cornes qu'ils possédent, avec désignation d'âge, de taille, de poil, etc. Copie de ces déclarations sera envoyée au commissaire du gouvernement près l'administration municipale (*aujourd'hui le sous-préfet*), et par celui-ci à l'administration centrale du département (*maintenant au préfet*).

» En même temps l'agent municipal (*le maire*) fera marquer sous ses yeux toutes les bêtes à cornes de sa commune, avec un fer chaud, représentant la lettre M. Quand l'administration centrale (*le préfet*) sera assuré que l'épizootie n'a plus lieu dans son ressort, elle ordonnera une contre-marque, telle qu'elle le jugera à propos, afin que les bêtes puissent aller et être vendues partout, sans qu'on n'ait rien à en craindre.

» Afin d'éviter toute communication des bestiaux des pays infestés avec ceux des pays qui ne le sont pas, il sera fait de temps en temps des visites chez les propriétaires de bestiaux dans les communes infestées, pour s'assurer qu'aucun animal n'a été distrait.

» Si, au mépris des dispositions précédentes, quelqu'un se permet de vendre ou d'acheter une bête marquée dans un pays infesté, pour la conduire dans un marché ou une foire, ou même chez un particulier d'un pays non infesté, il sera puni de 5oo fr. d'amende.

» Il est enjoint à tout fonctionnaire public qui trouvera dans les chemins, ou dans les foires ou marchés, des bêtes à cornes marquées de la lettre M, de les conduire devant le juge de paix, lequel les fera tuer sur-le-champ en sa présence.

» Dans tous les cas où les amendes pour des objets relatifs à l'épizootie seront appliquées, aucun juge ne pourra les remettre ni les modérer; les jugemens qui interviendront en conséquence seront exécutés par provision, et les délinquans soumis aux lois de la police correctionnelle.

» Aussitôt qu'une bête sera morte, au lieu de la traîner et de la transporter à l'endroit où elle doit être enterrée, qui sera à une distance de cinquante toises des habitations, on la traînera seule dans une fosse de huit pieds de profondeur, et on la recouvrira de toute la terre sortie de la fosse. Le propriétaire qui n'aurait pas la facilité d'en faire le transport sera remplacé par un autre requis par l'agent municipal, et même les ouvriers nécessaires, à peine de cinquante francs d'amende contre les refusans.

» Dans les lieux où il y a des chevaux, on préférera de faire traîner par eux les voitures chargées de bêtes mortes, lesquelles voitures seront lavées à l'eau chaude après le transport.

» Il est défendu de jeter dans les bois, dans les rivières et à la voirie, les bêtes mortes de maladies contagieuses, sous peine de cinq cents francs d'amende, et de tous dommages-intérêts.

» Les corps administratifs, conformément au décret du 28 septembre 1791, emploieront tous les moyens de prévenir et d'arrêter l'épizootie, et, en conséquence, le gouvernement compte sur leur zèle pour faire faire des patrouilles, mettre la plus grande célérité dans l'exécution des lois, et ne rien épargner, soit pour préserver leur pays de la contagion, soit pour en arrêter les progrès. Lorsque l'épizootie sera déclarée dans leur ressort, ils sont chargés d'en informer les administrations des départemens voisins, et d'en faire part au ministre de l'intérieur sans délai, ainsi que des progrès. »

Cette instruction ministérielle, quoique fort intéressante, ne présente cependant pas toutes les mesures de conservation et de répression établies par les réglemens anciens. L'arrêt du Conseil, du 18 décembre 1774, ordonnait en outre que « tous les bourgs, lieux et villages voisins de la contagion seraient visités par les artistes vétérinaires, les maréchaux ou autres experts, à ce commis par les intendans des provinces. (*Art.* 1ᵉʳ.)

» Que dans le cas où quelques animaux s'y trouveraient attaqués de la maladie contagieuse, annoncée par des symptômes non équivoques, il en serait dressé procès-verbal par les experts. (*Art.* 2.)

» Qu'aussitôt après la confection desdits procès-verbaux lesdites bêtes seraient tuées et enterrées avec leurs cuirs, jusqu'à concurrence des dix premières seulement, à la diligence des syndics ou officiers municipaux. (*Art.* 3.)

» Que les commissaires départis dans les provinces feraient payer à chaque propriétaire le tiers de la valeur que les animaux sacrifiés auraient eue s'ils eussent été sains, et ce sur l'estimation qui en serait faite par les procès-verbaux des experts. »

Un autre arrêt du Conseil, du 3o janvier 1775, interpréta et étendit même les dispositions précédentes; il ordonna que non‑seulement les dix premières bêtes attaquées, mais encore généralement toutes celles qui seraient reconnues malades, seraient assommées; que les cuirs des animaux assommés seraient tailladés, afin qu'ils fussent mis hors d'état de servir à aucun usage quelconque; et défenses furent faites à toutes personnes de conserver un cuir suspect, d'en transporter, vendre et acheter.

Ce n'est pas tout; les parlemens de leur côté prirent différentes mesures de sagesse et de conservation qui méritent d'être rappelées. Celui de Dijon ordonna, le 21 juillet 1780, que « dans toutes les villes, bourgs et villages de son ressort, où la maladie contagieuse pourrait se manifester, le bétail malade fût séparé de celui qui était sain, placé dans d'autres écuries, et conduit séparément au pâturage par un pâtre choisi par la communauté, auquel elle indiquerait les cantons qu'elle jugerait à propos de destiner au pâturage séparé.

» Fit défenses aux communautés qui avaient des droits de parcours ou d'usage sur les héritages voisins, de les exercer dès qu'il y aurait dans les unes ou dans les autres de ces communautés des bêtes atteintes de la maladie, à peine par les habitans de la communauté contrevenante de répondre solidairement de tous dépens, dommages‑intérêts, et civilement des faits de leur pâtre. »

Mais c'est assez discourir de dispositions qui paraissent mieux dans les attributions administratives que dans les compétences des tribunaux. Venons aux lois pénales proprement dites.

Celle du 6 octobre 1791 porte, article 23 du titre II : « Un troupeau atteint de maladie contagieuse, qui sera rencontré au pâturage sur les terres du parcours ou de la vaine pâture, autres que celles qui auront été désignées pour lui seul, pourra être saisi par les gardes champêtres, et même par toute personne ; il sera ensuite conduit au lieu du dépôt qui sera indiqué par la municipalité.

» Le maître de ce troupeau sera condamné à une amende de la valeur d'une journée de travail par tête de bête à laine, et à une amende triple par tête d'autre bétail.

» Il pourra en outre, suivant la gravité des circonstances, être responsable du dommage que son troupeau aurait occasioné, sans que cette responsabilité puisse s'étendre au-delà des limites de la municipalité.

» A plus forte raison, cette amende et cette responsabilité auront lieu, si ce troupeau a été saisi sur les terres qui ne sont point sujettes au parcours ou à la vaine pâture. »

Si cet article unique est insuffisant pour les pénalités, dans une loi qui est le fondement d'un code rural pénal, du moins il ne déroge pas aux réglemens antérieurs sur cette importante matière. D'ailleurs l'autorité administrative reste chargée, comme elle le fut jadis, de prévenir, protéger, conserver et réprimer à cet égard ; et on n'en peut douter, d'après les termes de la loi du 24 août 1790, dont l'article 3 du titre II confie expressément aux administrations le soin de prévenir par des précautions convenables et de faire cesser par des secours nécessaires les accidens et les fléaux calamiteux, tels que les incendies, les épidémies, les *épizooties*.

Voici une autre preuve non équivoque que les anciens réglemens précités doivent subsister dans toute leur force.

Au mois de mai 1806, le maire de Bordeaux fit abattre, en vertu de ces mêmes réglemens, un bœuf atteint d'une maladie contagieuse. Le ministère public ayant poursuivi correctionnellement les vendeurs et acheteurs de cet animal, le tribunal de Bordeaux déclara néanmoins que ce n'était pas le cas d'appliquer l'arrêt du Conseil du 16 juillet 1784 et autres antérieurs, et acquitta les prévenus.

Mais sur l'appel, la cour criminelle de Bordeaux, « considérant que l'arrêt du conseil précité, et l'arrêté du 27 messidor an v ont autant pour objet de prévenir la contagion dans les pays où elle n'existe pas, que d'en arrêter l'effet dans ceux où elle exerce des ravages; qu'empêcher le mal de naître fut toujours le but du législateur, qu'on ne saurait lui supposer d'autres idées; et que d'ailleurs, l'arrêté du Directoire exécutif est destiné particulièrement, ainsi que son titre le porte, à prévenir les maladies épizootiques, circonstance qui ne permet plus de douter de son application à la cause; qu'ainsi cet arrêté, de même que l'arrêt du Conseil, ont été justement provoqués contre les prévenus, quoiqu'il ne régnât aucune maladie épizootique à Tonneins à l'époque où Seyssac acheta le bœuf dont il s'agit; que les trois prévenus étant ou bouchers, ou marchands de bétail, ne peuvent pas s'être trompés sur la nature de la maladie dont le bœuf était atteint; que cette maladie était apparente, etc. »

La cour, en infirmant le jugement correctionnel, condamna les prévenus chacun en 5oo francs d'amende, solidairement et par corps, aux termes de l'arrêt du Conseil, du 16 juillet 1784.

En vain les prévenus se pourvurent en cassation, leur pourvoi fut rejeté le 18 novembre 1808, « attendu, dit la cour régulatrice, que la peine prononcée par le réglement du 16 juillet 1784, et par l'arrêté du 27 messidor an v, a pu et dû être appliquée à un propriétaire, à un commissionnaire et à un boucher, convaincus d'avoir tous trois coopérés à la vente d'un bœuf déclaré atteint d'une maladie contagieuse, quoiqu'il n'en régnât aucune autre dans les lieux environnans. »

Au reste, ces réglemens ont été publiés dans les départemens réunis pour y être exécutés selon leur forme et teneur, en vertu d'un arrêté du 17 vendémiaire an II.

Il convient de présenter maintenant les dispositions du Code Pénal sur l'importante matière qui nous occupe :

« Tout détenteur ou gardien d'animaux ou de bestiaux soupçonnés d'être infectés de maladie contagieuse, qui n'aura pas averti sur-le-champ le maire de la commune où ils se trouvent, et qui, même avant que le maire ait répondu à l'avertissement, ne les aura pas tenu renfermés, sera puni d'un emprisonnement de six jours à deux mois, et d'une amende de seize francs à deux cents francs. » (*Art.* 459.)

On voit que cet article élève la peine prononcée par la loi du 6 octobre, contre le maître des troupeaux malades. Mais écoutons la doctrine de l'orateur du gouvernement, en proposant l'adoption de cet article 459 :

« Les lois et réglemens qui concernent les maladies épizootiques sont une branche particulière de législation, à laquelle le Code n'a point entendu porter atteinte ; il se borne à quelques mesures générales, applicables à tous les temps et à tous les lieux. Une personne a-t-elle en sa possession des animaux ou bestiaux infectés de maladie contagieuse, ou soupçonnés de l'être, elle doit en avertir sur-le-champ le maire de la commune où ils se trouvent, et, sans attendre que le maire ait répondu, les tenir enfermés ; autrement, dans l'intervalle qui s'écoulerait entre l'avertissement et la réponse, la communication libre qu'on leur laisserait pourrait occasioner une contagion parmi les autres animaux. Première précaution ordonnée sous peine d'un emprisonnement et d'une amende.

» Si l'administration trouve que ces animaux ne sont infectés d'aucune maladie contagieuse, et que dès lors nul danger ne s'oppose à ce qu'on les laisse communiquer avec d'autres, le possesseur peut, d'après la décision administrative, leur rendre la liberté.

» Il doit au contraire se l'interdire strictement, lorsque la décision est prohibitive. Deuxième précaution dont on ne peut s'écarter sans encourir un emprisonnement plus long et une amende plus forte que dans le premier cas. »

Aussi l'article 460 ajoute : « Seront également punis d'un emprisonnement de deux mois à six mois, et d'une amende de cent à cinq cents francs, ceux qui, au mépris des défenses de l'administration, auront laissé leurs animaux ou bestiaux infectés communiquer avec d'autres.

» Si de la communication mentionnée au précédent article il est résulté une contagion parmi les autres animaux, ceux qui auront contrevenu aux défenses de l'autorité administrative seront punis d'un emprisonnement de deux ans à cinq ans, et d'une amende de cent francs à mille francs; le tout, sans préjudice de l'exécution des lois et réglemens relatifs aux maladies épizootiques et de l'application des peines y portées. »

Enfin, si les délits ci-dessus prévus ont été commis par des gardes champêtres, gardes forestiers, ou des officiers de police, à quelque titre que ce soit, la peine d'emprisonnement sera d'un mois au moins et d'un tiers au plus, en sus de la peine la plus forte qui serait appliquée à un autre, coupable du même délit.

Il faut d'ailleurs observer que, dans tous les cas, les peines sont indépendantes des dommages-intérêts des parties lésées par ces mêmes délits.

Les maires ont-ils le droit de prendre, pour prévenir les épizooties et leurs funestes progrès, des mesures convenables? ces mesures caractérisent-elles des contraventions punissables par les tribunaux de police? On ne peut pas en douter raisonnablement, d'après toutes les dispositions qui précèdent, et surtout d'après l'article 19, section IV du titre Ier de la loi du 6 octobre. Voici cet article :

« Aussitôt qu'un propriétaire aura un troupeau ma-

lade, il sera tenu d'en faire la déclaration à la municipalité; elle assignera sur le terrain du parcours ou
de la vaine pâture, si l'un ou l'autre existe dans la
paroisse, un espace où le troupeau malade pourra
pâturer exclusivement, et le chemin qu'il devra suivre
pour se rendre au pâturage. Si ce n'est point un pays
de parcours ou de vaine pâture, le propriétaire sera
tenu de ne point faire sortir de ses héritages son troupeau malade. »

Cependant ces attributions ont été contestées à l'autorité administrative, et même un tribunal les a
méconnues. Mais par arrêt du 1er février 1822, la
cour suprême les a fait respecter, par les motifs suivans :

« Attendu qu'un arrêté du maire de Comblaville, du
10 novembre 1821, revêtu le 29 de l'approbation du
préfet du département de Seine-et-Marne, a déterminé
un cantonnement dans l'étendue duquel la veuve Dejames pourrait exercer son droit de vaine pâture, et a
fixé le chemin qu'elle serait tenue de faire prendre à ses
moutons;

» Que l'objet de cette mesure, conforme à l'article 19,
titre Ier du Code Rural (ou loi du 6 octobre), a été de
prévenir les dangers de la communication des bêtes à
laine de la veuve Dejames avec les troupeaux du lieu;
que l'arrêté qui prescrit de semblables mesures est donc
fait dans l'exercice légal des fonctions municipales;
qu'il est obligatoire pour l'individu qu'il concerne, et
qu'il est du devoir rigoureux du tribunal de police
d'en assurer l'exécution par la condamnation du contrevenant à la peine déterminée par les articles com-

binés, 5 , titre IX de la loi du 24 août 1790, 600 et 606 du Code de brumaire an IV. »

ÉTABLES. Lieux où sont renfermés les bestiaux et bêtes à laine, pour y être soignés et nourris. Ce sont de véritables écuries.

Les étables doivent être larges, élevées et bien aérées par des ouvertures suffisantes.

Les murs doivent être crépis à chaux et à sable, et non avec du plâtre, qui produit beaucoup de nitre.

Le sol des étables doit être pavé en pente, pour éviter qu'il ne se méphytise, ce qui serait fatal aux animaux , et pour faire écouler les urines hors de l'écurie; ce pavé doit être nettoyé et même lavé fréquemment.

C'est ainsi que d'anciens réglemens l'ont ordonné pour la salubrité publique et pour la santé même des bestiaux qui séjournent dans l'étable.

On ne peut adosser une étable ou une bergerie à un mur mitoyen , sans y faire un contre-mur de vingt-un centimètres (huit pouces) d'épaisseur, sur un mètre d'élévation du sol, et trente-trois centimètres au moins (un pied) de fondation, même le double à l'endroit où l'on dépose le fumier, si mieux le propriétaire de l'étable n'aime laisser la distance prescrite par les réglemens et usages particuliers sur ces objets. (*Art.* 674, *Code Civil.*)

Les actions qui peuvent être dirigées à raison de la violation de ces réglemens ne sont pas de la compétence des tribunaux de police , mais bien dans les attributions des juges civils, notamment pour les égoûts intérieurs et les filtrations. (*Arrêt du* 8 *septembre* 1809.)

ÉTANG. C'est un grand réservoir, ou petit lac, ou mare d'eau douce, destiné à y nourrir et élever du poisson.

Chacun est libre de construire un étang sur ses propriétés, ce qui n'était pas ainsi autrefois dans plusieurs coutumes, qui ne donnaient qu'aux seigneurs le droit de faire des étangs.

Mais en construisant un étang, on doit diriger ses travaux de manière que les eaux ne puissent nuire ni aux propriétaires voisins, ni aux chemins publics; il faut ensuite en tenir constamment la chaussée ou digue, et la bonde en bon état, autrement on est responsable des dommages qui peuvent avoir lieu par la chute ou le débordement des eaux, car il ne s'agit point ici d'un cas fortuit ou de force majeure; c'est au contraire une négligence coupable.

Aussi le législateur a sagement prévu un moyen simple de prévenir ces dommages, par la loi du 11 septembre 1792; elle porte que, « lorsque les étangs, d'après les avis et procès-verbaux des gens de l'art, pourront occasioner, par la stagnation de leurs eaux, des maladies épidémiques ou épizooties, ou que par leur position ils seront sujets à des inondations qui envahissent et ravagent les propriétés inférieures, les conseils généraux des départemens (aujourd'hui les préfets) sont autorisés à en ordonner la destruction, sur la demande des conseils généraux des communes (maintenant les conseils municipaux), et d'après les avis des administrations de district (à présent les sous-préfets).

L'ordonnance des eaux et forêts du mois d'août

1669 défend à tout particulier d'aller sur les mares ou étang lorsqu'ils sont glacés, et de faire des trous dans la glace, d'y porter des flambeaux, brandons ou autres feux, à peine d'être punis comme voleurs (*Art.* 18, *tit.* XXXI.)

Cette loi défend aussi à tout particulier, autre que les adjudicataires, qui ne peuvent être que deux dans chaque paroisse, de pêcher dans les rivières, étangs et pêcheries qui appartiennent aux communautés, à peine de 30 livres d'amende et d'un mois de prison, pour la première fois, et de 100 livres d'amende et de bannissement de la paroisse, en cas de récidive.

Je pense avec M. Merlin, que la peine du bannissement ne pourrait pas être prononcée à présent. Les nouvelles lois s'y opposent.

Mais si deux ou plusieurs étangs sont tellement rapprochés, que les eaux de l'un touchent la chaussée de l'autre, l'étang inférieur doit-il souffrir l'écoulement des eaux de l'étang supérieur? Oui; mais seulement dans le temps convenable pour la pêche. L'article 175 de la coutume d'Orléans, prévoyant cette circonstance, voulait que lorsque l'étang supérieur était tellement plein d'eau, qu'il ne pouvait se vider à cause des eaux de l'étang inférieur, le propriétaire de celui-ci fût tenu, sur une simple sommation, de lever la bonde de son étang dans le délai de trois jours, moyennant que ce fût dans la saison de la pêche.

Cette disposition était étendue, suivant Guyot, à toutes les coutumes muettes; cependant cet auteur rapporte un jugement souverain des eaux et forêts qui a décidé le contraire.

La décision de la coutume d'Orléans ne pourrait faire l'objet d'aucune difficulté aujourd'hui ; car elle est consacrée par le Code Civil, qui veut expressément que les terrains inférieurs supportent l'écoulement naturel des eaux des terrains supérieurs. (*Art.* 640.) *Voyez* COURS D'EAU, EAUX PLUVIALES ET VICINALES.

La même coutume ne permettait aux propriétaires des étangs d'en faire la pêche que par la bonde, c'est-à-dire de ne faire écouler que par cet endroit les eaux de l'étang, afin que leur écoulement ne causât point de dégâts sur les propriétés d'autrui. Cela est aussi conforme au même Code civil, qui ne permet pas d'user de sa propriété au préjudice d'autrui, ni contre les lois et réglemens. (*Art.* 544.)

EXCAVATIONS SUR LA VOIE PUBLIQUE. Elles ont lieu plus fréquemment dans les villes que dans les campagnes ; mais dans quelques lieux qu'elles soient faites, elles sont également prohibées, si elles n'ont eu lieu pour des constructions ou des travaux publics ou particuliers. Ces excavations doivent être éclairées pendant la nuit, crainte d'accidens ; autrement, celui qui néglige de le faire (y étant tenu) est passible d'une amende d'un franc à cinq francs inclusivement. La peine d'emprisonnement est prononcée en cas de récidive, pendant trois jours ; mais ces peines sont indépendantes des indemnités ou dommages-intérêts qui sont et doivent être accordés aux parties lésées.

Au reste, toute excavation doit être comblée et réparée par celui qui l'a faite ou fait faire, sinon l'autorité y pourvoit aux frais du refusant.

EXPERTS. Il est désirable, pour éviter des frais,

que les juges puissent se dispenser de faire estimer par
des experts les réparations, restitutions et indemnités
qui sont accordées en matières de délits ruraux. Les
juges de paix peuvent, plus souvent que les autres juges,
éviter des frais d'expertise aux parties. Cependant, quand
l'objet de l'estimation exige des connaissances qui sont
étrangères à ces juges, ils doivent nommer des experts
capables, ou se faire assister, quand ils sont sur les lieux,
de personnes instruites de la valeur des choses qu'il s'a-
git d'apprécier.

L'article 148 du Code d'Instruction criminelle permet à tout plaignant qui a éprouvé des dégâts ou dommages, soit par les bestiaux, ou par les hommes, d'en
demander l'estimation avant l'audience, de faire dresser tous procès-verbaux qu'il appartiendra pour cet
effet. Le juge doit déférer à la réquisition de la partie
lésée et même à celle de la partie publique, qui a aussi
le droit de provoquer l'estimation du dommage avant
l'audience.

Cette estimation préparatoire est fort sage, et cependant elle ne pouvait avoir lieu sous l'empire de la loi
du 6 octobre 1791, ni sous celui du Code de brumaire
an IV, qui n'en parlaient pas. Alors il est souvent ar-
rivé des inconvéniens fâcheux par ce silence, principalement en matière correctionnelle, parce que, dans
l'intervalle qui s'écoulait depuis le jour du dommage
jusqu'à celui de l'estimation qui n'était faite qu'après
le jugement définitif, il arrivait que le dommage était
couvert en tout ou partie par la végétation, de sorte
que la partie lésée était souvent privée d'indemnité,
faute de possibilité de l'estimer.

Cet inconvénient doit cesser à présent, toutes les fois que le plaignant sait le prévoir, puisqu'il a le droit de faire estimer le dommage à l'instant même qu'il est commis. Pour y parvenir, il demande au juge de paix son transport sur le lieu du dégât, afin de l'estimer, ou une ordonnance portant nomination d'experts pour fixer en présence du prévenu (ou dûment appelé) la valeur de ce dommage. On notifie à ce dernier l'ordonnance du juge avec sommation de se trouver aux jour, lieu et heure indiqués sur le lieu du délit ou de la contravention; et par le même exploit on l'assigne devant le juge pour être déclaré convaincu du délit ou de la contravention, et condamné aux restitutions ou indemnités qu'il appartient.

Si le juge de paix ne se transporte pas sur le lieu, et s'il nomme des experts, la partie lésée leur fait sommation d'accepter leur commission et d'opérer sans retard. Les jour et heure pour faire prêter le serment aux experts, et ceux de l'estimation, peuvent être *fixés* de jour à autre, même d'heure à autre, si le cas l'exige; cela dépend de la prudence du juge.

Quand la visite des experts est faite, ils en rédigent leur rapport, et s'ils ne savent signer, ou l'un d'eux, ils font rédiger leur rapport par le greffier du juge de paix : ainsi le veut l'article 15 du réglement ou tarif des dépens.

FAR

FARINIERS. *Voyez* MOULINS.

FÉTES ou ASSEMBLÉES DE CAMPAGNE, dites patronales.

Les maires des communes rurales sont autorisés à faire des réglemens pour le bon ordre et la tranquillité des fêtes, des foires ou assemblées qui y ont lieu. Leur droit, à cet égard, est consacré par les lois des 24 août 1790, et 22 juillet 1791.

Cette dernière dit, article 46 du titre Ier : « Le corps municipal (à présent les maires) pourra, sous le nom de *delibérations*, et sauf la réformation, s'il y a lieu, par l'administration du département, sur l'avis de celle du district, faire des arrêtés sur les objets qui suivent : 1° lorsqu'il s'agira d'ordonner des précautions locales sur les objets confiés à sa vigilance et à son autorité par les articles 3 et 4 du titre XI du décret sur l'organisation judiciaire ;

» 2° De publier de nouveau les lois et réglemens de police, ou de rappeler les citoyens à leur observation. »

Et celle du 24 août dit : « Sont confiés à l'autorité et à la vigilance des corps municipaux : 1°, etc. ; 3° le maintien du bon ordre dans les endroits où il se fait de grands rassemblemens d'hommes, tels que les foires, marchés, réjouissances et cérémonies publiques, spectacles, jeux, cafés et autres lieux publics, etc. »

Les dispositions de police que les maires arrêtent

pour le maintien de l'ordre dans les réunions dont nous parlons sont donc obligatoires pour les citoyens, et les tribunaux sont tenus de les faire respecter par leur autorité répressive, même lorsqu'ils ne sont pas confirmés par l'autorité supérieure ; il suffit qu'ils ne soient pas réprouvés par cette autorité. (*Arrêt de la cour régulatrice, du 23 avril* 1819.)

Les peines dont les contrevenans sont passibles, dans la circonstance qui nous occupe, sont celles que la même loi du 24 août 1790 prononce, c'est-à-dire un emprisonnement qui ne peut excéder dix jours dans les villes, et cinq jours dans les campagnes. Cette peine est à présent fixée uniformément à cinq jours ; il convient d'ailleurs de la combiner avec l'article 605 du Code de brumaire an IV, pour les faits qui ne sont pas prévus par le Code Pénal actuel : mais pour les contraventions que ce dernier Code prévoit, c'est lui qui doit faire l'unique règle.

La loi du 18 novembre 1814, qui contient des mesures fort sages pour faire respecter les jours consacrés à la religion, n'est cependant point applicable aux foires et aux fêtes dites patronales ; ainsi on peut dans ces réunions vendre et débiter les menues marchandises, les vins, bierres et autres boissons, les jours de fêtes et dimanches publiquement, soit sur les places et lieux publics extérieurs, soit dans les maisons, boutiques et magasins, les portes et les volets ouverts. Mais il faut en excepter le temps du service divin, pendant lequel toute vente doit être interrompue par les cabaretiers, limonadiers, traiteurs, maîtres de jeux, etc., à peine de contravention et d'amende qui pour la première fois ne pourra excéder cinq francs.

FEUX. (*Voyez* INCENDIES.) On appelle *feux*, dans plusieurs dispositions des lois rurales , les maisons principales où logent des familles : c'est-à-dire que l'on compte autant de feux que de chefs de maison.

FEUX ALLUMÉS DANS LES CHAMPS.

Toute personne qui aura allumé du feu dans les champs, plus près que cinquante toises des maisons, bois, bruyères, vergers, haies, meules de grains, de paille ou de foin, sera condamnée à une amende égale à la valeur de douze jours de travail, et paiera en outre le dommage que le feu aurait occasioné : le délinquant pourra de plus, suivant les circonstances, être condamné à la détention de police municipale. (*Art.* 10, *tit.* II *de la loi du* 6 *octobre* 1791.)

. Le délit ici prévu n'est pas l'incendie proprement dit, c'est seulement le fait d'avoir allumé du feu dans les champs à une distance moindre de cinquante toises des lieux habités. Il faut donc bien distinguer ce fait d'avec l'incendie, qui est puni de peines plus sévères. *Voyez* INCENDIES.

FOIRES ET MARCHÉS. Ils se tiennent sous la surveillance de l'autorité administrative, qui peut et doit y maintenir le bon ordre, la liberté et la sûreté des personnes et des propriétés. A cet effet, elle prend toutes les mesures de prudence, de conservation et de répression que les lois lui permettent. *Voyez* là-dessus, FÊTES.

La même autorité surveille dans les foires et marchés la fidélité du débit, la salubrité et la bonté des alimens et denrées ou comestibles exposés en vente. (*Art.* 3 *de la loi du* 24 *août* 1790.)

Les commissaires de police, adjoints et maires re-
cherchent et constatent les contraventions aux réglemens locaux et aux lois sur ces matières ; ils surveillent
spécialement l'exécution de la taxe des denrées de première nécessité, telles que le pain et la viande ; ils
préviennent tout attroupement injurieux, tout tapage
bruyant et troublant la tranquillité publique. Le mérite
des procès-verbaux qu'ils dressent à cet égard est jugé
par les tribunaux de police, lorsqu'il ne s'agit que
d'une simple contravention, et par les juges correctionnels, lorsque le fait constaté est un délit.

La loi du 6 octobre 1791, article 2, titre II, porte
que « celui qui achètera des bestiaux hors des foires
et marchés sera tenu de les restituer gratuitement au
propriétaire, en l'état où ils se trouveront dans le cas
où ils auraient été volés. »

Différens réglemens ont défendu de donner à jouer
dans les foires et marchés sous différentes peines. Celui
du 8 février 1708 prononce contre les contrevenans
une amende de cent livres, outre la confiscation de
l'argent du jeu, des tables, ustensiles, etc. Le Code
Pénal ne prévoit ou n'interdit pas tous les jeux en général, mais il punit seulement ceux qui tiennent dans
les rues, chemins, places ou lieux publics, des jeux de
loterie ou d'autres jeux de hasard, d'une amende de
six francs à dix francs, avec confiscation des tables,
instrumens, appareils des jeux ou de loteries, ainsi
que les enjeux, les fonds, denrées, objets ou lots pro-
posés par les joueurs. (*Art. 475 et 477, Code Pénal.*)

Ces dispositions nous paraissent puisées dans l'arrêt
précité du parlement de Paris, du 8 février 1708, et

dans une déclaration royale du 1er mars 1781. L'un et l'autre sont en effet relatifs aux marchés et foires, durant la tenue desquels ils défendent à tous marchands, colporteurs, artisans et autres de donner à jouer sous peine d'amende, même de punition corporelle, s'il y a lieu. La déclaration prononçait par son article 5 une amende de mille francs contre les joueurs, et de trois mille francs contre les banquiers des jeux.

Il faut bien distinguer ici les jeux qui ont lieu dans les foires, marchés et autres lieux publics d'avec ceux qui se tiennent dans les lieux fermés, tels que les maisons de jeux. Les prohibitions relatives aux maisons de jeux sont punies correctionnellement, et de peines justement sévères. (*Art.* 36 et 37 *de la loi du* 22 *juillet* 1791, *tit.* II, *et* 410 *du Code Pénal.*) Tandis que les contraventions relatives aux jeux qui se tiennent dans les lieux publics ouverts ne sont punies que d'une amende de police, déjà exprimée. Cependant on ne doit pas assimiler les cabarets aux maisons de jeux; car la cour régulatrice a décidé qu'un jeu de loterie tenu dans un cabaret est tenu dans un lieu public ouvert, et que les peines portées par l'art. 475, § 5, du Code Pénal, sont applicables à ce fait. (*Arrêt du* 26 *mars an* XIII.)

Il est désirable que les officiers de police se montrent justement sévères à réprimer les loteries et autres jeux de hasard; le repos public et l'intérêt des particuliers sont souvent compromis par ces sortes d'appâts ou de piéges tendus à l'avidité et à la crédulité du peuple; ces jeux immoraux sont toujours l'école des plus grands délits. Aussi la cour régulatrice a montré un exemple notable aux officiers de police, par l'arrêt précité, en décidant que le fait d'avoir établi dans un lieu public des jeux de hasard ne peut être excusé par cela seul qu'il n'a été joué qu'un seul coup de dé, et que le profit devait servir au soulagement d'un pauvre.

FOSSÉS. Il est défendu de les combler, ou dégrader, sous peine d'une amende de la valeur de trois journées de travail, et, suivant les circonstances, d'une détention qui ne pourra excéder un mois, indépendamment du dommage qui sera payé au propriétaire. (*Art. 17 de la loi du 6 octobre* 1791.)

Ces peines ont été élevées par le Code Pénal, qui prononce contre ceux qui ont comblé des fossés ou détruit des clôtures en tout ou partie, un emprisonnement qui ne peut être au-dessous d'un mois ni excéder une année, et une amende égale au quart des restitutions et des dommages-intérêts, qui, dans aucun cas, ne pourra être au-dessous de cinquante francs. (*Art.* 456.)

On ne peut faire de fossé à eau ou cloaque, qu'à six pieds de distance et en tous sens du mur du voisin. C'est ce que prescrivait l'article 217 de la coutume de Paris, et c'est ce qui nous paraît confirmé par l'article 674 du Code Civil.

Il est de principe général que les fossés qui séparent les terrains, champs, prés, jardins, sont réputés mitoyens, lorsqu'il n'y a ni titre ni marque contraire, et cette marque est quand le jet du fossé se trouve entièrement d'un seul côté. Alors le fossé appartient au propriétaire sur le sol duquel est le jet. Un assez grand nombre de coutumes en disposaient ainsi depuis des siècles, et leur vœu est confirmé par le Code Civil.

« Il y a marque de non-mitoyenneté lorsque la levée ou le jet de la terre se trouve d'un côté seulement du fossé. (*Art.* 667, *Code Civil.*)

» Le fossé est censé appartenir exclusivement à celui du côté duquel le jet se trouve. » (*Art.* 668, *ibid.*)

Ceux qui possédent des bois joignant immédiatement les forêts royales, sont tenus de les en séparer par des fossés de quatre pieds de largeur et de cinq pieds de profondeur qu'ils doivent entretenir en cet état, autrement la réunion de leurs bois peut être faite à ceux du Roi. (*Art.* 24 *du tit.* XXVII *de l'ordonnance de* 1669.)

Deux arrêts du Conseil, des 13 mai 1673 et 18 juin 1697, en renouvelant ces dispositions, ont enjoint aux propriétaires riverains des forêts royales de s'y conformer, à peine d'une amende de trois cents francs, et de répondre de toutes dégradations qui pourraient avoir lieu dans ces forêts.

Les gardes sont tenus de faire, de trois mois en trois mois, leur rapport de l'état dans lequel sont les fossés dont la garde leur est confiée, et de déposer ces rapports au greffe de la maîtrise (à présent du tribunal correctionnel), à peine de demeurer responsables des événemens qui peuvent s'ensuivre, d'amende arbitraire, ou de destitution, même de l'une ou de l'autre peine ensemble, suivant l'arbitrage des juges et la gravité du fait. (*Art.* 10 *du tit.* X, *ibid.*)

Il est ordonné d'entretenir, même de faire des fossés, larges et profonds, le long des chemins où passent les bestiaux pour aller pâturer dans les forêts lorsqu'elles sont assujéties au droit *d'usage* envers des particuliers ou des communes, afin d'empêcher que les bestiaux ne broutent les jeunes arbres en baliveaux ou rejets; mais ces fossés sont entretenus ou construits aux dépens des communes ou des particuliers usagers, à proportion de la quantité des animaux qu'elles envoient au pâturage. (*Art.* 12 *du tit.* XIX, *ibid.*)

L'entretien, curement et réparation des fossés des grandes routes sont à la charge des propriétaires riverains, d'après les indications et alignemens donnés par les agens des ponts et chaussées; ces derniers font exécuter les travaux au défaut des propriétaires et à leurs frais, mais en vertu des ordres du préfet, qui approuve et rend exécutoires les états dressés par les agens.

Le préfet est seul compétent de connaître des contestations qui s'élèvent à cet égard. (*Décret du* 16 *décembre* 1811, *art.* 109, 110 *et* 111.)

FOUILLES. « Les agens de l'autorité administrative (ou ceux des ponts et chaussées) ne pourront faire fouiller dans un champ pour y chercher des pierres, de la terre, ou du sable nécessaire à l'entretien des grandes routes ou autres ouvrages publics, qu'au préalable ils n'aient averti le propriétaire, et qu'il ne soit justement indemnisé à l'amiable ou à dire d'experts, conformément à l'article 1er du présent décret. » (*Art.* 1er, *sect.* VI, *tit.* 1er *de la loi du* 6 *octobre* 1791.)

Rien de plus juste que cette disposition; elle fait respecter les propriétés et donne toute sécurité aux propriétaires. Aussi, le Code Civil s'est empressé de la renouveler en ces termes : « Nul ne peut être contraint de céder sa propriété, si ce n'est pour cause d'utilité

publique, et moyennant une juste et préalable indemnité. » (*Art.* 545.)

Le concours de l'autorité législative n'est pas nécessaire lorsqu'il s'agit de priver quelqu'un de sa propriété
pour cause d'utilité publique. Dans ce cas, le législateur ne pourrait intervenir avec sûreté et avec dignité,
parce que la question de savoir s'il y a utilité dans le
sens de l'article 545 est une question de fait dont la
solution exige des connaissances locales, que n'a pas
toujours le législateur, et parce que d'ailleurs il ne doit
pas se transformer en juge sur des questions qui ne présentent d'ordinaire qu'un mince intérêt. Décidé ainsi
par avis du consiel d'état, des 1er et 18 août 1807.

Les expropriations pour cause d'utilité publique ne
peuvent s'opérer que par l'autorité de justice, l'utilité
préalablement constatée, et les parties dont on demande l'expropriation entendues en défenses contradictoires. L'indemnité est réglée par les tribunaux si elle
ne peut l'être à l'amiable, le paiement s'en fait en conformité de l'article 545 du Code Civil. (*Loi du* 8
mars 1809.)

Mais les décisions rendues par des décrets antérieurs
à cette loi, et prononçant explicitement des expropriations pour cause d'utilité publique, recevront leur exécution selon les dispositions de la loi du 16 septembre
1807, relatives au cas d'éviction des marais, sans qu'il
soit besoin de recourir aux tribunaux. (*Décret du* 18
août 1810.)

Un autre décret a néanmoins annulé, antérieurement
à celui précité, une décision ministérielle touchant l'é-
valuation d'une indemnité due au propriétaire d'un

immeuble vendu par le gouvernement pour cause d'utilité publique. (23 *avril* 1807.)

FOURS ET CHEMINÉES. Depuis long-temps la police a pris des mesures dans presque toutes les parties de la France pour éviter les inconvéniens qui peuvent résulter du défaut d'entretien et de la négligence à nettoyer ou réparer les fours et cheminées. Les maires y sont spécialement autorisés par les lois des 24 août 1790 et 22 juillet 1791 ; mais les contrevenans à ces mesures ne peuvent être punis que des peines de simple police, ainsi qu'il résulte des articles 605 du Code des délits et des peines du 3 brumaire an iv, et 471 du Code Pénal.

Un arrêt de réglement du conseil d'Artois, du 17 mars 1780, contenait les dispositions suivantes :

« *Art.* 1er. Tous les fours servant à cuire les pannes, tuiles, briquettes, et autres matières de terre, qui seront construits à l'avenir, seront placés à la distance de soixante pieds-de-roi de tous bâtimens couverts en paille.

» *Art.* 2. Les bâtimens contenant lesdits fours seront construits en briques ou pierres avec deux pignons ayant au moins treize pouces d'épaisseur, et seront couverts en tuiles ou pannes.

» *Art.* 3. Les fours seront faits et voûtés en briques ; les grandes cheminées seront pareillement construites en briques en bon mortier ; elles auront environ deux briques et demie d'épaisseur dans le pourtour de l'embouchure ; elles pourront être réduites à une brique et demie lorsqu'elles sortiront du toit, au-dessus duquel elles s'élèveront au moins de sept pieds.

» *Art.* 4. Les petites cheminées seront aussi construites en bon mortier, et s'élèveront au moins de trois pieds au-dessus du toit.

» *Art.* 5. Les bâtimens actuellement construits subsisteront dans les endroits où ils sont situés jusqu'à la reconstruction, à la charge de les faire couvrir en tuiles ou pannes, et de mettre les fours et cheminées dans l'état ci-dessus prescrit dans six mois, sinon, ledit temps passé, la cour en interdit l'usage à peine de cinquante francs d'amende. »

Mais avant ce réglement, il existait des ordonnances plus étendues sur la police des cheminées et fours. Plusieurs coutumes même présentaient des dispositions fort sages pour leur placement et leur construction. (*Paris, Orléans, Melun, Montargis, etc.*) Voici le sommaire de ces dispositions, qui pourront servir de type aux autorités administratives dans les lieux où il n'a encore été rien prévu ni disposé sur le même sujet, ou dans ceux qu'il convient de renouveler les dispositions précédemment arrêtées.

Toute cheminée doit avoir au moins trois pieds de largeur sur dix pouces de profondeur, elle doit être bâtie en briques, ou pierres de tailles. Si elle est adossée à un mur mitoyen, on doit construire dans toute la hauteur ou longueur de la cheminée un contre-mur d'un demi pied d'épaisseur, qui doit être indépendant du mur principal, afin de pouvoir le réparer sans être réduit à faire des arrachemens.

Les cheminées ne peuvent être adossées à des cloisons ou à des charpentes en bois, mitoyennes ou non. Leurs tuyaux ne peuvent être traversés par des poutres, solives et autres pièces de bois, et même ces pièces doivent en être éloignées de quatre à six pouces. Cette distance est remplie par un enduit de plâtre.

On ne peut construire les âtres de cheminées sur les poutres et solives, quelque épaisseur que l'on veuille laisser entre les carreaux et les pièces de bois.

Mais parlons des lois modernes. Celle du 6 octobre 1791, article 9 du titre II, s'exprime ainsi : « Les officiers municipaux veilleront généralement à la tranquillité, à la salubrité et à la sûreté des campagnes; ils seront tenus particulièrement de faire, au moins une fois par an, la visite des fours et cheminées de toutes maisons et de tous bâtimens éloignés de moins de cent toises d'autres habitations ; ces visites seront préalablement annoncées huit jours d'avance.

» D'après la visite, ils ordonneront la réparation ou la démolition des fours et cheminées qui se trouveront dans un état de délabrement qui pourrait occasioner un incendie, ou d'autres accidens; il pourra y avoir lieu à une amende au moins de six livres et au plus de vingt-quatre livres. »

Ces peines ne sont plus les mêmes ; elles sont modifiées par le nouveau Code Pénal article 471, § 1er, qui ne punit que d'une amende d'un franc à cinq francs, ceux qui négligent d'entretenir, nettoyer ou réparer les fours, cheminées ou usines où l'on fait du feu. En cas de récidive la peine d'emprisonnement est prononcée pour trois jours au plus. Mais si la pénalité est changée, la disposition d'ordre et de surveillance ne l'est pas et les maires peuvent toujours faire la visite des fours et cheminées, en constater le bon ou mauvais état et ordonner telles mesures qu'il appartient d'après la loi précitée.

Aucuns fours ou fourneaux ne peuvent être établis dans les bois et forêts sans la permission de l'administration forestière, à peine de démolition, de dommages-intérêts et d'amendes. Ainsi l'ont ordonné l'article 18 du titre III de l'ordonnance de 1669, et un arrêt du Conseil, du 6 août 1723.

FOURS A CHAUX ET A PLATRE. La même ordonnance de 1669 interdit à tout propriétaire, possesseur ou autre, de construire des fours à chaux sur des terrains qui ne sont pas éloignés de cent perches au moins des forêts royales, à peine d'une amende de cinq cents francs, de démolition des fours et de confiscation des ustensiles. (*Art.* 12, *tit.* XXVII.)

Un décret du 5 octobre 1810 défend d'établir dans le voisinage des habitations, sans l'autorisation du ministre de l'intérieur, aucuns fours à chaux, à plâtre, aucuns fourneaux de charbons de bois épuré, de charbon de terre épuré, de tourbe épurée de toute espèce, etc., etc. *Voyez* USINES ET FABRIQUES.

Les aires des fours à plâtres ou de leurs culées doivent être pavées en grais et non autrement. (*Arrêt du parlement de Paris, du 5 septembre* 1786, *art.* 2 et 3.)

Ces fours et culées doivent être couverts en tuiles, à peine de démolition des fours.

Il est défendu de construire des fours à plâtre dans l'intérieur de Paris et autres grandes villes, à peine d'amende et de démolition aux frais des propriétaires.

Les contraventions sont constatées par des procès-verbaux des officiers de police, qui à Paris sont transmis au préfet de police , et par lui renvoyés, devant les tribunaux ; mais dans les autres villes, ou communes, ces procès-verbaux sont adressés directement aux commissaires de police ou aux procureurs du Roi, suivant les circonstances.

FRUITS. Nous ne parlerons ici que des fruits naturels, qui sont ceux que la nature produit sans le secours de l'art, et des fruits industriels, qui au contraire exigent la culture et les soins de l'homme, tels que le blé, les raisins, etc. Mais nous ne dirons rien des fruits civils, qui n'ont aucun rapport avec la police rurale.

Les fruits naturels et industriels, tant qu'ils font partie de la terre qui les a produits sont immeubles, mais dès qu'ils en sont séparés, ils sont meubles. Ainsi le décidait la coutume de Paris, qui sur ce point faisait le droit commun du royaume ; ainsi encore le décide l'article 520 du Code Civil. ✱

« Le simple possesseur ne fait les fruits siens que dans le cas où il possède de bonne foi ; dans le cas contraire il est tenu de rendre les produits avec la chose au légitime propriétaire qui la revendique [1]. (*Art.* 549, *ibid.*)

» Le possesseur est de bonne foi, quand il possède comme propriétaire , en vertu d'un titre translatif de

______

[1] *Res pignori data, pecuniâ solutâ, condici potest : et fructus ex injusta causa percepti condicendi sunt. Nam et si colonus post lustrum completum fructus perceperit condici eos constat : ità demùm, si non ex volontate domini percepti sunt; nam si ex volontate, procul dubio cessat condictio.* (Leg. IV, § 1, ff. de rebus traditis.)

propriété dont il ignore les vices. Mais il cesse d'être de bonne foi du moment que ces vices lui sont connus. » (*Art.* 550, *ibid.*)

« Si quelqu'un, dit la loi du 6 octobre 1791, article 28, titre II, coupe des productions de la terre sans une intention manifeste de les voler, il paiera en dédommagement au propriétaire une somme égale à la valeur que l'objet aurait eue dans sa maturité ; il sera condamné à une amende égale à la somme du dédommagement, et il pourra l'être à la détention de police municipale. »

Cette disposition a pu s'appliquer à l'action de couper, ou de cueillir sans droit, les fruits industriels ou naturels pendant le règne de la loi qui l'avait prononcée, mais à présent il existe une disposition plus précise à leur égard.

L'article 471 du Code Pénal, § 9, prononce une amende d'un franc à cinq francs inclusivement contre ceux qui, *sans autre circonstance prévue par les lois,* ont cueilli ou mangé sur le lieu même des fruits appartenans à autrui ; en cas de récidive la peine de prison pendant trois jours au plus est toujours appliquée.

Mais quelles sont les circonstances dont la loi entend parler ici ? Nous pensons que si le contrevenant se permet de dévaster les fruits ou les branches des arbres ; s'il escalade ou viole les clôtures ; s'il cueille les fruits pendant la nuit, ou par violence, par effraction ; si enfin une réunion de personnes concourt au même fait, la contravention se change en délit par l'effet d'une ou de plusieurs de ces circonstances, et qu'alors le juge de police cesse d'être compétent.

On ne voit point dans le § 9 que nous examinons quelles sont les espèces de fruits dont il entend parler, car il ne les désigne pas. Mais en rapprochant ce paragraphe de quelques autres textes, on ne peut douter de l'esprit et de l'application de la loi.

On voit d'abord par les articles 388 et 444 que le vol des récoltes et des plants venus naturellement ou faits de main d'homme sont punis correctionnellement; par le 445e on remarque ensuite que les coupes d'arbres y sont prévues et réprimées ; enfin par les textes 447 et 449 on y voit la destruction des greffes et la coupe des grains et fourrages en vert, aussi prévues et punies par des peines qui ne sont pas appliquées par les tribunaux de simple police; or le législateur n'a donc entendu attribuer à ces tribunaux, par le 471e article, que le cueillage des fruits, de branches ou de fleurs, et celui des légumes; car ce sont les seules espèces de fruits qu'il n'a pas exprimées par les articles précédens.

Les gardes champêtres sont tenus expressément de surveiller et garder les récoltes, les fruits, les légumes de toute espèce, dans les campagnes; d'empêcher qu'ils soient mangés ou cueillis, et de dresser contre les contrevenans des procès-verbaux qui sont remis à l'officier qui exerce le ministère public près les tribunaux de police.

FUIES. Ce sont de petits colombiers, où l'on tient des pigeons domestiques. *Voyez* PIGEONS.

GAR

GARDES CHAMPÊTRES. «\Pour assurer les propriétés et conserver les récoltes, il pourra être établi des gardes champêtres dans les municipalités sous la juridiction des juges de paix, et sous la surveillance des officiers municipaux ; ils seront nommés par le conseil général de la commune, et ne pourront être changés ou destitués que dans la même forme. (*Art.* I*er*, *sect.* VII, *tit.* I*er*, *de la loi du* 6 *octobre* 1791.)

» Plusieurs municipalités pourront choisir et payer le même garde champêtre, et une municipalité pourra en avoir plusieurs. Dans les municipalités où il y a des gardes établis pour la conservation des bois, ils pourront remplir les deux fonctions. (*Art.* 2, *ibid.*, *ibid.*, *ibid.*)

» Les gardes champêtres seront payés par la communauté, ou les communautés, suivant le prix déterminé par le conseil général. Leurs gages seront prélevés sur les amendes qui appartiendront en entier à la commune. Dans le cas où elles ne suffiraient pas au salaire des gardes, la somme qui manquerait serait répartie au marc la livre de la contribution foncière, mais à la charge de l'exploitant. Toutefois, les gages des gardes bois communaux seront prélevés sur le produit de ces bois et séparés des gages de ceux qui conservent les autres propriétés rurales. (*Art.* 3, *ibid. ibid. ibid.*)

» Dans l'exercice de leurs fonctions, les gardes champêtres pourront porter toutes sortes d'armes qui seront jugées leur être nécessaires par le directoire de département (le préfet). Ils auront sur le bras une plaque de métal ou d'étoffe où seront inscrits ces mots, *la loi, le nom de la municipalité, celui du garde.* (*Art.* 4, *ibid., ibid., ibid.*)

» Les gardes champêtres seront âgés au moins de vingt-cinq ans ; ils seront reconnus pour gens de bonnes mœurs, et ils seront reçus par le juge de paix, qui leur fera prêter serment de veiller à la conservation de toutes les propriétés qui sont sous la foi publique, et de toutes celles dont la garde leur aura été confiée par l'acte de leur nomination. (*Art.* 5, *ibid., ibid., ibid.*)

» Ils feront, affirmeront et déposeront leurs rapports devant le juge de paix de leurs cantons, ou l'un de ses assesseurs, ou feront devant l'un ou l'autre leurs déclarations. Leurs rapports, ainsi que leurs déclarations, lorsqu'ils ne donneront lieu qu'à des réclamations pécuniaires, feront foi en justice pour tous les délits mentionnés dans la police rurale, sauf la preuve contraire. (*Art.* 6, *ibid., ibid., ibid.*)

» Ils seront responsables des dommages dans le cas où ils négligeront de faire dans les vingt-quatre heures les rapports des délits. » (*Art.* 7, *ibid., ibid., ibid.*)

» La poursuite des délits ruraux sera faite au plus tard dans le délai d'un mois, soit par les parties lésées, soit par le procureur de la commune ou ses substituts, s'il y en a ; soit par des hommes commis à cet effet par la municipalité, faute de quoi il n'y aura plus lieu à poursuite. (*Art.* 8, *ibid., ibid., ibid.*)

Jadis les gardes champêtres étaient appelés *gardes messiers*, et l'on remarque dans la loi du 22 avril 1790, relative à la chasse, que cette qualité leur est encore donnée. « Les peines et contraventions, dit l'article 8 de cette loi, seront prononcées d'après les rapports des gardes messiers, *bangards* ou gardes champêtres. A cet effet, le conseil général de chaque commune est autorisé à établir un ou plusieurs gardes messiers, etc. »

La loi du 6 octobre, dont nous venons de tracer plusieurs dispositions, fut modifiée et renouvelée par celle du 20 messidor an III, qui se compose de sept articles. Le premier porte : « Il sera établi immédiatement après la publication du présent décret, des gardes champêtres dans toutes les communes rurales. Les gardes déjà nommés dans celles où il y en a pourront être réélus d'après le mode suivant.

» *Art.* 2. Les gardes champêtres ne pourront être choisis que parmi les citoyens dont la probité le zèle et le patriotisme seront généralement reconnus. Ils seront nommés par l'administration du district (le sous-préfet à présent, suivant la loi du 18 pluviôse an VIII), sur la présentation des conseils généraux des communes. Leur traitement sera aussi fixé par le district d'après l'avis du conseil général, et réparti au marc la livre de l'imposition foncière.

» *Art.* 3. Il y aura au moins un garde par commune, et la municipalité jugera de la nécessité d'y en établir davantage.

» *Art.* 4. Tout propriétaire aura le droit d'avoir pour ses domaines un garde champêtre. Il sera tenu de le faire agréer par le conseil général et confirmer par le district (le sous-préfet). Ce droit ne pourra l'exempter de contribuer au traitement du garde de la commune.

» *Art.* 5. La police rurale sera provisoirement exercée par le juge de paix. »

» *Art.* 6. Les gardes champêtres seront tenus de citer devant lui les citoyens pris en flagrant délit; si le délinquant n'est pas domicilié, et refuse de se rendre à la citation, le garde pourra requérir de la municipalité, main forte; et les citoyens requis ne pourront refuser d'obéir aux ordres qui leur seront donnés.

» *Article 7 et dernier.* Sur les indications administrées par les gardes champêtres, le juge de paix pourra autoriser des recherches chez les personnes soupçonnées de vol, en présence des officiers municipaux. »

Ces changemens ne sont pas les seuls qui aient eu lieu depuis la loi d'organisation des gardes champêtres. Le Code de brumaire an iv en fit plusieurs autres sur le mode de leur nomination, leurs fonctions et l'objet de leur institution; mais il institua un mode particulier pour l'exercice des fonctions des gardes bois qu'il nomma gardes forestiers. Nous n'analyserons point ces dispositions qui se rattachent au système de l'administration forestière, étranger à cet ouvrage.

Ce n'est pas tout : après le Code de l'an iv vinrent et l'arrêté du gouvernement du 25 fructidor an ix, et la loi du 28 floréal an x, qui firent également des modifications, des changemens à la législation des gardes champêtres; mais leurs dispositions nous paraissent fondues et simplifiées par le Code d'Instruction criminelle, qui fait maintenant la règle en ces matières. Voici ce qu'il statue :

« Les gardes champêtres et les gardes forestiers, considérés comme officiers de police judiciaire, sont chargés de rechercher, chacun dans le territoire pour lequel ils auront été assermentés, les délits et les contraventions de police qui auront porté atteinte aux propriétés rurales et forestières.

» Ils dresseront des procès-verbaux à l'effet de constater la nature, les circonstances, le temps, le lieu des délits et les contraventions, ainsi que les preuves et les indices qu'ils auront pu en recueillir; ils suivront les choses enlevées dans les lieux ou elles auront été transportées et les mettront en séquestre; ils ne pourront néanmoins s'introduire dans les maisons, ateliers, bâtimens, cours adjacentes et enclos, si ce n'est en présence soit du juge de paix, soit de son suppléant, soit du commissaire de police, soit du maire du lieu ou de son adjoint, et le procès-verbal qui devra en être dressé sera signé par celui en présence de qui il aura été fait.

» Ils arrêteront et conduiront devant le juge de paix, ou devant le maire, tout individu qu'ils auront surpris en flagrant délit, ou qui sera dénoncé par la clameur publique, lorsque ce délit emportera la peine d'emprisonnement ou une peine plus grave; ils se feront à cet effet donner main forte par le maire du lieu, qui ne pourra s'y refuser. (*Art.* 16.)

» Les gardes champêtres et forestiers sont, comme officiers de police judiciaire, sous la surveillance du procureur du Roi, sans préjudice de leur subordination à l'égard de leurs supérieurs dans l'administration. (*Art.* 71.)

» Les procès-verbaux des gardes champêtres des communes et ceux des gardes champêtres et forestiers des particuliers seront, lorsqu'il s'agira de simples contravention, remis par eux, dans le délai fixé par l'article 15 (1), au commissaire de police de la commune chef-lieu de la justice de paix, ou au maire, dans les communes ou il n'y a point de commissaire de police ; et lorsqu'il s'agira d'un délit à mériter une peine correctionnelle, la remise sera faite au procureur du Roi. (*Art.* 20.)

» Si le procès verbal a pour objet une contravention de police, il sera procédé par le commissaire de police de la commune chef-lieu de la justice de paix, par le maire, ou à son défaut, par l'adjoint du maire, dans les communes où il n'y a point de commissaire de police, ainsi qu'il sera réglé au chapitre 1er, titre Ier du livre II du présent Code. (*Art.* 21.)

Nous avons dit que la loi du 28 septembre 1791 voulait que l'affirmation de ces procès-verbaux fût reçue par le juge de paix ou ses assesseurs ; mais celle du 20 floréal an x ayant substitué des suppléans aux assesseurs, elle a décidé que :

« L'affirmation des procès-verbaux des gardes champêtres et forestiers continuerait d'être reçue par le juge de paix ; que ses suppléans pourraient néamoins le recevoir pour délits commis dans le territoire de la commune où ils résideront, lorsqu'elle ne sera pas celle de

(1) Ce délai est de trois jours y compris celui du procès-verbal.

la résidence du juge de paix; que les maires, et à défaut des maires, leurs adjoints, pourront recevoir cette
affirmation, soit par rapport aux délits commis dans
les autres communes de leurs résidences respectives,
soit même par rapport à ceux commis dans les lieux
où résident le juge de paix et ses suppléans quand ceux-
ci seront absens.

Il nous reste à analyser les devoirs importans que le
décret du 11 juin 1806 impose aux gardes champêtres envers la gendarmerie, à laquelle il donne une
surveillance spéciale sur ces gardes. Voici ce qu'elle
ordonne :

« Les gardes champêtres des communes actuellement
en fonctions, et ceux qui pourront être nommés à l'a-
venir, se présenteront, les premiers, dans le mois qui
suivra la promulgation du présent décret, et les se-
conds dans les huit jours de leur installation, à l'officier
ou sous-officier de gendarmerie du canton dans lequel sera située la commune à laquelle ils seront attachés. Cet officier ou sous-officier inscrira leur nom,
leur âge, leur domicile, sur un registre à ce destiné.
(*Art.* 1er.)

» Les officiers et sous-officiers de gendarmerie s'as-
sureront, lors de leurs tournées, si les gardes champêtres remplissent bien les fonctions dont ils sont chargés, et ils rendront compte aux sous-préfets de ce qu'ils
auront appris sur la conduite et le zèle de chacun
d'eux. (*Art.* 2.)

» Les sous-officiers de gendarmerie pourront, pour
tous les objets importans et urgens, mettre en réquisition les gardes champêtres d'un canton, et les officiers.

ceux d'un arrondissement, soit pour les seconder dans l'exécution des ordres qu'ils auront reçus , soit pour le maintien de la police et de la tranquillité publique; mais ils seront tenus de donner avis de ladite réquisition aux maires et sous-préfets, et de leur en faire connaître les motifs généraux. (*Art.* 3.)

» Les officiers et sous-officiers de gendarmerie adresseront aux maires, pour être transmis aux gardes champêtres, le signalement des malfaiteurs, déserteurs, conscrits réfractaires, ou autres individus qu'ils auront reçu ordre de faire arrêter. (*Art.* 4.)

» Les gardes champêtres seront tenus d'informer les maires, et ceux-ci les officiers et sous-officiers de gendarmerie, de tout ce qu'ils découvriront de contraire au maintien de l'ordre et de la tranquillité publique; ils leur donneront avis de tous les délits qui auront été commis dans leurs territoires respectifs, et les préviendront lorsqu'il s'établira dans leurs communes des individus étrangers à la localité. (*Art.* 5.)

» Les gardes champêtres qui arrêteront soit des conscrits réfractaires, des déserteurs, des hommes évadés des galères, ou autres individus, recevront la gratification accordée par les lois à la gendarmerie. (*Art.* 6.)

» Les sous-préfets, après avoir pris l'avis des maires et des officiers de gendarmerie, désigneront aux préfets, et ceux-ci à l'administration forestière, ceux d'entre les gardes champêtres de leurs départemens et arrondissemens respectifs, qui, par leur bonne conduite et par leurs services, mériteront d'être appelés aux fonctions de gardes forestiers. » (*Art.* 7.)

Il peut sans doute résulter d'heureux effets de ces mesures, qui mettent en rapport les fonctions des gardes champêtres avec celles de la gendarmerie; mais nous croyons pouvoir le dire, le personnel ne répond pas en général à ces dispositions; les gardes sont en général mal choisis, et souvent incapables de remplir leurs devoirs.

Examinons maintenant les pénalités que les gardes peuvent encourir.

« Tout fonctionnaire, agent, préposé, qui aura agréé des offres ou promesses, ou reçu des dons ou présens, pour faire un acte de sa fonction ou de son emploi, quand même l'acte serait juste, mais non sujet à salaire, sera puni du carcan, et condamné à une amende double de la valeur des promesses agréées ou des choses reçues. » (*Art.* 177, *Code Pénal.*)

C'est d'après ce titre que la cour régulatrice a jugé qu'un garde champêtre qui, dans l'exercice de ses fonctions, reçoit de quelqu'un une somme d'argent qu'il savait ne lui être pas due, et pour ne pas faire ce qui entrait dans l'ordre de ses devoirs, n'est pas coupable du crime de concussion prévu par l'article 174 du Code Pénal, mais du crime de corruption prévu par l'article 177. (*Arrêt de la cour de cassation du* 11 *juin* 1813.)

« Tout fonctionnaire ou préposé qui se sera abstenu de faire un acte qui entrait dans l'ordre de ses devoirs, d'après des dons ou présens reçus, ou des offres ou promesses acceptées, sera puni de même du carcan et d'une amende double de la valeur des choses promises ou reçues. (*Même article* 177.)

» Tout fonctionnaire qui aura, sans motifs légitimes, usé ou fait user de violences envers les personnes, dans l'exercice de ses fonctions, sera puni suivant la nature et la gravité des violences; mais le *maximum* sera toujours prononcé. (*Art.* 186, *Cod. Pén.*)

» Ceux des fonctionnaires qui auraient participé à des crimes ou délits qu'ils étaient chargés de surveiller ou de réprimer, seront punis, lorsqu'il s'agira d'un délit de police correctionnelle, du *maximum* de la peine attachée à l'espèce du délit; et, lorsqu'il s'agira de crimes emportant peines afflictives ou infamantes, ils subiront les peines graduées par l'article 198 du Code Pénal. »

Il faut comparer et même combiner cette disposition avec celle du 462ᵉ texte du même Code, dont voici les termes :

« Si les délits de police correctionnelle dont il est parlé au présent chapitre ont été commis par des gardes champêtres ou forestiers, ou des officiers de police, à quelque titre que ce soit, la peine d'emprisonnement sera d'un mois au moins et d'un tiers au plus, en sus de la peine la plus forte qui serait appliquée à un autre coupable du même délit. »

Il ne faut pas croire que le fonctionnaire, pour être puni du *maximum* de la peine, et encore de l'augmentation d'un tiers de ce *maximum*, doive avoir commis le crime ou le délit dans l'exercice de ses fonctions; la cour suprême décide qu'il suffit que l'un ou l'autre soit commis par un fonctionnaire, même hors l'exercice de ses fonctions. (*Arrêt du 2 mai* 1816.)

Néanmoins, il faut observer avec les orateurs du

gouvernement que cette aggravation de peine n'a lieu que lorsqu'il s'agit d'attentats contre la propriété. Cela résulte de la nature même de la disposition et du chapitre dans lequel elle est placée. Ce chapitre est en effet intitulé : *Crimes et délits contre les propriétés.*

Mais si la loi punit sévèrement les gardes et autres agens, elle leur accorde aussi une juste et bienfaisante protection. « Toute attaque, toute résistance avec violence et voies de fait envers les officiers ministériels, les gardes champêtres et forestiers, etc., est qualifiée, selon les circonstances, crime, ou délit de rebellion. (*Art.* 209, *Code Pénal.*).

» La rebellion commise par trois personnes armées, jusqu'à vingt, est punie de la réclusion. Si les coupables étaient sans armes, l'emprisonnement de six mois à deux ans leur est appliqué; et si la rebellion n'est commise que par une ou deux personnes armées, elle sera punie par le même emprisonnement de six mois à deux ans. Si le rebelle ou les deux ne sont pas armés, ils ne sont punis que d'un emprisonnement de six jours à six mois. (*Art.* 211 *ibid.*)

» Tout outrage fait par paroles, par gestes ou menaces, à tout officier public ou agent de la force publique (tel qu'un garde), soit dans l'exercice de ses fonctions, soit à raison de cet exercice, sera puni d'une amende de seize francs à deux cents francs. (*Art.* 224 *ibid.*)

» Tout individu qui, même sans armes et sans qu'il en soit résulté de blessures, aura frappé un officier ministériel, un agent de la force publique, un citoyen chargé d'un ministère public, sera puni d'un emprisonnement d'un mois à six mois. » (*Art.* 230 *ibid.*)

La jurisprudence, d'accord avec la loi, protége aussi les gardes champêtres pour raison de leurs fonctions; elle ne permet pas de les condamner aux dépens lorsque leurs procès-verbaux contiennent des erreurs, même des méchancetés.

M. le procureur général Mourre, en portant la parole lors d'un arrêt du 8 mars 1822, s'exprimait ainsi: « Mais quand même il y aurait eu *méchanceté*, il ne pourrait intervenir aucune condamnation contre lui (le garde), parce qu'il n'était pas partie au procès. Il avait dressé procès-verbal, mais il n'avait pas intenté l'action. S'il avait intenté l'action, s'il avait eu caractère à cet égard, la condamnation aux dépens n'en aurait pas moins été illégale, parce que le ministère public ne peut jamais être condamné aux dépens. Considérés comme dommages-intérêts, ces dépens sont encore contraires à tous les principes, parce qu'une pareille condamnation ne pouvait intervenir contre le garde que sur une action principale intentée contre lui. »

La cour régulatrice adopta ces motifs par son arrêt dudit jour 8 mars 1822; et déjà, par une autre décision du 27 juin 1812, elle avait prononcé dans le même esprit.

Un troisième arrêt de la même cour, du 26 juin 1818, en confirmant les mêmes principes, décide que l'inexactitude des procès-verbaux des gardes champêtres n'était pas un motif pour autoriser les tribunaux de police à prononcer contre eux, soit une peine, soit des dépens.

Cependant si un garde qui se croit obligé d'arrêter un délinquant, l'arrête en effet parce qu'il est

persuadé que son délit emporte la peine d'emprisonnement, il peut être poursuivi comme coupable de
détention arbitraire dans deux circonstances, la première si le délit n'emporte pas véritablement la peine
de prison, et la seconde si l'arrestation est faite hors le
cas de flagrant délit ou de clameur publique. Ce n'est
que dans ces deux circonstances réunies que les gardes
peuvent saisir les délinquans.

Il n'est pas permis d'ailleurs à ces gardes de désarmer les chasseurs. C'est une voie de fait qui peut occasioner des accidens fâcheux par une résistance naturelle ; il leur suffit de dresser procès-verbal du fait de
chasse ou du défaut de représentation du port d'armes.
C'est ce qui résulte de l'article 4 de la loi du 22 avril
1790, conçu en ces termes : « Les armes avec lesquelles
la contravention (le fait de chasse) aura été commise,
seront confisquées, *sans néanmoins que les gardes
puissent désarmer les chasseurs.* »

Voilà pourquoi les anciens tribunaux renvoyaient
sans condamnation les chasseurs qui avaient été dés-
armés, et ils condamnaient même les gardes à remettre
les armes. (*Arrêt de la Tournelle du* 31 *juillet* 1705.)
Néanmoins si les chasseurs sont déguisés ou masqués,
ou s'ils n'ont aucun domicile connu, ils peuvent être
arrêtés sur-le-champ à la réquisition de la municipalité.
(*Art.* 7 *de la loi du* 22 *avril* 1790.)

Les procès-verbaux des gardes champêtres sont-ils
nuls s'ils n'énoncent pas leur demeure? Cette demeure
est suffisamment connue et constatée par la déclaration
de leur qualité de gardes champêtres du lieu où ils
verbalisent. Ici ne s'applique point l'article 61 du Code

de Procédure civile. Jugé ainsi par arrêt de la même cour, du 27 juin 1812, dans l'affaire du sieur Poudra.

Il n'y a pas encore nullité dans ces procès-verbaux si le garde n'énonce pas qu'il est revêtu de sa marque distinctive. (*Arrêt du* 11 *octobre* 1821.)

« Attendu qu'il faut distinguer si le garde constate un simple fait, et alors il lui suffit d'avoir un caractère; ou s'il veut forcer la volonté d'un citoyen et s'introduire dans son domicile, alors il doit être revêtu de son costume. »

On décide aussi que le procès-verbal d'un garde champêtre n'est pas nul par le défaut de mention de la date de réception du garde. (*Arrêt de la cour de cassation du* 18 *février* 1820.) C'est assez en effet que le procès-verbal exprime que le garde a serment en justice. Mais en est-il ainsi du défaut d'enregistrement? En d'autres termes : la nullité prononcée par l'article 34 de la loi du 22 frimaire an VII, pour défaut d'enregistrement des procès-verbaux dans le délai déterminé, n'est-elle applicable qu'à ceux de ces actes qui font foi jusqu'à inscription de faux, ou est-elle applicable aussi aux procès-verbaux des gardes champêtres? La cour régulatrice décide que la nullité n'est point applicable à des procès-verbaux qui ne constatent que de simples contraventions et qui peuvent être atténués par la preuve contraire. Ces derniers procès-verbaux doivent être admis par les tribunaux de police, encore qu'ils n'aient pas été enregistrés. Jugé ainsi par la cour régulatrice le 5 mars 1819 dans la cause du commissaire de police de Rennes, contre les sieurs Jolivet, Taillandier, Ludevis et Leroux.

Enfin, les gardes champêtres ne sont point tenus de requérir les délinquans pour être présens à l'affirmation de leurs procès-verbaux. (*Arrêts de la même cour des 26 janvier et 17 mars 1810.*)

GARENNES. Terrains fermés ou ouverts, habités par des lapins, petits quadrupèdes dangereux par les dégâts considérables qu'ils font aux grains, fruits, légumes, herbes, plants et arbrisseaux. •

Les garennes ouvertes étaient défendues, à peine de cinq cents livres d'amende, dans l'ancienne législation, à moins que le propriétaire qui les avait établies, ou qui les possédait, n'eût un titre qui lui en conférât ou reconnût le droit. La possession seule, quelque longue qu'elle fût, ne suffisait pas pour avoir une garenne ouverte, et le possesseur était tenu, non-seulement de détruire sa garenne, mais encore d'indemniser les propriétaires voisins du dommage qu'ils pouvaient éprouver.

Tout cela est prononcé par un arrêt de réglement du parlement de Paris, du 4 septembre 1759. Il était même nécessaire d'obtenir une autorisation ou concession du Roi pour avoir une garenne ouverte. *Voyez* d'ailleurs l'ordonnance de 1669, titre XXX, articles 11 et 30; et un arrêt du Conseil, du 21 janvier 1776.

On permettait même de tuer les lapins dans les garennes ouvertes, sans que les chasseurs pussent aucunement être inquiétés. Mais cet état de choses est changé.

L'article 3 de la loi du 4 août 1789 dit : « Le droit exclusif de la chasse et des garennes ouvertes est aboli. »

L'effet de cette abolition n'est-il pas que chacun peut avoir en propriété des droits qui auparavant n'appartenaient pas à tous? car, en général, les seigneurs seuls pouvaient avoir des garennes ouvertes en vertu de titres ou concessions. L'affirmative paraît résulter, et de l'abolition même, et d'un avis du comité féodal, du 9 juin 1790, qui décide que l'abolition du droit exclusif de garennes ouvertes, n'a ni détruit, *ni gêné, ni resserré* la propriété foncière des lieux sur lesquels ce droit s'exerçait.

Mais alors celui qui a une garenne ouverte est responsable des dommages que peuvent éprouver les voisins. La raison en est que le propriétaire de la garenne l'est aussi des animaux qu'elle renferme (*art.* 1385 *Code Civil*), et que tout propriétaire répond des dommages causés par les animaux qui lui appartiennent: peu importe que les lapins se soient réfugiés eux-mêmes dans la garenne, car alors le propriétaire peut la détruire, s'il n'adopte pas cette propriété fortuite.

C'est ce qui a été jugé par arrêt du 3 janvier 1810, rendu par la cour suprême, « attendu que la dame de Massy, propriétaire d'une forêt où s'était établie une grande quantité de lapins, avait négligé de les y faire détruire, et d'avoir permis aux propriétaires voisins de ladite forêt de les y chasser. »

Cet arrêt est fondé, comme on le voit, sur la négligence du propriétaire, négligence qui entraîne en effet la responsabilité, ainsi que l'article 1383 du Code Civil le prononce textuellement.

Mais il en serait autrement si le propriétaire de la garenne avait autorisé ses voisins à y venir détruire les lapins; c'est du moins l'avis de l'auteur d'une dissertation que l'on trouve dans Sirey, tome X, partie 1re, page 109. Je partage cette opinion, surtout si le propriétaire n'a ni attiré ni établi les lapins dans son terrain, et que l'on ne puisse lui reprocher aucune négligence.

Au reste, les propriétaires ou possesseurs voisins d'une garenne peuvent en provoquer judiciairement la destruction, lorsque les lapins qui y sont établis leur font des dommages. C'est ce que dit l'article 5 de la loi du 3 novembre 1789.

GAZONS. « Les gazons, les terres ou les pierres des chemins publics ne pourront être enlevés en aucun cas sans l'autorisation du directoire du département (à présent le préfet); les terres ou matériaux appartenant aux communautés ne pourront également être enlevés, si ce n'est par suite d'un usage général établi dans la communauté ou pour les besoins de l'agriculture et non aboli par une délibération du conseil général.

» Celui qui commettra l'un de ces délits sera, en outre de la réparation du dommage, condamné, suivant la gravité des circonstances, à une amende qui ne pourra excéder vingt-quatre livres, ni être moindre de trois livres; il pourra de plus être condamné à la détention de police municipale. » (*Art. 44 et dernier du tit. II de la loi du 6 octobre 1791.*)

Si le *maximum* d'une peine détermine la compétence des juges, comme on le pense en général, il ne faut pas douter que les délits prévus par le texte que nous venons de rapporter ne soient dans les attributions des tribunaux correctionnels, puisque ce *maxi-*

mum excède celui des amendes que les juges de simple police peuvent prononcer. Néanmoins nous avons rapporté deux décrets et un arrêt de la cour régulatrice qui ont décidé formellement que les dégradations des chemins, telles que les enlèvemens de gazons, ne sont ni dans la compétence des juges correctionnels, ni dans celle de l'autorité administrative, mais bien dans les attributions des tribunaux de police. (*Voyez* CHEMINS.)

GIBIER. On appelle ainsi les oiseaux et les quadrupèdes sauvages dont on mange la chair.

L'ordonnance de 1669 et deux autres antérieures défendent d'enlever ou briser les nids d'oiseaux, de prendre leurs œufs, surtout ceux des faisans, des perdrix et cailles, à peine d'une amende de cent francs pour la première fois, du double pour la seconde, du fouet et du bannissement à six lieues des forêts pendant cinq ans pour la troisième fois.

Cette défense ne doit cependant pas s'étendre aux propriétaires ou possesseurs qui, chacun sur son terrain, a le droit de chasser, et par conséquent celui de détruire le gibier de la manière qu'il l'entend : c'est une conséquence naturelle de la loi du 4 août 1791.

Un arrêt du 17 avril 1674 défendait en outre de vendre et d'acheter des œufs de perdrix et de faisans pour les faire couver dans les maisons, à moins qu'il ne fût prouvé qu'ils eussent été achetés en pays étranger, à peine de cent livres d'amende pour la première fois, du double pour la seconde, et du bannissement pour la troisième.

Cette disposition, il faut en convenir, était bien

rigoureuse, aussi elle ne s'observe aucunement. Toute personne qui vend des œufs est censée les posséder légitimement ; car le délit ne se présume jamais. Mais il en est autrement de la disposition ci-devant exprimée de l'ordonnance de 1669; elle doit encore recevoir un effet modifié, par la raison seule que la chasse n'est pas permise sur le terrain d'autrui.

On ne peut encore donner aucune suite à ces anciens réglemens qui prononçaient des peines très-rigoureuses contre les braconniers et ceux qui leur donnaient asile ou qui achetaient leur gibier. « Tous ces réglemens sont implicitement abrogés par les dispositions de la loi du 22 avril 1790, qui réduisent la punition des braconniers à une amende, à une indemnité au profit du propriétaire, et à la confiscation des armes. Il résulte en effet du silence de la partie pénale de cette loi sur le gibier, que le braconnier doit conserver celui qu'il a tué, et cela rentre parfaitement dans le système du droit romain, qui, considérant le gibier comme n'appartenant à personne, sévissait bien contre le braconnier pour s'être introduit dans un héritage sans la permission du propriétaire, mais lui laissait néanmoins le gibier dont il était devenu propriétaire par occupation (1). Or, dès que le braconnier est devenu propriétaire du gibier qu'il tue sur le terrain d'autrui, il est bien clair qu'il peut en disposer. Il n'y a donc pas de délit à le lui acheter, même lorsqu'on sait qu'il se l'est procuré par braconnage. »

(1) § 12 *De rerum divisione instit*..... *Leg.* 3, § 1, *ff. de acquirendo rerum dominio. Leg.* 12, § *ult.*, *ff. de injuriis.*

Ainsi, il n'y a d'autres peines à appliquer aux braconniers que celles qui sont infligées à tout chasseur sans permission sur le terrain d'autrui. Ces peines sont, aux termes de la loi du 30 avril 1790, une amende de vingt francs, la confiscation des armes, filets, engins, sans préjudice des dommages-intérêts dus aux propriétaires sur les domaines desquels la chasse a été faite illégalement.

Il est défendu d'exposer en vente du gibier corrompu ou gâté, sous les peines suivantes : « En cas d'exposition en vente de comestibles gâtés, corrompus ou nuisibles, ils seront confisqués et détruits, et le délinquant condamné à une amende du tiers de sa contribution mobilière, laquelle amende ne pourra être au-dessous de trois livres. » (*Art. 20, tit.* Ier, *de la loi du 22 juillet* 1791.)

Mais cette disposition est modifiée par l'art. 605 du Code des Délits et des Peines, du 3 brumaire an IV, qui punit d'une amende de la valeur de trois journées de travail, ou d'un emprisonnement de trois jours, ceux qui exposent en vente des comestibles gâtés, corrompus ou nuisibles.

Cet article est encore la règle qu'il faut suivre; il nous est conservé par le dernier texte du Code Pénal. (484.)

Les gardes champêtres sont expressément chargés de rechercher et constater tous les délits ou contraventions qui tendent à la destruction du gibier sur le terrain d'autrui, sans permission. Mais il ne leur est pas permis de fouiller les chasseurs ou autres personnes, sous prétexte qu'ils les soupçonnent d'avoir du gibier

On remarque dans Guyot un arrêt du parlement de Paris, du 4 octobre 1758, qui a condamné en 600 francs de dommages-intérêts des gardes qui s'étaient permis de fouiller des chasseurs ; à plus forte raison on doit interdire aux gardes de faire des visites domiciliaires pour y faire perquisition des gibiers. Ce n'est qu'en cas de vol que cette perquisition peut être tolérée, lorsqu'elle est faite par l'ordre et en présence de l'officier de police. (*Voyez* GARDES CHAMPÊTRES.)

GLAND ET GLANDÉE. Le gland est le fruit du chêne, et la glandée la récolte du gland.

Sous ces noms l'ordonnance de 1669 comprend les faînes et autres fruits des forêts et bois.

Pour bien connaître les contraventions qui peuvent avoir lieu dans le système de la glandée, il faut se rappeler, 1° que la même ordonnance ne dispose pour ainsi dire que pour les forêts de l'état et des communautés ;

2° Qu'elle ne permet de donner la glandée par adjudication, que lorsque cette récolte est abondante, et qu'il n'y a pas à craindre que l'introduction des porcs dans les forêts nuise à leur repeuplement ;

3° Qu'avant de procéder à l'adjudication, elle veut qu'il soit fait une visite par les officiers préposés à la conservation des forêts, pour constater l'état de la récolte et le nombre des porcs que l'adjudicataire pourra y introduire, sans préjudice de la quantité de ces animaux que les usagers peuvent y envoyer ;

4° Que la glandée ne peut être faite que pour une année seulement : un arrêt du conseil, du 9 octobre 1722, annula une adjudication faite pour six ans par les officiers de la maîtrise de Rhodez ;

5° Que la glandée ne peut être ouverte avant le premier octobre, et doit se terminer au premier février;

6° Qu'il n'est permis à aucun particulier de ramasser les glands et les faînes dans les bois de l'état; néanmoins une loi du 18 fructidor an 11 avait permis de le faire, mais elle a promptement cessé d'avoir son effet, et les choses sont rentrées sous la prohibition de l'ordonnance de 1669, d'après une instruction du 2 brumaire au VII, approuvée par le gouvernement. L'adjudicataire lui-même est compris dans cette prohibition, et il ne lui est pas plus permis qu'aux usagers de ramasser et d'emporter les glands.

C'est pour maintenir ces différentes dispositions que l'ordonnance précitée défend aux usagers d'introduire dans les bois et forêts une plus grande quantité de porcs que celle fixée par les réglemens locaux ou par l'usage; ces animaux doivent être d'abord marqués par le feu, avec un instrument dont l'original est déposé au greffe, à peine de cent francs d'amende, et de confiscation des porcs qui excéderaient le nombre permis, ou qui seraient marqués d'une fausse marque.

Défenses sont faites également à toutes personnes, autres que les usagers et celles portées par les états dressés par les administrations, d'envoyer ou mettre leurs porcs en glandée dans les forêts et bois du domaine et des communes, à moins d'en avoir obtenu la permission de l'adjudicataire, à peine de cent francs d'amende et de confiscation.

Ceux qui ramassent les glands sont passibles d'une amende de cinq livres pour la charge d'une personne; de vingt livres pour la charge d'un cheval; de quarante livres pour la charge d'une charrette, où la confiscation des chevaux et des harnais.

Mais la peine est plus forte contre ceux qui abattent les glands ou les faînes, et qui les emportent lorsqu'ils sont tombés. En ce cas, la loi prononce cent francs d'amende.

Pareille amende est prononcée contre l'adjudicataire lui-même, lorsqu'il se permet d'introduire dans les forêts une plus grande quantité de porcs que celle qui est portée par son adjudication, sans préjudice de la confiscation des animaux excédant le nombre fixé. Cependant la loi autorise l'adjudicataire a rétrocéder son droit à qui il juge à propos, sous la condition qu'il sera responsable de ses cessionnaires pour les délits par eux commis.

Cette faculté est interdite aux usagers, qui doivent jouir personnellement de leur droit sans pouvoir le céder à des tiers sous aucun prétexte, ni envoyer dans les forêts d'autres bêtes que les leurs. (*Ordonnance du mois de janvier* 1529 *et arrêt de réglement du* 23 *mars* 1601.)

GLANAGE, GRAPPILLAGE. Le glanage est l'action de ramasser les épis de blé qui sont tombés ou laissés dans les champs après l'enlèvement de la récolte. Le grappillage consiste dans la coupe des petites grappes de raisins échappées à la serpette du vendangeur.

Ces deux procédés, que l'on permet aux pauvres habitans des campagnes, ne sont fondés sur d'autres droits que sur celui d'une pure tolérance dictée par la charité et la bienfaisance. C'est dans cet esprit que plusieurs coutumes ordonnaient jadis aux laboureurs de n'envoyer leurs bestiaux dans les champs et vignes récoltés qu'un jour ou deux après les récoltes terminées et sorties des lieux. D'autres coutumes leur défendaient d'empêcher aucunement ce glanage pendant vingt-quatre heures. Mais, à l'égard des glaneurs, il leur était défendu d'entrer dans les champs avant le lever du soleil et d'y rester après son coucher, et surtout de glaner avant l'enlèvement des gerbes.

Le parlement de Paris, par plusieurs arrêts de réglemens, dont le dernier est du 4 juillet 1781, avait interdit le glanage à toutes personnes autres que les vieillards, les estropiés, les petits enfans, et ceux qui étaient hors d'état de travailler.

« Un autre réglement de la même autorité fait défense à tous laboureurs, fermiers et propriétaires, de vendre le droit de glaner dans leurs champs, de donner aucune préférence aux femmes et enfans de leurs moissonneurs, et d'employer la violence, ou tout autre moyen, pour empêcher que les personnes à qui les réglemens ont permis de glaner pussent le faire, à peine de vingt livres d'amende contre les contrevenans, de laquelle seraient civilement responsables les pères et mères à l'égard de leurs enfans, et les maîtres à l'égard de leurs domestiques. » (*Arrêt du 11 juillet 1782.*) (Guyot.)

Ces différentes dispositions ne sont ni entières ni totalement abrogées. On remarquera facilement les modifications qui ont eu lieu en voyant les textes des lois nouvelles.

Celle du 6 octobre 1791, article 21 du titre II, dit: «Les glaneurs, les râteleurs et les grappilleurs dans les lieux où les usages de glaner, de râteler ou de grappiller sont reçus, n'entreront dans les champs, prés et vignes récoltés et ouverts, qu'après l'enlèvement entier des fruits. En cas de contravention les produits du glanage, du râtelage et du grappillage seront confisqués, et, suivant les circonstances, il pourra y avoir lieu à la détention de police municipale. Le glanage, le râtelage et le grappillage sont interdits dans tout enclos rural, tel qu'il est défini à l'article 6 de la quatrième section du premier titre du présent décret. »

Voici cet article : « L'héritage sera réputé clos, lorsqu'il sera entouré d'un mur de quatre pieds de hauteur, avec barrière ou porte, ou lorsqu'il sera exactement fermé et entouré de palissades, ou de treillages, ou d'une haie vive, ou d'une haie sèche, faite avec des pieux, ou cordelée avec des branches, ou de toutes autres manières de faire les haies en usage dans chaque localité; ou enfin d'un fossé de quatre pieds de large au moins à l'ouverture, et de deux pieds de profondeur. »

Mais ce n'est pas tout, l'article 471 du Code Pénal, modifiant aussi la loi du 6 octobre, décide que ceux qui, sans autre circonstance prévue par les lois, auront glané, râtelé ou grappillé dans les champs non encore entièrement dépouillés et vidés de leurs récoltes, ou avant le moment du lever, ou après celui du coucher du soleil, seront punis d'une amende d'un à cinq francs.

L'article 473 ajoute que les contrevenans pourront en outre être condamnés à un emprisonnement de trois jours au plus, suivant les circonstances. Cependant la loi ne dit rien de la confiscation du glanage indûment fait.

Mais quelles sont les circonstances exceptées par le

premier de ces textes ? Si, au lieu d'un glanage simple, il y a des violences, menaces et pillages exercés par une ou plusieurs personnes, le fait devient correctionnel, et le juge de police devient incompétent. En d'autres termes, ce juge ne doit connaître du glanage ou grappillage que dans deux cas : celui où les champs, les prés ou les vignes sont entièrement dépouillés de leurs récoltes, même du premier glanage que tout propriétaire ou possesseur fait faire immédiatement après le blé scié ; et celui où le glanage de tolérance aura été fait, soit avant le lever, soit après le coucher du soleil.

On ne voit pas dans les modifications du nouveau Code qu'il soit porté atteinte à la disposition de la loi du 6 octobre qui interdit à tout glaneur de s'introduire dans un enclos rural. Ainsi, je pense que cette prohibition subsiste encore comme un cas non prévu par ce dernier Code. (*Art.* 444.)

Je pense également qu'on doit observer cette autre disposition de la même loi du 6 octobre, qui, dans un esprit de bienfaisance, et pour donner le temps aux glaneurs de ramasser les épis tombés, défend aux pâtres et bergers de conduire leurs bestiaux et troupeaux dans les champs récoltés avant qu'il se soit écoulé deux jours depuis l'enlèvement total des récoltes. (*Art.* 22, *tit.* II.)

On conçoit que cette défense ne s'applique que dans les lieux de parcours et de vaine pâture.

GRAINS. *Voyez* blés coupés en vert.

GREFFES DES ARBRES. « Ceux qui détruiront les greffes des arbres fruitiers et autres, et ceux qui écorceront ou couperont en tout ou partie des arbres sur pied qui ne leur appartiendront pas, seront condamnés à une amende double du dédommagement dû au propriétaire, et à une détention de police correctionnelle qui ne pourra excéder six mois. » (*Art.* 14 *du titre* II *de la loi du* 6 *octobre* 1791.)

Ces dispositions ont reçu quelques changemens par le dernier Code Pénal. Il dit : « S'il y a destruction d'une ou plusieurs greffes, l'emprisonnement sera de six jours à deux mois, à raison de chaque greffe, sans que la totalité puisse excéder deux ans. » (*Art.* 447.) Mais s'il y a eu des arbres mutilés ou écorcés de manière à les faire périr, la peine est d'un emprisonnement qui ne peut être au-dessous de six jours ni au-dessus de six mois, à raison de chaque arbre, sans que la totalité puisse excéder cinq ans. (*Art.* 445 et 446.)

Ainsi, les différens faits exprimés dans la loi d'octobre 1791, et punis d'une même amende, sont aujourd'hui réprimés par des peines bien différentes. Les législateurs ont donc vu une criminalité plus forte dans les mutilations ou écorcemens d'arbres que dans la destruction des greffes. C'est ce qu'a dit l'orateur du gouvernement en proposant la loi nouvelle.

D'ailleurs, la peine est encore élevée dans le cas où les greffes détruites seraient celles d'arbres plantés sur les places, routes, chemins, rues, ou voies publiques, ou vicinales, ou de traverse. En ce cas, le *minimum* de la peine sera de dix jours. « Cette aggravation de peine a lieu, parce que les arbres sont plus spécialement placés sous la garantie de la foi publique. C'est aussi une distinction établie entre l'intérêt général et l'intérêt particulier. »

Il est cependant des circonstances dans lesquelles les

détériorations ou mutilations d'arbres peuvent être ex-
cusées. En voici une cause singulière admise par la cour
de cassation.

Un individu, en labourant le pied des arbres plantés
sur les terres dont il était fermier, avait coupé ou en-
dommagé les racines de ces arbres, dont par suite un
grand nombre avait été détruit. Ce particulier, cité devant le tribunal correctionnel, demanda et obtint son
renvoi devant le juge civil. Mais sur l'appel, le renvoi
fut annulé, attendu que les dispositions de la loi étaient
générales et ne faisaient aucune exception en faveur des
fermiers.

Pourvoi en cassation. Il intervint arrêt le 18 floréal
an x, qui, vu l'article 14 du titre II de la loi du 6 octobre 1791, « Considérant que d'après ce qui se trouve
énoncé en la citation donnée aux réclamans par Jacques
Salomon Lesage, propriétaire, pour comparaître devant le tribunal correctionnel de Louviers et y procéder sur les faits qui leur étaient imputés, le plaignant
reconnaissait lui-même que c'était en faisant au pied
des arbres dont il s'agit les labours qu'il était du devoir des fermiers de faire faire, que les racines des
arbres avaient été coupées ou endommagées ; que ce
fait ne présente pas par lui-même un fait du genre de ceux
prévus par l'article 14 de la loi ci-dessus cotée ; qu'en
supposant que par l'effet de cette culture un plus ou
moins grand nombre d'arbres eût péri, ce qui même
n'était pas encore reconnu et constaté, cela ne pouvait
donner lieu qu'à des dommages-intérêts par voie civile
pour la dégradation commise ;

» Considérant que le tribunal criminel de l'Eure n'a

d'ailleurs par son jugement du 24 pluviôse établi aucune circonstance particulière qui pût faire caractériser délit l'acte dont il s'agit; d'où il suit qu'en réformant le jugement du tribunal correctionnel qui avait renvoyé à fins civiles, et en déclarant qu'il y avait lieu dans l'espèce à la voie criminelle, il a été fait une fausse application de l'article 14, titre II de la loi du 26 octobre.

« Par ces motifs, casse et annule, etc. »

Je pense que la cour eût décidé autrement, si, comme le dit son arrêt lui-même, il y eût eu des circonstances particulières; c'est-à-dire s'il eût été prouvé, ou du moins offert de prouver, que les mutilations avaient été faites méchamment, par préméditation, sous prétexte de donner des labours aux arbres. En ce cas la justice ne tolère ni n'excuse les mauvaises actions d'un fermier qui, par humeur ou vengeance, lors de sa sortie des lieux, y cause des dommages notables et prémédités. Ces dommages sont alors de véritables délits.

HAI

HAIES. Clôtures faites de plants venus naturellement, tels que les épines, les ronces, etc., ou faites de main d'homme avec des bois secs ou verts. Aussi on distingue naturellement deux sortes de haies, les vives et les mortes. Les vives sont celles qui sont attachées à la terre par des racines, les autres n'en ont pas et ne consistent que dans des branches entrelacées.

Les haies accrues sur les jets des fossés appartiennent aux propriétaires sur les terrains desquels se trouvent ces jets; cependant elles sont communes aux deux propriétaires, si le fossé a un double jet, c'est-à-dire sur le terrain de l'un et de l'autre. Mais si par l'effet du temps, de l'usage ou des éboulemens, on ne peut distinguer aucun jet, les haies appartiennent-elles au propriétaire qui a le plus besoin de clôture ? Ainsi un jardin, un pré, une vigne a plus besoin de clôture qu'un champ labouré ou non. (*Voy*. les Instit. cout. de Loysel, liv. II, tit. III, art. 8; et les coutumes de Berri, art. 22, tit. X, d'Auxerre; art. 115; d'Orléans, art. 252.)

Telle était du moins l'ancienne jurisprudence; mais elle est modifiée par le Code Civil, art. 570, qui porte que toute haie est réputée mitoyenne, à moins qu'il n'y ait qu'un seul des héritages en état de clôture, ou s'il n'y a titre ou possession contraire.

Il est défendu de planter des haies plus près du terrain voisin que d'un demi-mètre, ou un pied et demi, ancienne mesure. (*Art.* 671, *Code Civil.*)

La jurisprudence du parlement de Paris exigeait la même distance. « Les haies à pied, dit un arrêt de réglement de cette cour, du 17 août 1751, pourront être plantées à un pied et demi du voisin ; elles seront tondues au moins tous les six ans du côté du voisin, et réduites à la hauteur de cinq à six pieds au plus, sans qu'il soit permis d'y laisser échapper aucuns baliveaux ou grands arbres. »

A l'égard de la destruction ou dégradation des haies, elles sont des délits ou contraventions, suivant les circonstances. On voit même dans l'article 31 du titre II de la loi du 22 juillet 1791, que la simple violation des clôtures de haies est une contravention, qui doit être punie suivant ce qui sera prescrit par les dispositions sur la police rurale.

En effet, l'article 41 du titre II de la loi du 6 octobre dispose que, « tout voyageur qui déclora un champ pour se faire un passage dans sa route, paiera le dommage fait au propriétaire, et de plus une amende de la valeur de trois journées de travail, à moins que le juge de paix du canton ne décide que le chemin public était impraticable, et alors les dommages et frais de reclôtures seront à la charge de la communauté. »

Mais voici d'autres faits plus graves. « Il est défendu à toute personne de dégrader les clôtures, de couper les branches des haies vives, d'enlever des bois secs des haies, sous peine d'une amende de la valeur de trois journées de travail. Le dédommagement sera payé au propriétaire ; et suivant la gravité des circonstances, la détention pourra avoir lieu, mais au plus pour un mois. » (*Art.* 17, *ibid. ibid.*)

Ces dispositions ne sont point changées, mais l'article 456 du Code Pénal dispose que, celui qui coupe ou arrache des haies vives ou sèches, sera puni d'un emprisonnement, qui ne pourra être au-dessous d'un mois ni excéder une année, et d'une amende égale au quart des restitutions et des dommages-intérêts, qui, dans aucun cas, ne pourra être au-dessous de cinquante francs.

Ainsi, il faut distinguer dans la législation que nous venons d'analyser. Le fait de détruire, couper ou arracher des haies vives ou sèches est un délit qui ne peut plus être réprimé que par les dispositions du Code Pénal ; mais le fait simple de violations de haies, ou mieux l'action de déclore un champ pour s'y faire un passage, reste dans la classe des contraventions qui se répriment d'après la loi du 6 octobre précitée, car le Code Pénal n'a pas prévu ce fait particulier.

L'article 7 du titre XXVIII de l'ordonnance de 1669 défend aux propriétaires riverains des fleuves et rivières navigables, de planter des haies, ou autres clôtures, plus près de trente pieds du côté que les bateaux se remontent à la cordelle, et de dix pieds de l'autre côté, à peine de cinq cents livres d'amende, de réparation des terrains et de confiscatiou des arbres. *Voyez* CHEMIN DE HALLAGE.

Cette défense a été renouvelée par un arrêt de réglement du conseil du Roi, du 31 août 1728.

HALLES. La loi du 28 mars 1790 a supprimé tous les droits introduits par les coutumes et la féodalité sur les halles, soit qu'ils fussent perçus en argent, soit qu'ils fussent exigés en nature. Par cette suppression a cessé la législation de police relative à la perception de ces droits, mais il en est résulté en quelque sorte un nouveau droit. Car, si les halles ont continué d'appartenir à leurs propriétaires, ceux-ci ont été astreints à les céder soit à loyer, soit en propriété, aux administrations municipales.

Un avis du conseil d'état, du 2 août 1811, approuvé par le gouvernement, décide qu'avant toute cession de leurs droits, les propriétaires de halles sont autorisés à demander qu'il soit fait, à la diligence des autorités locales, une expertise, par des personnes respectivement choisies, pour fixer la valeur pure et simple des bâtimens et halles, sans confusion ou cumulation d'aucun droit ou redevance prétendu par le propriétaire;

le tout conformément à l'article 19 de la loi du 28 mars précitée, pour être ensuite, sur le vu de l'expertise, fait rapport au ministre, qui statue ce que de droit.

Néanmoins, cette décision ne préjuge rien contre les rentes qui peuvent être dues à des tierces personnes pour concession de bancs sous les halles, car, par un autre avis du conseil d'état, des 4 et 18 août 1807, il est décidé que la légitimité de ces rentes sera jugée par les tribunaux, qui pourront condamner les débiteurs, si ces rentes sont reconnues non-féodales.

Les halles, tant dans les villes que dans les campagnes, sont sous l'inspection et la surveillance des autorités administratives, qui, pour le maintien du bon ordre et la police du débit des denrées, la salubrité et la fidélité de ce débit, peuvent faire tous réglemens que leur sagesse croit convenables à l'intérêt public, pourvu que ces réglemens ne s'écartent pas de la sphère d'autorité que les lois des 24 août 1790 et 22 juillet 1791 leur confère. Alors leurs réglemens sont obligatoires pour le public, et les tribunaux doivent les faire respecter par leur pouvoir coercitif.

Les maires sont tenus de rendre compte aux préfets de l'approvisionnement habituel des halles et marchés, et ceux-ci en font leur rapport au ministre de l'intérieur.

Il est perçu, au profit des communes rurales et autres, un droit de location sur chaque marchand ou débitant qui s'établit sous les halles ou dans les bancs qui y sont placés, suivant un tarif approuvé par le préfet et même par le ministre.

Défenses sont faites à toutes personnes qui fréquentent les halles d'y allumer des feux, ou d'y avoir des chaudrons à feu, sans être couverts de grillages de fer, et de fumer sous lesdites halles, à peine de cent francs d'amende. (*Ordonnance de* 1781, *art.* 7.)

Enfin, il est défendu à tout marchand forain ou autres de pénétrer sous les halles avec des chevaux, charrettes ou voitures, sous peine de l'amende infligée à ceux qui font passer des animaux et chevaux dans les lieux habités, sans préjudice de plus forte peine, en cas d'accidens, de blessures d'hommes ou d'animaux.

HANGAR. C'est une espèce de remise ou d'emplacement couvert, mais non entièrement fermé.

Il est défendu de construire des hangars sur la voie publique, dans les villes et dans les campagnes. Si par vétusté ou vice de construction, un hangar menace la sûreté publique, même dans l'intérieur d'une maison, le propriétaire est tenu de le faire abattre ou réparer. *Voyez* BATIMENS EN PÉRIL.

HERBAGES. Autrefois on appelait droits d'herbages certaines redevances seigneuriales, que la loi du 13 avril 1791 a supprimées.

Celui qui coupe, ramasse ou enlève des herbages, de quelque nature que ce soit, dans les forêts du Roi, encourt, pour la première fois, une amende de cinq livres pour faix à cou, de vingt livres pour charge de cheval ou bourrique, de quarante livres pour une charge de charrette; et pour la troisième fois, le bannissement du voisinage des forêts, même du ressort de la maîtrise. Dans tous les cas, les chevaux, bourriques et harnais sont confisqués au profit du Roi.

Telle est la disposition de l'article 12 du titre XXXII de l'ordonnance de 1669, confirmée provisoirement

par l'article 609 du Code des Délits et des Peines du
3 brumaire an IV, conçu en ces termes :

« En attendant que l'ordonnance des eaux et forêts de 1669, les lois des 29 juillet et 28 septembre
1791, etc., aient pu être révisées, les tribunaux correctionnels appliqueront aux délits qui sont de leur compétence les peines qu'elles prononcent. »

Ce provisoire dure encore, et peut durer long-temps.
Mais il faut remarquer que la peine du bannissement infligée par l'ordonnance de 1669 pour les faits qui nous
occupent ne peut être prononcée par les tribunaux correctionnels.

INC

INCENDIES. *Voyez* FOURS ET CHEMINÉES, FEUX
ALLUMÉS DANS LES CHAMPS.

Nous ne parlerons des incendies que sous les rapports de la police rurale, c'est-à-dire des dispositions
qui tendent à les prévenir ou empêcher; des négligences, ou des défauts de précautions, de réparations,
de surveillance prescrites en ces matières; enfin des faits
qui sont jugés par les tribunaux correctionnels et de
police simple. Nous devons, dans tous les élémens qui
formeront cet ouvrage, choisir uniquement ce qui se
lie à son sujet.

Depuis bien des siècles il existe des ordonnances
et réglemens qui ont prescrit l'observation de différentes
règles pour prévenir les incendies. C'est un devoir sacré pour tout fonctionnaire qui concourt au maintient

de l'ordre public de surveiller ou faire surveiller sans cesse, tout fait, tout événement qui peut occasioner un incendie, dans les campagnes surtout, parce que les secours y sont plus rares et plus difficiles que dans les villes.

Les législateurs qui ont donné le dernier Code Pénal citèrent, comme modèle des réglemens en ces matières, l'ordonnance du 15 novembre 1781. Quoique faite pour la ville de Paris, elle peut fournir à la police rurale des dispositions utiles et sages.

L'article 5 défend à tous voituriers, charretiers, domestiques et autres, d'entrer avec de la lumière dans les greniers et magasins où sont déposés les pailles et les foins, ainsi que dans les écuries, à moins que la lumière ne soit placée dans les lanternes. Pareille défense d'y fumer du tabac allumé : le tout sous peine de deux cents livres d'amende pour chaque contravention, même de plus grande peine en cas de récidive.

L'article 6 interdit à tout particulier de brûler chez lui, dans ses cours, ou dans les rues, aucune paille, fumiers, herbes sèches, etc., à peine de cent livres d'amende pour chaque contravention.

Par l'article 11, les menuisiers, bahutiers, tourneurs et autres ouvriers en bois, sont tenus d'avoir, en travaillant la nuit, leurs lumières renfermées dans des lanternes, à peine de cent livres d'amende.

Par l'article 15, très-expresses défenses sont faites à toutes personnes, de quelque qualité qu'elles soient, de tirer aucuns pétards, fusées, boîtes, pistolets, ou autres armes à feu, dans les rues, dans les cours ou jardins, ou par les fenêtres de leurs maisons, pour quelque cause que ce soit, à peine de quatre cents livres d'amende.

Par l'article 17 il est enjoint à tout propriétaire de maisons où il y a des puits de les maintenir en bon état, en sorte qu'il y ait au moins vingt-deux pouces d'eau, de les faire nettoyer et curer, et même creuser lorsque ladite quantité d'eau viendra à diminuer.

Pareille injonction est faite aux propriétaires ou principaux locataires de garnir les puits de bonnes et suffisantes poulies, de cordes et de seaux qui puissent servir au besoin, sous les peines portées par les ordonnances de 1727 et de 1734.

Nous ne doutons point que les maires des communes rurales puissent renouveler ces dispositions, en tout ou partie; ils en ont incontestablement le droit; je dis même que c'est un devoir pour eux, car le législateur les charge positivement de prendre toutes les mesures capables de prévenir ou de faire cesser les incendies. (*Loi du 24 août* 1790, *art.* 3, *tit.* II.)

La loi du 6 octobre 1791 charge aussi les officiers municipaux de veiller à la tranquillité et à la sûreté des campagnes, et spécialement de visiter les fours et cheminées. Déjà nous avons tracé le texte de cette loi, mais nous devons donner celui de l'article 458 du dernier Code Pénal, qui prévoit un assez grand nombre de causes d'incendies, et même plusieurs de celles énoncées dans l'ordonnance de 1781. Il dit :

« L'incendie des propriétés mobilières ou immobilières d'autrui qui aura été causé par la vétusté ou le défaut soit de réparation, soit de nettoyage des fours, cheminées, forges, maisons ou usines, ou par des feux allumés dans les champs à moins de cent mètres des maisons, édifices, forêts, bruyères, bois, vergers, plantations, haies, meules, tas de grains, pailles, foins, fourrages, ou de tout autre dépôt de matiéres combustibles, ou par des feux ou lumières portés ou laissés sans précaution suffisante, ou par des pièces d'artifices allumées ou tirées par négligence ou imprudence, sera puni d'une amende de cinquante francs au moins, et de cinq cents francs au plus. »

Il est bien entendu que les dommages-intérêts ou indemnités de la partie lésée sont indépendans des amendes.

Le refus des secours et services publics, requis par la police en cas d'incendie ou autres fléaux calamiteux, sera puni par une amende du quart de la contribution mobilière, sans que l'amende puisse être au-dessous de trois livres.

Tel était le texte littéral de l'article 17 de la loi du 22 juillet 1791, mais il ne fait plus la règle; c'est le § XII de l'article 475 du Code Pénal qu'il faut suivre; il dispose que, « ceux qui, le pouvant, auront refusé ou négligé de faire les travaux, le service, ou de prêter le secours dont ils auront été requis dans les circonstances d'accidens, tumultes, naufrages, inondations, incendie, etc., seront punis d'une amende depuis six francs jusqu'à dix francs inclusivement. »

INONDATIONS. Il en est de plusieurs sortes. Celles qui ont lieu par cas fortuit sont indépendantes de la volonté de l'homme, et personne ne peut répondre des événemens qu'elles causent. Celles qui sont ordonnées pour la sûreté publique, comme dans le cas de siége d'une place, sont mises sur la même ligne que les premières, du moins en général, c'est-à-dire qu'on les répute un effet de force majeure par la nécessité d'une légitime défense. Néanmoins le gouvernement peut accorder des indemnités.

Enfin, il est des inondations causées par la négligence, la maladresse, ou l'ignorance. Ce sont de celles-ci dont nous devons parler plus particulièrement.

« Personne ne pourra inonder l'héritage de son voisin, ni lui transmettre volontairement les eaux d'une manière nuisible, sous peine de payer le dommage et une amende qui ne pourra excéder la somme du dédommagement. (*Art.* 15 *du tit.* II *de la loi du* 6 *octobre* 1791.)

» Les propriétaires ou fermiers des moulins et usines construits ou à construire seront garans du dommage que les eaux pourraient causer aux chemins ou aux propriétés voisines par la trop grande élévation du déversoir, ou autrement; ils seront forcés de tenir les eaux à une hauteur qui ne nuise à personne et qui sera fixée par le directoire du département (le préfet,) d'après l'avis du directoire du district (le sous-préfet.) En cas de contravention, la peine sera une amende qui ne pourra excéder la somme du dédommagement. » (*Art.* 16, *même loi.*)

Ce dernier texte est-il encore applicable sans modification? L'article 457 du nouveau Code Pénal le reproduit en ces termes : « Seront punis d'une amende qui ne pourra excéder le quart des restitutions et des dommages-intérêts, ni être au-dessous de cinquante francs, les propriétaires ou fermiers ou toute autre personne jouissant de moulins, usines ou étangs qui,

par l'élévation du déversoir de leurs eaux au-dessus de
la hauteur déterminée par l'autorité compétente, auront inondé les chemins ou les propriétés d'autrui. »

En proposant cet article, les orateurs du gouvernement ont dit : « A l'égard du délit qui se commet en
inondant les propriétés d'autrui, faute d'avoir observé
les réglemens de l'autorité compétente sur la hauteur à
laquelle on peut élever le déversoir, la loi n'avait jusqu'à présent parlé que des moulins et usines. Le nouveau Code parle aussi des étangs ; la raison est la
même, et de nombreuses réclamations se sont élevées
pour leur rendre commune la disposition de la loi.

» Quant aux droits de l'administration à cet égard,
le Code Pénal n'avait point à s'en occuper : des lois et
décrets particuliers en déterminent l'étendue et les limites.

» Nous devons ajouter une observation.

» La loi du 6 octobre 1791 ne distinguait point
si l'inondation avait causé des dégradations, ou si
elle n'en avait point occasioné. Ces deux cas sont trop
différens pour que la peine doive être la même. Le
nouveau Code établit la distinction. Si aucune dégradation n'a eu lieu ; si par exemple il n'est résulté de
l'inondation d'autre mal que d'avoir interrompu pendant quelque temps la communication par un chemin
ou passage, une amende seule sera prononcée, ainsi
que le veut la loi du 6 octobre.

» Mais s'il y a eu des dégradations, le mal étant
plus considérable, la désobéissance à l'autorité doit
être plus sévèrement punie. Le Code porte un emprisonnement outre l'amende. Cet emprisonnement,

quoique de courte durée, suffira pour l'exemple. »

Observons encore que l'article 15 de la loi du 6 octobre, qui prévoit d'autres cas de transmission des eaux, volontairement et d'une manière nuisible, n'est point changé par le 457ᵉ du Code, qui ne s'applique qu'à l'élévation excessive des déversoirs.

Mais l'inondation doit-elle absolument avoir eu lieu, pour que le voisin lésé intente son action? Ne pourrait-il avant cet événement se plaindre d'un ouvrage disposé de manière à faciliter cette inondation dans une certaine circonstance, telle qu'une crue d'eau? La cour régulatrice l'a décidé négativement, attendu que la loi ne punit que l'inondation effectuée par négligence ou malice, et non la possibilité d'une inondation ; attendu d'ailleurs que la construction dont il était cas pouvait s'enlever à volonté, et qu'elle n'était point prohibée par aucun réglement local. (*Arrêt du* 16 *frimaire an* xiv.)

INSTRUMENS D'AGRICULTURE. « Toute rupture ou destruction d'instrumens de l'exploitation des terres, qui aura été commise dans les champs ouverts, sera punie d'une amende égale à la somme du dédommagement dû au cultivateur, et d'une détention qui ne sera jamais de moins d'un mois, et qui pourra être prolongée jusqu'à six, suivant la gravité des circonstances. » (*Art.* 31 *de la loi du* 6 *octobre* 1791, *tit.* II.)

Le nouveau Code Pénal ne prévoit point ce fait particulier de la destruction des instrumens d'agriculture, mais il prévoit les vols de ces mêmes instrumens, qu'il punit de la réclusion. (*Art.* 388.)

Sous l'ancienne jurisprudence le vol des effets confiés à la foi publique était puni par trois années de travaux forcés pour la première fois, et de la même peine pendant un temps plus long, en cas de récidive.

Mais cette pénalité fut changée par l'article 27, section 11, du Code Pénal de 1791, qui disposait : « Tout vol de charrues, instrumens aratoires, chevaux et autres bêtes de somme, bétail, ruches d'abeilles, marchandises ou effets exposés sur la foi publique, soit dans les campagnes, soit sur les chemins, ventes de bois, foires et marchés, et autres lieux publics, sera puni de quatre années de détention ; la peine sera de six années de détention, lorsque le crime aura été commis la nuit. »

Cette disposition fut changée à son tour par une loi du 25 frimaire an VIII. Écoutons à cet égard les orateurs du gouvernement dans leurs motifs en proposant l'adoption du texte 388, précité, et des précédens.

« Quant au vol d'objets exposés à la foi publique, la loi de 1791 les punissait tous indistinctement d'une peine afflictive. Beaucoup de ces crimes restèrent impunis, parce que la peine était trop forte, et que l'on aimait mieux acquitter les coupables que de leur faire subir un châtiment qui excédait celui qu'ils paraissaient avoir mérité. La loi du 25 frimaire an VIII parut, et la connaissance de tous ces délits indistinctement fut attribuée aux tribunaux de police correctionnelle. Alors un nouvel inconvénient se fit apercevoir. La peine était insuffisante en plusieurs cas ; et l'insuffisance de la peine produisit le même effet que l'impunité. Dès lors ces sortes de délits se renouvelèrent fréquemment et les tribunaux élevèrent de justes plaintes à cet égard.

» La distinction que le nouveau Code établit apportera un remède efficace au mal.

» Ou le vol aura été commis à l'égard d'objets qu'on ne pouvait se dispenser de confier à la foi publique, tels que les vols de bestiaux, d'instrumens d'agriculture, de récoltes ou de parties de récoltes qui se trouvaient dans les champs ; en un mot, de choses qu'il est impossible de surveiller soi-même, ou de faire surveiller. En ce cas les coupables seront punis d'une peine afflictive.

» Ou les objets volés pouvaient être gardés, de sorte que c'est volontairement qu'on les aura confiés à la foi publique. Dans ce dernier cas, ce n'est plus qu'un vol simple, qui dès lors sera puni des peines de police correctionnelle. »

Mais voici d'autres faits plus simples encore : « Ceux qui auront laissé dans les rues, chemins, places, lieux publics ou dans les champs, des coûtres de charrues, pinces, barres, barreaux, ou autres machines et instrumens dont puissent abuser les malfaiteurs et les voleurs, seront punis d'une amende d'un franc à cinq francs inclusivement. » (*Art.* 471, § 7, *Code Pénal.*)

Les gardes champêtres, les adjoints et les maires des campagnes ne doivent point regarder cette contravention comme légère ; ils doivent penser au contraire que le malfaiteur ne commettra pas de délits, s'il manque de moyens pour les exécuter. Aussi le rapporteur de la loi disait à cet égard : « Il est utile que les peines de simple police soient souvent appliquées, même par humanité, puisqu'elles servent à prévenir la nécessité des peines afflictives et capitales. »

Je partage cette réflexion judicieuse, et j'ajoute que c'est plutôt aux peines de simple police qu'à celle plus graves qu'il faut appliquer la maxime, *non est indulgendum malitiis hominum.*

Les coûtres, les instrumens et armes dont parle l'article 471 doivent même être saisis et confisqués.

IRRIGATION (1). C'est l'action d'arroser les prairies par le moyen de rigoles ou saignées pratiquées dans les ruisseaux ou rivières.

« Nul ne peut se prétendre propriétaire exclusif des eaux d'un fleuve, ou d'une rivière navigable ou flottable; en conséquence, tout propriétaire riverain peut, en vertu du droit commun, y faire des prises d'eau, sans néanmoins en détourner ni embarrasser le cours d'une manière nuisible au bien général et à la navigation établie. » (*Art. 4, sect.* 1re *du tit.* I *de la loi du* 6 octobre 1791.)

Le Code Civil conserve ces principes; il décide que « celui dont la propriété borde une eau courante, autre que celle qui est déclarée dépendance du domaine public, peut s'en servir à son passage pour l'irrigation de ses propriétés;

» Que celui dont cette eau traverse l'héritage peut même en user dans l'intervalle qu'elle y parcourt, mais à la charge de la rendre, à la sortie de ses fonds, à son cours ordinaire. » (*Art.* 644.)

Il ajoute : « S'il s'élève une contestation entre les propriétaires auxquels ces eaux peuvent être utiles, les tribunaux, en prononçant, doivent concilier l'in-

______

(1) Du latin *irrigatio,* du verbe *irrigare* formé *d'in* (dans) et de *rigare* (arroser).

térêt de l'agriculture avec le respect dû à la propriété ; et dans tous les cas les réglemens particuliers et locaux sur le cours et l'usage des eaux doivent être observés. » (*Art.* 646.)

Néanmoins il faut entendre ces textes de cette manière, que celui dont une eau courante traverse la propriété ne peut absorber toute l'eau, au préjudice des propriétaires inférieurs. (*Arrêt de la cour suprême, du 7 avril* 1807.)

Mais rien n'empêche que le riverain fasse des constructions sur son terrain, quoiqu'elles tendent visiblement à diminuer le volume de l'eau, au préjudice des propriétaires inférieurs, pourvu qu'il ne l'absorbe pas en entier et qu'il n'en détourne pas le cours. (*Arrêt de la même cour, du* 15 *juillet* 1807.)

Nous traçons ici ces principes généraux comme les bases des réglemens particuliers et des arrêtés locaux qui existent ou peuvent exister en ces matières, soit pour le curage des ruisseaux et sources, pour faciliter leur écoulement, et empêcher que dans leur cours ils nuisent au public ; soit pour toute autre mesure de police répressive ou non répressive.

C'est à l'autorité administrative qu'il appartient de prendre ces réglemens, en vertu des lois des 24 août 1790 et 22 juillet 1791. Le maintien du bon ordre et le soin de prévenir les accidens, dont cette autorité est chargée, s'étend aux mesures que nécessitent les eaux des sources, ruisseaux et rivières. Ainsi jugé par la cour de cassation, le 4 février 1807.

Les tribunaux connaissent aussi des contraventions aux arrêtés locaux pris en exécution des lois, et ils les répriment par les peines déterminées. *Voyez*, pour complément de cet article, COURS D'EAU.

LAP

LACS. *Voyez* ÉTANGS.
LAPINS. *Voyez* GARENNES.

MAI

MAIRES des communes rurales *qui ne sont pas chefs-lieux de cantons.*

Ces maires ont, indépendamment des attributions communes à tous autres maires, une juridiction particulière que l'on peut appeler de police rurale. C'est de cette seule juridiction dont nous devons parler ici.

Avant la révolution, les capitouls, les jurats, les échevins exerçaient aussi certaine juridiction de police, dans les villes seulement; mais la loi du 22 juillet 1791 conféra aux municipalités, tant des villes que des campagnes, une police municipale qui ne laissait pas que d'être étendue. Cet ordre de choses est cessé.

C'est une émanation de cette police municipale, ou, si l'on veut, une fraction de la juridiction des juges de paix, que le Code d'Instruction criminelle confère maintenant aux maires des communes rurales, exclusivement, car les maires des villes et des chefs-lieux de canton ne participent pas à cette attribution.

Si cette fraction de pouvoir judiciaire présente des inconvéniens, ils sont, dit le rapporteur de la loi, compensés par la proximité et la vigilance qui se rencontrent dans la justice des maires. « Ce pouvoir ne leur est accordé que sous deux conditions impérieuses, celle du domicile ou de la résidence des parties et des témoins ; celle de la concurrence des juges de paix. D'ailleurs, les parties sont libres de saisir les juges de paix, par préférence aux maires, dans toutes contraventions. » Mais en quoi consiste cette compétence ?

L'article 166 du Code d'Instruction criminelle dit : « Les maires de communes non chefs-lieux de canton, connaîtront, concurremment avec les juges de paix, des contraventions commises dans l'étendue de leur commune, en cas de flagrant délit, ou par des personnes qui y sont résidentes, ou qui y sont présentes, lorsque les témoins y seront aussi résidens ou présens, et lorsque la partie réclamante concluera pour ses dommages-intérêts à une somme indéterminée, qui n'excédera pas celle de quinze francs.

» Ils ne pourront jamais connaître des contraventions attribuées exclusivement aux juges de paix par l'article 139, ni d'aucune des matières dont la connaissance est attribuée aux juges de paix, considérés comme juges civils. »

Ainsi, toute juridiction est refusée aux maires toutes les fois que la partie demanderesse réclame plus de quinze francs d'indemnité, réparation ou dommages-intérêts, et toutes les fois encore que les parties et les témoins ne sont pas tous domiciliés dans la commune où s'est commise la contravention.

Pour atteindre des délits qui sont au-dessous de ceux attribués exclusivement à la compétence des juges de paix, il faut descendre nécessairement à des faits d'une bien légère importance. (*M. Grenier.*)

Cela ne peut être autrement, et ces faits sont presque tous ruraux, si on peut les appeler ainsi. On n'en peut douter, d'après l'article 139 du même Code d'Instruction criminelle, qui interdit aux maires de connaître des contraventions commises dans leur propre commune, même lorsque les contrevenans ne sont pas pris en flagrant délit, quoiqu'ils soient domiciliés dans ladite commune ; des contraventions forestières poursuivies à la requête des particuliers ; des injures verbales, des affiches, annonces, ventes, distributions ou débits d'ouvrages écrits ou gravures contraires aux mœurs, enfin de l'action contre les gens qui font métier de deviner et de pronostiquer, ou d'expliquer les songes.

Le ministère public est exercé auprès du maire, dans les matières de police, par l'adjoint ; en l'absence de l'adjoint, ou lorsque l'adjoint remplace le maire comme juge de police, le ministère public est rempli par un membre du conseil municipal, qui est désigné par le procureur du Roi pour une année entière. (*Art.* 168, *ibid.*)

Les fonctions de greffier des maires sont exercées par une personne que le maire propose, et qui prête serment devant le tribunal correctionnel. Le ministère des huissiers n'est pas nécessaire pour les citations aux parties et aux témoins. Un simple avertissement du maire suffit. (*Art.* 168, 169, 170, *ibid.*)

Telles sont, et la composition du tribunal de police du maire, et ses attributions très-modérées. Mais quelle est la forme de procéder devant lui ? Elle est fort simple.

Le maire donne son audience publiquement, dans la maison commune; il entend le plaignant, les prévenus et les témoins appelés en la cause par une simple invitation, notifiée sans frais par son greffier, qui en dresse un acte ou certificat.

L'audition des témoins étant terminée, ainsi que la défense des parties, l'adjoint, ou celui qui le remplace, donne ses conclusions pour l'absolution ou la condamnation du prévenu, qui a le droit d'être encore entendu après l'adjoint. Enfin, le maire rend son jugement, et s'il contient une condamnation, la loi appliquée y est nécessairement motivée.

Il faut observer que les avertissemens du maire, soit aux parties, soit aux témoins, doivent être donnés au moins vingt-quatre heures auparavant le jour de l'audience, et ces vingt-quatre heures doivent être franches, c'est-à-dire que ni le jour de l'avertissement ni celui de l'audience ne doivent être comptés.

Le maire juge en dernier ressort, quand les amendes, restitutions ou dommages-intérêts n'excèdent pas, ensemble et réunies, la modique somme de cinq francs. Il faut d'ailleurs, pour que le jugement soit en dernier ressort, qu'il ne prononce pas la peine d'emprisonnement, car lorsque cette peine est appliquée, il y a toujours lieu à l'appel.

Toutes les formalités relatives aux tribunaux des maires sont amplement traitées dans mon Commentaire de la police simple, 3ᵐᵉ édition. *Voyez* cet Ouvrage, qui contient des modèles de tous les actes et jugemens que les maires peuvent faire dans leur petite juridiction.

MAITRES. Les maîtres, c'est-à-dire propriétaires, fermiers, chefs d'ateliers et autres, d'un même canton, ne peuvent se coaliser pour faire baisser ou fixer à vil prix la journée des ouvriers, ou les gages des domestiques, sous peine d'une amende du quart de la contribution mobilière des délinquans, et même de la détention de police municipale. (*Art.* 19, *tit.* II *de la loi du* 6 *octobre* 1793.)

Le Code Pénal a modifié ces dispositions en ces termes : « Toute coalition entre ceux qui font travailler des ouvriers, tendant à forcer injustement et abusivement l'abaissement des salaires, suivie d'une tentative ou d'un commencement d'exécution, sera punie d'un emprisonnement de six jours à un mois, et d'une amende de deux cents francs à trois mille francs. » (*Article* 414.)

La différence qui existe entre ce texte et le précédent est assez sensible, c'est la fixation du *minimum* de la peine de prison et l'augmentation du *minimum* de l'amende. *Voyez* MOISSONNEURS et OUVRIERS.

MALADIES CONTAGIEUSES. (*Voy.* ÉPIZOOTIES.)

MANUFACTURES. (*Voyez* USINES.)

MARAUDAGE. C'est une sorte de vol de fruits, de légumes, bois, etc. « Quiconque, dit l'article 34 de la loi du 6 octobre 1791, maraudera, dérobera des productions de la terre qui peuvent servir à la nourriture des hommes, ou d'autres productions utiles, sera condamné à une amende égale au dédommagement dû au propriétaire ou fermier; il pourra aussi, suivant les cironstances du délit, être condamné à la détention de police municipale.

» Le maraudage ou enlèvement de bois fait à dos d'hommes, dans les bois taillis ou futaies, ou autres plantations d'arbres des particuliers ou des communautés, sera puni d'une amende double du dédommagement dû au propriétaire. La peine de [détention pourra être la même que celle portée en l'article précédent. » (*Art.* 36, *ibid.*)

L'article 35 de la même loi fixe facultativement à trois mois la peine de détention, qu'il ordonne dans tous les cas : nous ne le donnerons point ici, parce qu'il est tout relatif aux vols de récoltes, qu'il ne faut pas confondre avec le maraudage simple. Voici un arrêt de la cour régulatrice qui fait justement cette distinction : « Ouï le rapport de M. Carnot, vu l'article 11 de la loi du 25 frimaire an VIII, attendu que de la combinaison de cet article et du 35e du titre II du Code Rural, il résulte qu'il faut distinguer pour faire l'application des peines qu'ils prononcent, entre les vols d'objets qui se trouvent naturellement confiés à la foi publique de ceux qui, pouvant y être soustraits, y restent néanmoins exposés par la volonté réfléchie du propriétaire ; que si les vols ou maraudages de la première espèce rentrent évidemment dans les dispositions de l'article 35 du Code Rural, il n'est pas moins évident que les vols de la seconde rentrent dans celles de l'article 11 de la loi de frimaire an VIII, qui s'occupe sans condition, restriction, ni réserve, de tous vols d'effets confiés à la foi publique; que les récoltes sur pieds et les fruits détachés du sol par un événement quelconque, et sans l'intervention du propriétaire, sont simplement confiés par la force et la nature des choses à la foi publique sans y être véritablement exposés; au contraire, que les fruits qui s'en trouvent détachés et gissans sur la place par la volonté de l'homme, y sont réellement exposés; que c'est par le mot *exposé* de l'article 11 de la loi de frimaire an VIII, que doit s'établir la différence dans l'application des peines aux vols de fruits et de récoltes, en considérant l'époque et les circonstances qui en ont accompagné la soustraction; que l'aggravation de peines prononcées par la loi, pour vol de fruits exposés à la foi publique, est fondée en raison, puisqu'en pareil cas il n'y a pas seulement vol, mais abus d'une confiance nécessaire, tandis que le vol de fruits pendans par racines ne présente réellement qu'un simple maraudage; qu'il convenait aussi de réprimer par des peines plus sévères la soustraction d'effets dont l'enlèvement avait été rendu plus facile par suite d'une confiance nécessaire, que celle d'objets qui présentait plus de difficultés dans son exécution, et qui ne pouvait être jamais ni aussi considérable, ni aussi préjudiciable au propriétaire; que si l'article 35 du Code Rural parle notamment du vol des récoltes, tandis que l'article 11 de la loi de frimaire an VIII ne s'occupe qu'en général des effets exposés à la foi publique, les fruits détachés du sol et laissés sur la place par l'intervention du propriétaire, n'en rentrent pas moins dans sa disposition, puisque ce sont réellement des effets exposés à la foi publique; qu'en effet l'article 540 du Code Civil répute meubles tous fruits cueillis, sans y mettre pour conditions qu'ils seraient enlevés et resserrés dans les bâtimens de la ferme;

qu'ainsi l'arrêt attaqué, reconnaissant Franchin et sa femme coupables d'enlèvement de javelles d'avoines coupées, restées sur place, exposées à la foi publique par ordre du sieur Denis, qui en était propriétaire, devait faire application à ce genre de délit de l'art. 11 de la loi du 25 frimaire an VIII, et non de l'article 35, titre II, du Code Rural; qu'en appliquant cet article 35, la cour de justice criminelle du département de l'Oise a ouvertement violé l'article 11 de la loi de frimaire, et fait une fausse application du Code Rural; par ce motif, la cour casse et annulle, etc. »

De semblables arrêts ont été rendus par la même cour les 17 février 1809 et 27 février 1813.

D'après les motifs lumineux donnés par le premier de ces arrêts, il est difficile, pour ne pas dire impossible, de confondre le maraudage simple avec le vol de récoltes détachées du sol. Mais le Code Pénal n'a-t-il apporté aucun changement ni modification à la loi du 6 octobre sur ce même fait du maraudage? Ce Code n'y porte pas nommément une dérogation, mais il dit : « Les autres vols non spécifiés dans la présente section, les larcins et filouteries, ainsi que les tentatives de ces mêmes délits, seront punis d'un emprisonnement d'un an au moins et de cinq ans au plus; les coupables pourront être interdits des droits mentionnés en l'article 42 du présent Code, pendant cinq ans au moins, à compter du jour où ils auront subi leur peine; ils pourront aussi être mis sous la surveillance de la police pendant le même nombre d'années. » (*Art.* 401.)

Le maraudage n'étant point spécifié dans ce nouveau code, on pourrait conclure qu'il est atteint par cet article 401, mais un arrêt de la cour régulatrice du 19 février 1813 décide que cet article 401 leur est étranger, et qu'ainsi la loi du 6 octobre reste en vigueur à leur égard. Voici les motifs de cet arrêt : « Attendu que, d'après l'article 484 du Code Pénal, les cours et tribunaux sont tenus d'observer les lois anciennes dans les matières réputées non réglées par ce code ; qu'il s'ensuit qu'un nouveau corps de législation n'étant point établi par ce code sur la police rurale, la loi du 6 octobre 1791, qui en a réglé les différentes parties, est nécessairement maintenue pour tous les délits qu'elle a prévus, et sur lesquels le Code Pénal ne contient pas de dispositions particulières ;

» Que les vols de bois, *les maraudages*, et autres délits de ce genre, qui ont été prévus et punis par cette loi, ne sauraient être considérés comme rentrant dans l'application de l'article 401 du Code Pénal, et conséquemment comme ayant été l'objet d'une disposition particulière du code ; que si ces délits constituent un vol, c'est un genre de vol qui a été l'objet d'une loi particulière ; que les vols qui sont la matière de la disposition générale de l'article 401 sont au contraire l'universalité des vols non qualifiés, sur lesquels il n'a pas été prononcé par des lois spéciales ; qu'une loi générale ne peut jamais être réputée déroger aux lois spéciales qui l'ont précédées ; que l'article 401 du Code Pénal remplace la disposition abrogée de l'article 32 du titre II de la loi du 22 juillet 1791 ; et que les articles 34, 35 et 36 du titre II de la loi du 6 octobre doivent subsister sous l'empire de cet article 401 ; que le délit dont Eustache Brulain était convaincu, rentrait donc dans la disposition de l'article 36 du titre II de ladite loi du 6 octobre, et qu'il devait être puni d'après cet article, ainsi que d'après la loi du 23 thermidor an IV ; que la peine étant ainsi fixée par une loi spéciale, ne pouvait être modifiée en vertu de l'article 463 du Code Pénal, applicable seulement aux dispositions contenues dans ce Code ; que néanmoins la cour de Douai a jugé, etc. ; la cour casse et annule, etc. »

Le maraudage dans les jardins clos et fermés, même pendant la nuit, doit-il être puni de la même peine que le maraudage dans les bois et les champs? Décidé affirmativement par la cour criminelle de Nanci, le 8 janvier 1812, qui n'a appliqué à un pareil fait que la peine de trois jours de prison et dix francs d'amende.

Sur le pourvoi en cassation, la cour régulatrice a déclaré que la loi a été bien appliquée, et a rejeté le pourvoi. (*Arrêt du 7 février 1810.*)

Mais il n'en serait pas ainsi, si le maraudage ou vol de fruits non récoltés était commis, soit par escalade dans un lieu fermé, soit avec l'une des autres circonstances aggravantes exprimées dans les art. 384 et 386 du Code Pénal; alors on applique les peines portées audit article 384, c'est-à-dire que la peine des travaux forcés à temps est encourue. Jugé ainsi par arrêts des 17 octobre 1811 et 21 mai 1812.

Cependant ces principes sont changés par la loi du 25 juin 1824, qui ne permet plus d'appliquer aux vols de récoltes faits avec des circonstances aggravantes, que les peines de l'article 401 précité. (*Voyez* cette nouvelle loi, *verbo* RÉCOLTES.)

MARI. La loi du 6 octobre 1791, article 7 du titre II, ordonne que les maris seront civilement responsables des délits commis par leurs femmes ; mais il faut renfermer sévèrement cette disposition dans le cercle de la loi qui la prononce, car, en général, elle est contraire au droit commun.

On voit bien par l'article 1384 du Code Civil, que chacun est responsable, non-seulement de ses propres faits, mais encore des dommages qui sont causés par les personnes dont on doit répondre ; cependant la loi ne met pas les femmes au nombre de ces personnes, et la jurisprudence les en excepte formellement.

Un premier arrêt de la cour régulatrice du 6 juillet 1811 décide positivement qu'un mari n'est pas responsable des condamnations prononcées contre sa femme par un tribunal de police, pour les injures ou les calomnies dont elle s'est rendue coupable.

Un second arrêt de la même cour a prononcé de la même manière, le 13 mai 1813.

Un troisième, rendu le 9 juillet 1807, décide qu'en général, le mari n'est point responsable des amendes encourues par sa femme pour délits ordinaires.

Voici les motifs du premier de ces arrêts, lors duquel il s'agissait d'une plainte pour injures verbales :

« Vu l'article 1424 du Code Civil, qui porte que *les amendes encourues par la femme ne peuvent s'exécuter que sur ses biens personnels*, et l'art. 1384 du même Code, qui ne fait porter la responsabilité

des maîtres que sur les dommages causés par les domestiques, dans les fonctions auxquelles ils les ont
employés ;

» Attendu qu'en considérant Anne Rambaudon
comme l'épouse ou comme la domestique de Joseph
Meunier, dans les deux cas ce dernier ne pouvait
être passible des condamnations prononcées contre cette
femme ; qu'ainsi les jugemens attaqués ont violé les
articles 1384 et 1424 du Code Civil; la cour casse
par ces motifs, etc. »

M. le procureur-général, dans son réquisitoire qui
précéda cet arrêt, disait : « Où est écrit que le mari
est civilement responsable des injures auxquelles sa
femme peut se livrer envers des tiers ? Nulle part...
Si la loi du 6 octobre 1791 dit, art. 7 du tit. II,
que les maris et les maîtres sont responsables des délits commis par leurs femmes et domestiques, cet article ne peut s'entendre que des délits ruraux; il est
étranger aux délits ordinaires, et par conséquent aux
injures verbales. »

(*Voyez*, pour complément, RESPONSABILITÉ.)

MEUNIERS. *Voyez* MOULINS.

MINES. Sont considérées comme mines, celles connues pour contenir en filons ou couches, ou en amas,
de l'or, de l'argent, de la platine, du cuivre, de
l'étain, du zinc, de la calamine, etc. (*Loi du* 21
avril 1810, *art.* 1er.)

Nous ne parlerons ici que des dispositions de police qui sont relatives à l'exploitation des mines, et qui,
par la situation et la nature des choses, se rattachent
à la police rurale.

Dès qu'il existe des causes qui peuvent compromettre la sûreté des exploitations des mines ou celle des ouvriers, le propriétaire de la mine en fait son rapport à l'autorité locale, et l'ingénieur, de son côté, est tenu d'en faire son rapport au préfet, en indiquant s'il y a urgence. Dans ce dernier cas, le préfet ordonne des mesures provisoires, qu'il fait exécuter; autrement l'exécution de ce qu'il prescrit est soumis à l'approbation du ministre de l'intérieur. (*Art.* 3 et 4 *du décret du 3 janvier 1813.*)

Si le danger reconnu par l'ingénieur est imminent, il fait, sous sa responsabilité, les réquisitions nécessaires aux autorités locales pour qu'il y soit pourvu sur-le-champ. (*Art.* 5 *ibid.*)

Mais lorsque l'état de la mine est tel, que le danger ne puisse se réparer, l'ingénieur en fait son rapport motivé au préfet, qui, après avoir entendu l'exploitant, ordonne la fermeture des travaux si le péril est reconnu; mais s'il est contesté, il ordonne la vérification des lieux, qui est faite par trois experts nommés, l'un par le préfet, le deuxième par l'exploitant, et le troisième par le juge de paix du canton. (*Art.* 7 *ibid.*)

Les actes administratifs ci-dessus sont notifiés aux exploitans pour qu'ils s'y conforment, sinon les contraventions sont constatées par procès-verbaux des ingénieurs des mines, conducteurs, maires, ou autres officiers de police. (*Art.* 10.)

S'il survenait des accidens dans une mine ou minière, qui auraient tué un ou plusieurs ouvriers, ou qui compromettraient la sûreté des travaux, ou des mines, ou des propriétés de la surface, l'exploitant, même tout préposé, est tenu d'en donner avis au maire et à l'ingénieur des mines. Ceux-ci, après avoir dressé procès-verbal de l'accident, en préviennent les autorités supérieures. En cas d'absence des ingénieurs, ils sont remplacés par les élèves conducteurs et gardes-mines assermentés; et à leur défaut, par des experts nommés par le maire. (*Art.* 11, 12 et 13 *ibid.*)

Les exploitans des mines voisines fournissent, en cas d'accidens, tous les secours dont ils peuvent disposer, sauf indemnité. Les maires ne doivent permettre l'inhumation des personnes péries dans les accidens, qu'en se conformant à l'article 81 du Code Civil, et s'il est impossible de parvenir aux lieux où sont les corps des individus péris, le maire le constate par son procès-verbal, qui est envoyé au sous-préfet et au procureur du Roi. (*Art.* 15, 16, 17, 18, 19 et 21 *ibid.*)

Si les accidens sont survenus faute, par les exploitans et autres, de s'être conformés aux dispositions administratives et à celles du décret dont nous faisons l'analyse, ils pourront être poursuivis devant les tribunaux par l'application des peines portées aux articles 319 et 320 du Code Pénal, sans préjudice des indemnités dues aux personnes lésées. (*Art.* 22.)

Au surplus, les contraventions des propriétaires ou autres personnes exploitant les mines, aux lois et réglemens y relatifs, sont dénoncées et constatées comme en matière de voirie et de police. (*Art.* 93.)

Les procès-verbaux sont adressés en originaux aux procureurs du Roi, qui poursuivent d'office les contrevenans en police correctionnelle, comme pour les délits forestiers, et sans préjudice des dommages-intérêts des parties. (*Art.* 95.)

Les peines sont une amende de cent à trois cents francs, et le double en cas de récidive, avec une détention correctionnelle de cinq ans au plus. (*Art.* 96.)

MOISSONNEURS ET OUVRIERS. « Les moissonneurs, les domestiques et ouvriers de la campagne ne pourront se liguer entre eux pour faire hausser et déterminer le prix des gages ou salaires, sous peine d'une amende qui ne pourra excéder la valeur de douze journées de travail, et en outre de la détention de police municipale. » (*Art.* 20, *tit.* II, *loi du 6 octobre* 1791.)

Cette disposition a été plusieurs fois modifiée. La loi du 22 germinal an XI dispose que « toute coalition de la part des ouvriers pour cesser en même temps de travailler, interdire le travail dans certains ateliers, empêcher de s'y rendre et d'y rester avant ou après de certaines heures, et en général pour suspendre, empêcher, enchérir les travaux, sera punie, s'il y a eu tentative ou commencement d'exécution, d'un emprisonnement qui ne pourra excéder trois mois. (*Art.* 7.)

» Si les actes prévus dans l'article précédent ont été accompagnés de violences, de voies de fait, d'attroupement, les auteurs et complices seront punis de peines portées au Code de Police correctionnelle, ou au Code Pénal, suivant la nature des délits. » (*Art.* 8.)

Le nouveau Code Pénal a prévu les mêmes faits, aussi par deux dispositions particulières ; les voici :

L'article 415 répète en mêmes termes le septième de la loi de germinal que nous venons de transcrire ; mais il fait mieux que cette loi, il limite le *minimum* de la peine, qu'elle ne précisait pas, c'est-à-dire que cette peine est d'un mois d'emprisonnement au moins, et de trois mois au plus. L'article 415 ajoute : « Les chefs ou moteurs seront punis d'un emprisonnement de deux ans à cinq ans. »

Et le 416e dit : « Seront aussi punis de la peine portée par l'article précédent, et d'après les mêmes distinctions, les ouvriers qui auront prononcé des amendes, des défenses, des interdictions, ou toutes proscriptions, sous le nom de damnations et sous quelque qualification que ce puisse être, soit contre les directeurs d'ateliers et entrepreneurs d'ouvrages, soit les uns contre les autres. »

Dans le cas du précédent article et dans celui qui le précède, les chefs ou moteurs du délit pourront, après l'expiration de leur peine, être mis sous la surveillance de la haute police pendant deux ans au moins et cinq ans au plus.

Avant ce texte, une loi du 23 nivôse an XI avait dit, article 6 : « Les amendes entre ouvriers, celles mises par eux contre les entrepreneurs, seront considérées et punies comme simples vols. Les proscriptions, défenses et interdictions connues sous le nom de damnations, seront regardées comme des atteintes portées à la propriété des entrepreneurs, qui seront tenus d'en dénoncer les auteurs, et ceux-ci seront mis sur-le-champ en arrestation pour être condamnés conformément au Code Pénal. »

Il est bien évident que ce dernier texte est la source où l'on a puisé l'article 416 précité. Mais écoutons les développemens qui furent donnés par les orateurs du gouvernement.

« Les maîtres se coalisent pour faire baisser le salaire des ouvriers ; et les ouvriers se coalisent pour faire augmenter leur salaire.

» Si cependant le salaire de ces ouvriers est trop modique, et qu'ils ne puissent subsister en France, ils iront chercher leurs moyens de subsistance chez l'étranger. Si les maîtres sont obligés de donner aux ouvriers une paie trop forte, ils seront réduits à la triste nécessité, ou de se ruiner, s'ils veulent soutenir la concurrence avec les autres établissemens du même genre à qui les ouvriers ne font point la loi, ou de fermer leurs ateliers au grand préjudice des ouvriers eux-mêmes.

» Tel est l'effet que produisent aussi ces sortes de défenses que les ouvriers prononcent contre les directeurs d'ateliers et entrepreneurs d'ouvrages, et qu'ils prononcent même quelquefois les uns contre les autres. Ils croient par là servir leur intérêt aux dépens de leur maître, et ils ne nuisent pas moins à leur propre intérêt.

» Le Code prononce contre tous ces abus des peines de police, graduées suivant la nature du délit. Mais, pour prévenir des poursuites criminelles trop légèrement intentées, on a eu soin de n'ouvrir d'action à cet égard que dans le cas où il y aurait eu tentative ou commencement d'exécution, et alors des peines appropriées au fait et à l'état des personnes sont prononcées contre les maîtres, contre les ouvriers, chefs ou moteurs. » (*Voyez* supra, MAITRES.)

La loi du 18 novembre 1814, relative à l'observation des fêtes et dimanches, dispense de cette observation les ouvriers employés à la moisson et autres récoltes, aux travaux urgens de l'agriculture, aux constructions et réparations motivées par un péril imminent; à la charge, dans ces deux derniers cas, d'en demander la permission à l'autorité municipale, qui peut même étendre les exceptions ci-dessus aux usages locaux.

Ainsi, les ouvriers qui se livrent à de tels travaux les jours de fêtes et dimanches ne sont point dans le cas d'être poursuivis comme coupables de contraventions, s'ils représentent une permission spéciale ou un arrêté du maire; autrement ils ne seraient pas excusables, lors même que l'urgence de leurs travaux serait reconnue. Jugé ainsi par la cour régulatrice, le 12 juillet 1821.

MORVE. C'est une maladie contagieuse à laquelle les chevaux sont sujets.

Pour prévenir les effets de la contagion, il a été donné plusieurs réglemens de police administrative, dont nous devons faire connaître les principales dispositions.

« Tout propriétaire ayant des chevaux atteints de morve, ou présumés tels, sont tenus, à peine de 500 francs d'amende, d'en faire la déclaration aux administrateurs ou officiers de police, afin que les chevaux soient visités et tués sur-le-champ si la maladie est reconnue.

» Ceux qui achèteront ou détourneront lesdits chevaux seront condamnés à pareille amende, et même les maréchaux qui auraient connaissance de chevaux atteints de morve et qui ne les déclareraient pas à l'autorité, seront condamnés en 300 livres d'amende, et à fermer boutique pendant six mois.

» Il est ordonné aux maires et autres officiers des villes et paroisses de faire une visite exacte des chevaux des habitans, des voituriers et autres, et de faire tuer ceux de ces animaux qui seront reconnus atteints de morve.

» Les hôteliers, aubergistes et cabaretiers sont tenus de refuser leurs écuries aux chevaux gâtés ou soupçonnés de morve, et de déclarer ceux qui les monteront ou présenteront, à peine de 300 francs d'amende.

» Les gendarmes, en faisant leurs rondes dans les bourgs et villages, sont autorisés à rechercher les chevaux morveux, et à les tuer eux-mêmes lorsque la maladie sera constatée, et à dresser des procès-verbaux qu'ils adresseront à l'autorité compétente. »

Dans la vente des chevaux, la morve est un vice rédhibitoire qui fait annuler la vente; c'est-à-dire que l'acheteur peut obliger le vendeur à reprendre le cheval malade et à rembourser le prix de la vente; mais il est de règle que l'acheteur intente son action dans un court délai, autrement il est non-recevable. Ce délai variait autrefois suivant les coutumes; il était de neuf jours à Paris, de huit seulement dans le Poitou et le Bourbonnais; mais dans les coutumes de Bar, de Cambrai, le délai était de quarante jours, et dans la Normandie, de trente seulement.

L'article 1648 du Code Civil s'en rapporte à l'usage des lieux où la vente a été faite, tant pour la

nature des vices qui donnent lieu à l'action rédhibitoire, que pour le délai dans lequel cette action doit
être intentée; ce qui est dire que ces usages sont confirmés. Il serait néanmoins désirable que le délai fût
uniforme pour toute la France.

MOULINS. Il est défendu de construire dans les
rivières navigables ou flottables, des moulins, écluses,
vannes, gonds et autres édifices, sans une permission
expresse de l'autorité compétente, à peine de 100 francs
d'amende et de démolition aux frais et dépens des propriétaires. (*Article 46 de l'ordonnance de 1669, titre XXVII, art. 42, décret du 25 janvier 1807,
art. 12.*)

Mais chacun peut, disent plusieurs auteurs, sur sa
propriété, où passe une rivière non navigable ni flottable, faire construire des moulins et autres ouvrages,
sans permission, pourvu que la construction ne puisse
nuire au passage et repassage, ni absorber entièrement
les eaux.

S'il en est ainsi, ce ne peut être du moins que depuis
l'abolition des banalités par la loi du 15 mars 1790;
mais je crois qu'il faut apporter une exception à cette
liberté, c'est-à-dire faire fixer par l'autorité administrative la hauteur à laquelle les propriétaires de moulins doivent tenir les eaux. C'est ce que prescrit positivement l'article 16 de la loi du 6 octobre, titre II,
dont voici les propres expressions. « Les propriétaires
ou fermiers des moulins et usines construits ou à construire, seront garans de tous dommages que les eaux
pourraient causer aux chemins ou aux propriétés voisines, par la trop grande élévation du déversoir ou au-

trement ; ils seront forcés de tenir les eaux à une hauteur qui ne nuise à personne, et qui sera fixée par le directoire du département (le préfet), d'après l'avis du directoire du district (le sous-préfet). En cas de contravention, la peine sera une amende qui ne pourra excéder la somme du dédommagement. »

Je crois encore que cette prétendue faculté de bâtir des moulins à eaux reçoit de fortes limites par le décret du 7 messidor an XII, qui porte que « personne ne pourra, à l'avenir, établir ou réparer sur aucune rivière du ci-devant Piémont, ni moulin, ni barrage pour en faciliter le roulement, sans l'intervention des ingénieurs, et sans avoir rempli toutes les formalités ordonnées par l'arrêté du 19 ventôse an VI. »

Si ces formalités ont été jugées nécessaires dans un pays, pourquoi ne le seraient-elles pas dans celui auquel ils furent réunis, lorsque les choses et les effets sont les mêmes ? Je conclus donc qu'il est prudent de ne construire aucun moulin à eau ou usine sur sa propriété, sans le concours de l'autorité administrative.

Mais appartient-il aussi à cette autorité de connaître d'une demande qui tend à obliger le propriétaire d'un moulin à eau de le démolir, en vertu d'un titre portant que cette démolition serait faite ? La cour régulatrice a jugé négativement cette question par ces motifs : « Attendu que la loi du 28 septembre 1791 ne soumet à l'autorité administrative que la police des eaux ; que dans l'espèce il ne s'agit pas d'un simple fait de police, mais d'un droit de propriété réglé par une transaction ; que les parties avaient défendu au fond devant le tribunal de première instance..... Rejette le pourvoi..... »

Il n'en est pas ainsi de la question suivante : le propriétaire du moulin inférieur peut-il exhausser arbitrairement ses empiétemens et écluses? Il n'appartient pas aux tribunaux de décider sur de tels faits, mais bien à l'autorité administrative. C'est ce qui a été décidé par un décret du 2 février 1808.

On remarque dans le premier ces motifs : « Considérant que, lorsqu'il s'agit de contestations entre des particuliers , relatives à l'usage des eaux pour l'irrigation de leurs terres, la compétence appartient aux tribunaux, ainsi qu'il résulte de l'article 645 du Code Civil....; que lorsque la contestation est relative à des moulins et usines, et qu'il s'agit de la hauteur d'eau, comme cette matière intéresse l'ordre public ; c'est à l'administration qu'il appartient de faire faire les vérifications et de statuer sur les difficultés; que la surveillance de l'administration est continuelle et indispensable, à cause du dommage que les eaux pourraient causer aux chemins et propriétés voisines, par la trop grande élévation du déversoir, ou par toute autre construction non conforme à l'art, et à cause des inconvéniens graves qui pourraient en résulter.... »

Des moulins, passons aux meuniers; la transition est assez naturelle.

On voit dans plusieurs ordonnances et coutumes [1],

---

[1] Ordonnance du 17 septembre 1469; article 35 du titre Ier de la coutume du Poitou; 11 du titre Ier de celle de Lodunois; article .... de celle de Nivernois; arrêts de réglemens de 1631, 30 décembre 1705, et 9 février 1735.

qu'il est défendu aux meuniers de prendre de plus fortes rétributions que celles qui sont autorisées par l'usage des lieux, à peine d'amende arbitraire ; qu'ils auront des balances pour peser les grains qu'ils recevront et les farines qu'ils remettront, ce qu'ils seront tenus de faire devant les propriétaires des grains et farines ; qu'ils auront aussi des mesures étalonnées ; qu'ils tiendront leurs moulins au point rond et bien clos, et feront moudre les grains au fur et à mesure qu'ils leur seront confiés, sans pouvoir se faire payer pour avancer le tour du premier venu.

Ces réglemens défendent aux meuniers de changer les blés, et leur enjoignent de rendre la farine nette et bien moulue, sans mélange de son ; le tout, à peine de 20 livres d'amende et de punition corporelle.

On remarque parmi ces réglemens un arrêt du parlement de Grenoble du 1er avril 1762, qui fait défenses aux meuniers de son ressort d'exiger pour tout droit de mouture, sous quelque prétexte que ce soit, au-delà de la vingt-quatrième partie des grains qui leur sont remis, à peine de *concussion*. Néanmoins ce même parlement, le 6 décembre 1775, ne condamna des meuniers contrevenans qu'à 20 livres d'amende envers les pauvres.

Enfin, il est défendu, par un autre réglement, à tous meuniers, de *tremper* (mouiller) la farine lorsqu'ils ont pris le blé au poids, et d'y mettre du sable, de la cendre, etc. : le tout, à peine de 100 livres d'amende et de punition corporelle.

On s'étonne généralement que ces anciennes dispositions ne soient pas renouvelées en tout ou partie, et qu'un sujet qui tient aussi fortement à l'interêt public ne soit pas soumis à une sage police locale. Cependant ce n'est ni défaut de pouvoir dans l'autorité administrative, ni défaut de plaintes contre les meuniers : rien de plus fréquent que les plaintes qui sont faites contre eux. Nous faisons, avec des millions de propriétaires, des vœux pour que la profession de meunier soit enfin justement surveillée, et que les administrateurs se rappellent que la loi leur fait un devoir « de publier de nouveau les lois et réglemens anciens de police, ou de rappeler les citoyens à leur observation (*art.* 46, *tit.* 1*er*, *loi du* 22 *juillet* 1791);

» De faire inspecter la fidélité des denrées, qui se vendent (ou se livrent, ou se vendent) au poids, à l'aune ou à la mesure. » (*Loi du* 24 *août* 1790.)

On peut cependant appliquer dès à présent aux meuniers qui mouillent les farines, ou les mélangent de son et d'autres corps inutiles ou nuisibles, le paragraphe 1*er* de l'article 479, qui punit d'une amende de 11 à 15 francs, inclusivement, ceux qui causent volontairement du dommage aux propriétés mobilières d'autrui.

OLI

OIES. (*Voyez* VOLAILLES.)
OLIVIERS, OSERAIES. (*Voyez* PRAIRIES ARTI-
FICIELLES.)

PAC

PACAGE DE BESTIAUX. (*Voyez* PATURAGES.)

PARCS DE BESTIAUX. Les parcs mobiles destinés à contenir du bétail dans la campagne, de quelque matière qu'ils soient faits, sont réputés enclos; et lorsqu'ils tiennent aux cabanes mobiles, ou autres abris destinés aux gardiens, ils sont réputés dépendans de maisons habitées. (*Art.* 392 *du Code Pénal.*)

Ainsi, la cabane du berger suffit pour rendre le parc des brebis et moutons une dépendance de maison habitée; peu importe que la cabane soit dans le parc ou qu'elle soit dehors et y attenant. (*Voyez* CABANES.)

Ainsi encore, les vols de bêtes à laines ou d'autres objets renfermés dans les parcs de troupeaux, sont punis comme faits dans une dépendance de maison ou lieu habité.

Néanmoins s'il n'y a que rupture ou destruction de ces parcs, et même des cabanes de gardiens, le malfaiteur n'est puni que d'un emprisonnement d'un mois au moins et d'un an au plus. Cette peine est d'ailleurs plus forte que celle prononcée par la loi du 6 octobre, article 31 du titre II, laquelle n'était que d'un emprisonnement d'un mois à six mois, suivant la gravité des circonstances; mais cette loi, il est vrai, ajoutait une amende égale à la somme du dédommagement dû au cultivateur. Le nouveau Code prend aussi l'indemnité de la partie lésée pour base de l'amende qu'il prononce, mais il en fixe le *maximum* au quart de cette même indemnité, et le *minimum* à 16 francs. (*Article* 455.)

PARCOURS. C'est un droit réciproque de plusieurs habitans ou communes, d'envoyer paître les bestiaux et chevaux sur leurs territoires respectifs, pendant le temps de la vaine pâture.

« La servitude réciproque de paroisse à paroisse, connue sous le nom de *parcours*, et qui entraîne avec elle le droit de vaine pâture, continuera provisoirement d'avoir lieu, avec les restrictions déterminées en la présente section, lorsque cette servitude sera fondée sur un titre, ou sur une possession autorisée par les lois et les coutumes; à tous autres égards elle est abolie. (*Article* 2, *section* IV *du titre* II *de la loi du* 6 *octobre* 1791.)

» Le droit de parcours ne peut, en aucun cas, empêcher les propriétaires de clore leurs héritages; et tout le temps qu'un héritage sera clos de la manière qui sera déterminée par l'article suivant, il ne pourra être assujéti ni à l'un ni à l'autre droit ci-dessus. (*Art.* 5 *ibid.*, *ibid.*)

» Le droit de clore et déclore ses héritages résulte essentiellement de celui de propriété, et ne peut être contesté à aucun propriétaire. Toutes lois et coutumes qui contrarient ce droit sont abrogées. (*Art.* 4 *ibid.*, *ibid.*)

» Dans aucun cas et dans aucun temps, le droit de parcours, ou celui de vaine pâture, ne pourront s'exercer sur les prairies artificielles, et ne pourront avoir lieu sur aucune terre ensemencée ou couverte de quelque production que ce soit, qu'après la récolte. (*Art.* 9 *ibid.*, *ibid.*)

» Partout où les prairies naturelles sont sujettes au parcours ou à la vaine pâture, ils n'auront lieu provisoirement que dans le temps autorisé par les lois et coutumes, mais jamais tant que la première herbe ne sera pas récoltée. » (*Art.* 10 *ibid.*)

Telles sont les règles de la moderne législation sur le droit de parcours. On y remarque que ce droit n'est conservé que provisoirement ; la raison en est peut-être qu'avant la révolution le parcours était aboli dans plusieurs provinces, notamment dans celles des parlemens de Pau, de Flandres et autres, au moyen de la clôture des propriétés qui fut permise à chaque propriétaire. (*Edits de mai* 1769, *de février* 1770 et 1771.)

Néanmoins le dernier de ces édits portait que, dans le cas où les communes justifieraient avoir payé quelques sommes à des communes voisines, ou s'être soumises au paiement annuel de quelques redevances, pour jouir sur leurs terrains du droit de parcours, cette servitude ne pourrait cesser qu'à la charge par les communes qui ont reçu ces sommes, de les rendre, et par celles qui perçoivent des redevances annuelles, d'y renoncer.

Mais c'est assez discuter de ces règles, parlons des contraventions qui peuvent s'ensuivre. La loi ne détermine ni le mode ou l'exercice particulier du parcours, ni sa police, relativement aux individus. Ces détails paraissent réservés à l'autorité administrative, et en effet, ils rentrent dans les attributions que les lois des 24 août 1790 et de juillet 1791 font à cette autorité. Cependant la loi n'omet pas les peines qui sont applicables aux contraventions.

« Tout délit rural est puni d'une amende ou d'une détention, soit municipale, soit correctionnelle, ou de détention et d'amende réunies, suivant les circonstances et la gravité du délit. » (*Loi du* 6 *octobre* 1791, *art.* 3, *tit.* II.)

Ce texte ne s'applique pas aux règles générales que nous avons tracées et qui existent dans le titre Ier de la même loi, ainsi que la cour régulatrice l'a décidé par arrêt du 8 juin 1821, dont voici les motifs :

« Attendu que d'après la disposition de l'art. 3 du titre II, et l'ordre dans lequel il est placé, les peines qu'il prononce sont sans application aux infractions qui peuvent être commises contre les dispositions sur le droit de parcours, qui sont placées dans un ordre antérieur. »

Mais ce même texte s'applique aux contraventions qui peuvent être commises aux réglemens locaux, et c'est aux juges de police qu'il appartient d'en connaître. Voici un autre arrêt de la même cour, qui leur garantit cette attribution.

« Sur le deuxième moyen, pris de l'incompétence du tribunal de police pour connaître d'un fait relatif à l'exercice du droit de parcours; attendu que, par l'art. 1er du titre XI de la loi du 24 août 1790, les juges de police ont été chargés d'une manière générale d'assurer l'exécution des lois et réglemens de police attribués par les lois à l'autorité municipale ;

» Que l'article 5 punit des peines de police les contraventions à ces lois et réglemens ;

» Que si par l'article 3 le législateur a spécifié particulièrement les objets de police confiés à la vigilance

16.

et à l'autorité de l'administration municipale, le pouvoir que cet article confère n'est pas limité à ces seuls objets; qu'il s'étend nécessairement à tous ceux que l'autorité municipale a été, par des lois postérieures, autorisée à régler;

» Que la loi des 28 septembre et 6 octobre 1791 sur la police rurale, et celle du 6 pluviôse an VIII, ont donné à l'administration municipale le pouvoir de régler, dans chaque commune où le droit de parcours a lieu, l'exercice de ce droit, et par conséquent d'ordonner les mesures propres à en prévenir ou à en réprimer les abus; que les arrêtés pris à cet effet par les conseils municipaux dans l'exercice légal de leurs attributions sont des réglemens de police qui doivent recevoir toute leur exécution; que les contraventions qui y sont commises sont, d'après les dispositions de l'article 5 de la loi du 24 août 1790, punissables des peines de police, et par suite, essentiellement de la compétence des tribunaux de police. » (*Arrêt du 25 janvier* 1821.)

Mais en maintenant les réglemens locaux sur la police du parcours, les juges de police ne peuvent ni les changer, ni les modifier ou réformer, même sous prétexte de l'avantage de l'agriculture, ni encore moins suspendre les effets de ces réglemens en refusant de prononcer sur les contraventions qui y sont faites. (*Arrêt de la même cour, du 5 juillet* 1821.)

Le seul fait d'avoir exercé le parcours sans titre ni possession légale ne suffit pas pour autoriser un tribunal de police à prononcer une peine, il faut encore qu'il existe un réglement local et municipal sur le parcours, dont l'intention paraisse présenter les caractères d'une contravention, attendu que ni l'article 471, § 13, du Code Pénal, ni l'article 24 du titre II de la loi du 6 octobre, ne sont pas applicables au parcours indument exercé. (*Arrêt du* 9 *mars* 1821.)

Je crois cependant que l'on peut, sans un réglement local, appliquer l'article 22 du titre II de la loi du 6 octobre, qui punit d'une amende de la valeur de trois journées de travail les pâtres et bergers qui dans les lieux de parcours, comme dans ceux où cet usage n'est pas établi, conduisent leurs troupeaux ou bestiaux dans les champs moissonnés et ouverts, avant qu'il se soit écoulé deux jours depuis l'enlèvement de la récolte. Il ne faut certainement pas de réglement administratif pour réprimer un fait qualifié délit par la loi, et dont la peine est déterminée.

Je le pense ainsi avec d'autant plus de confiance, que la cour régulatrice décide qu'il est nécessaire pour légitimer le parcours, de justifier devant le tribunal de simple police que la récolte est achevée et même enlevée dans les lieux où les troupeaux sont introduits. (*Arrêt du* 19 *brumaire an* VIII.)

PASSAGE *sur des terrains préparés ou ensemencés.*

« Seront punis d'amende, depuis un franc jusqu'à cinq francs inclusivement, 1º ceux, etc. ; 13º ceux qui, n'étant ni propriétaires, ni usufruitiers, ni locataires, ni fermiers, ni jouissant d'un terrain ou d'un droit de passage, ou qui n'étant agens, ni préposés d'aucune de ces personnes, seront entrés et auront passé sur ce terrain ou sur partie de ce terrain, s'il est préparé ou ensemencé. » (*Art.* 471 *du Code Pénal,* § 13.)

Ce texte présente lui-même les exceptions, ou plutôt

les questions préjudicielles qui peuvent empêcher ou suspendre la décision de la contravention, car dès qu'un prévenu objecte qu'il jouit d'un droit de passage sur le terrain dont il est cas, le juge de police, n'étant pas compétent de décider de la question de propriété ou de jouissance du passage, doit surseoir au jugement de la contravention, et renvoyer devant juges compétens pour la question préjudicielle. (*Arrêts des* 10 *et* 17 *février* 1809, *rendus par la cour régulatrice.*)

Trois autres arrêts de la même cour ont prononcé dans le même esprit, les 10 octobre 1810, 21 février 1811 et 10 août 1821. Donnons les motifs du dernier, qui trace aux juges et au ministère public la marche qu'ils doivent suivre dans cette hypothèse.

« Attendu qu'à l'audience du tribunal de police de Saint-Germain-en-Laye du 20 mars dernier, Pierre-Antoine Bezuchet a dit pour défense qu'il était propriétaire du terrain sur lequel se trouvaient les matériaux dont le dépôt en ce lieu avait été le motif de l'action qui lui était intentée par le ministère public, et que le tribunal voyant dans cette défense du prévenu une question préjudicielle, avait sursis, par jugement dudit jour 20 mars, à faire droit au fond, jusqu'à ce qu'il eût été statué sur cette question par l'autorité compétente;

» Que ce jugement, conforme aux principes et aux lois de la matière, n'ayant pas été attaqué par le ministère public, devait recevoir son exécution; qu'ainsi le prévenu, devenu demandeur par l'allégation de propriété qu'il opposait à l'action formée contre lui, était tenu de faire des diligences pour obtenir de la juridiction civile un jugement qui déclarât contradictoirement avec le maire, procédant au nom de la commune propriétaire du terrain dont il s'agissait, soit d'après les preuves qu'il aurait administrées, soit d'après la déclaration du maire, de n'entendre lui contester les droits qu'il prétendait avoir sur ce terrain;

» Mais qu'aucune loi n'a établi un délai à l'expiration duquel les prévenus qui opposent à l'action pour contravention formée contre eux l'exception préjudicielle de propriété, et qui n'ont point encore agi pour obtenir une décision sur cette exception, sont réputés l'avoir abandonnée; *que c'est donc aux tribunaux de police qu'il appartient de déterminer ce délai;* que s'il n'en a été fixé aucun, les prévenus ne sauraient être poursuivis de nouveau, faute d'avoir obéi au jugement qui les a renvoyés devant l'autorité compétente; qu'il n'existe point de présomption légale de leur renonciation à l'exception qu'ils ont invoquée; que la question de propriété restant toujours indécise, leur condamnation ne peut avoir de base légale.

» Attendu que, dans l'espèce, aucun délai n'ayant été fixé par le jugement du tribunal de police, Bezuchet ne pouvait être appelé devant ce tribunal que pour voir faire par un second jugement ce qui n'avait pas été fait par le premier, et voir déterminer le temps pendant lequel ce prévenu serait tenu de provoquer une décision sur la question préjudicielle;

» Qu'en se hâtant de prononcer sa condamnation dans cet état, comme si cette question avait été décidée contre lui par le tribunal civil, ou comme si le délai de trois mois était un délai fatal après lequel il dût être légalement présumé s'être reconnu sans droit sur le terrain dont il s'était dans le principe prétendu propriétaire, le tribunal de police de Saint-Germain a méconnu l'autorité de la chose jugée par le jugement du 20 mars; qu'il a commis un excès de pouvoir et violé les règles de sa compétence. Par ces motifs, la cour casse et annule, etc. »

La loi du 6 octobre 1791 ne punissait que ceux qui entraient à cheval ou en voiture dans les champs ensemencés; mais l'article 471 précité y a ajouté les terrains *préparés*, et il comprend toute espèce de passage, ce qui est juste. Il était nécessaire de réprimer l'insouciance et la malice de certains cultivateurs qui souvent foulent hardiment les terrains ensemencés par des motifs très-légers.

On doit comprendre dans ces terrains les prairies naturelles ou artificielles, dont la végétation souffre toujours, plus ou moins, d'un passage quelconque.

PASSAGE DE PERSONNES, DE BESTIAUX ET ANIMAUX DE TRAIT OU DE MONTURE *sur les terrains ensemencés ou chargés d'une récolte.*

« Sont punis d'amendes depuis six francs jusqu'à dix francs inclusivement 1° ceux, etc.; 9° ceux qui n'étant propriétaires, usufruitiers, ni jouissant d'un terrain ou d'un droit de passage, y sont entrés et y ont passé dans le temps où ce terrain était chargé de grains en tuyaux, de raisins et autres fruits mûrs ou voisins de la maturité. (*Article 475, Code Pén.,* 9ᵉ §.)

10° Ceux qui auraient fait ou laissé passer des bestiaux, animaux de trait ou de charge, ou de monture, sur le terrain d'autrui, ensemencé ou chargé d'une récolte, en quelque saison que ce soit, ou dans un bois taillis appartenant à autrui. » (*Ibid.*, 10ᵉ §.)

Le premier de ces textes ne concerne évidemment que le passage des hommes sur les terrains qu'il désigne; c'est en cela qu'il se rapproche beaucoup du passage dont nous avons traité dans l'article précédent; néanmoins la loi élève ici la peine, parce que le dommage doit être nécessairement plus grand. Ainsi ces deux dispositions n'ont d'autre différence que le temps où le passage est fait, suivant qu'il est plus ou moins éloigné de la maturité des fruits.

Dans le second texte, on voit qu'il s'agit d'un passage d'animaux, en toute saison, sur un champ garni d'une récolte, et même dans les bois taillis. Ce passage est interdit, même lorsqu'on allègue qu'il n'existe pas d'autres chemins, ou qu'ils sont impraticables. (*Arrêt de la cour de cassation, du 3 janvier* 1821.)

Il faut observer ici qu'en parlant des bois taillis, la loi ne comprend que ceux des particuliers, et non des bois et forêts de l'état. A l'égard de ceux-ci, les délits qui s'y commettent sont punis correctionnellement. (*Ordonnance de* 1669, *et article* 179 *du Code d'Instruction criminelle.*)

Le paragraphe 10 de l'article 475, que nous venons de tracer, s'applique-t-il au fait de laisser paître des bestiaux sur le terrain d'autrui? Déjà nous avons rapporté, *verbo* DOMMAGE, un arrêt du 1ᵉʳ août 1818, qui le décide négativement, en déclarant que ce paragraphe ne peut s'appliquer qu'au fait de *laisser passer des bestiaux* sur le champ d'autrui ensemencé ou chargé d'une récolte. Nous avouons sans peine que nous avons vu les choses d'une manière différente dans notre *Recueil général de la jurisprudence des justices de paix*, 2ᵉ édition. Nous y avons dit que laisser *passer, divaguer ou paître des bestiaux*, étaient souvent des choses synonymes. La nature seule du fait conduit à le croire ainsi, car il est difficile que des bestiaux passent sur un terrain ensemencé ou chargé d'une récolte, sans y pâturer d'une manière quelconque, à moins que les bestiaux soient muselés ou tenus de chaque côté, ce qui ne se fait certainement pas dans de tels passages.

Je conviens que la cour donne un motif qui paraît péremptoire, c'est que l'introduction des bestiaux dans les propriétés d'autrui chargées de récolte ou ensemencées, peut donner lieu à des peines correctionnelles, tandis que le simple fait de laisser passer des bestiaux ne donne lieu qu'à des peines de simple police. Point de doute que le fait de garder des bestiaux à vue sur le terrain d'autrui ne donne lieu à des peines correctionnelles, aussi ce n'est pas de ce fait dont j'ai parlé, puisque j'en ai fait soigneusement la distinction; mais j'ai dû comparer quelques dégâts de pâturages ou de divagations, qui ne donnent lieu qu'à des peines de simple police, et en cela rien ne paraît différent du simple fait de laisser passer : cependant l'autorité de la cour régulatrice doit faire la règle; c'est donc à son arrêt qu'il faut s'en tenir, et considérer la dépaissance ou pâturage des bestiaux, une toute autre contravention que celle signalée par le paragraphe 10 de l'article 475.

PASSAGE DE BESTIAUX ET AUTRES ANIMAUX *sur le terrain d'autrui avant la récolte enlevée.*

L'article 471 du Code Pénal, 14ᵉ §, est ainsi

conçu : « Ceux qui auront laissé passer leurs bestiaux ou leurs bêtes de trait, de charge ou de monture, sur le terrain d'autrui avant l'enlèvement de la récolte..... seront punis d'une amende depuis un franc jusqu'à cinq francs, inclusivement. »

Ce texte suppose une récolte séparée de la terre, mais non encore enlevée ; ce n'est donc pas le même fait prévu par le n° 13 du même article 471, dont nous avons traité dans l'un des précédens articles, quoiqu'ils soient l'un et l'autre réprimés des mêmes peines.

PÀTURAGES. Il en est de deux sortes : ceux qui ont lieu dans les bois et forêts de l'état, et ceux qui ont lieu sur les propriétés des particuliers. Mais l'un et l'autre sont réglés par des lois spéciales et des réglemens locaux ; ce qui nous conduit, pour être plus méthodique, à diviser cet article en deux parties.

§ Ier.

La loi du 5 vendemiaire an v dit (article Ier) : « Le pâturage des bestiaux dans les forêts nationales de l'ancien domaine est interdit à tous particuliers riverains qui ne justifieront pas être du nombre des usagers reconnus et conservés dans les états anciennement arrêtés par le ci-devant conseil.

» Il est pareillement interdit dans les forêts nouvellement devenues nationales, excepté aux usagers qui auront justifié de leurs droits. (*Art.* 2.)

» Ceux qui auront été reconnus usagers ne pourront user de cette faculté qu'en se conformant strictement aux dispositions contenues dans le titre XIX de l'ordonnance de 1669. (*Art.* 3.)

» Leurs bestiaux ne pourront être conduits que dans les parties de bois qui auront été déclarées défensables par les agens forestiers. (*Art.* 4.)

» Il ne sera déclaré de bois défensables, que ceux qui seront reconnus assez forts et élevés, sans avoir égard à leur plus ou moins d'âge, pour n'avoir rien à craindre de la dent des bestiaux. » (*Art.* 5.)

Quant aux dispositions précitées de l'ordonnance de 1669, relatives aux usagers, et auxquelles ils doivent se conformer dans l'exercice de leurs droits, il convient de les réunir ici au texte qui en prescrit l'exécution. Les voici, telles que le titre XIX de cette ordonnance les contient :

« Permettons aux communautés, habitans et particuliers, usagers, dénommés en l'état arrêté en notre conseil, d'exercer leurs droits de panage et pâturage pour leurs porcs et bêtes aumailles dans toutes nos forêts, bois et buissons, aux lieux qui auront été déclarés défensables par les grands maîtres, faisant leurs visites, ou sur les avis des officiers des maîtrises. (*Art.* 1ᵉʳ.)

» Les officiers assigneront à chacune paroisse, hameau, village ou communauté, une contrée particulière, la plus commode qu'il se pourra, en laquelle, ès lieux défensables seulement, les bestiaux puissent être menés et gardés séparément, sans mélange de troupeaux d'autres lieux : le tout à peine de confiscation des bestiaux et d'amende arbitraire contre le pâtre, etc. (*Art.* 2.)

» Les habitans usagers donneront déclaration du nombre et de la quantité des bestiaux qu'ils possèdent ou tiennent à louage, dont sera fait rôle contenant le nom de ceux à qui ils appartiendront. (*Art.* 3.)

» Les coutumes, franchises, usages, pâturages et pa-
nages seront réduits aux fiefs et maisons usagères seulement, suivant les usages qui en ont été faits par les
commissaires qui ont travaillé aux réformations, ou qui
seront ci-après dressés par les administrateurs forestiers. Le nombre des bestiaux sera pareillement réglé,
eu égard à l'état et possibilité des forêts. (*Art.* 5.)

» Tous les bestiaux appartenant aux usagers d'une
même paroisse ou hameau, ayant droit d'usage, seront
marqués d'une même marque, dont l'empreinte sera
mise au greffe avant que de pouvoir les envoyer au pâturage, et chaque jour ils seront assemblés en un lieu
qui sera destiné pour chaque bourg, village ou hameau,
en un seul troupeau, et conduit par un seul chemin
indiqué par les officiers forestiers, comme le plus commode et le mieux défendu, sans qu'il soit permis de
prendre une autre route ; allant et retournant, à peine
de confiscation des bestiaux, d'amende arbitraire contre les propriétaires, et de punition exemplaire contre
les pâtres et gardes. (*Art.* 6.)

» Les particuliers seront tenus de mettre au cou de
leurs bestiaux des clochettes, dont le son puisse avertir
des lieux où ils pourront s'échapper et faire dégât, afin
que les pâtres y courent, et que les gardes se saisissent
des bêtes écartées ou trouvées en dommage hors les
cantons désignés.

» Ne sera loisible à aucun habitant de mener ses
bestiaux à garde séparée ni les faire mener en la forêt
par sa femme, ses enfans ou domestiques, à peine
de dix livres d'amende pour la première fois, de

confiscation pour la seconde, et de privation de tout usage pour la troisième. (*Art.* 8)

» Ne pourront les particuliers usagers prêter leurs noms et maisons aux marchands et habitans des villes et paroisses voisines pour y retirer leurs bestiaux, et s'il s'y en trouvait qui fussent ainsi retirés ou donnés frauduleusement par déclaration, ils seront confisqués, et l'usager condamné, pour la première fois, à l'amende de cinquante livres, et en cas de récidive privé de tout usage. (*Art.* 10.)

» Défendons à tous particuliers d'envoyer leurs bestiaux en pâturage, sous prétexte de baux et congés des officiers, receveurs ou fermiers du domaine, même des engagistes ou usufruitiers, à peine de confiscation des bestiaux et de cent livres d'amende. (*Art.* 11.)

» Les habitans des maisons usagères jouiront du droit de pâturage et panage pour les bestiaux de leur nourriture seulement, et non pour ceux dont ils feront trafic et commerce, à peine de confiscation et d'amende. » (*Art.* 14.)

Ce n'est pas tout. Un décret du 5 vendemiaire an VI distingue les usagers de l'ancien domaine d'avec ceux des forêts devenues nationales. Il porte, article 1er : « Le pâturage des bestiaux dans les forêts nationales de l'ancien domaine est interdit à tous particuliers riverains qui ne justifieront pas être du nombre des usagers reconnus et conservés dans les états anciennement arrêtés par le ci-devant conseil.

» Il est également interdit dans toutes les forêts devenues nationales, excepté aux usagers qui auront justifié de leurs droits par devant les administrations centrales des départemens, contradictoirement avec les agens nationaux forestiers ; et les préposés de la régie de l'enregistrement. »

Cette distinction fut renouvelée par une loi du 28 ventôse an XI, mais elle imposa une formalité dont l'inaccomplissement dans le délai qu'elle a prescrit formerait aujourd'hui obstacle à l'exercice du droit de l'usager. Voici les termes de cette loi.

« Les communes et particuliers qui se prétendront fondés, par titres ou possession, en droit de pâturage, panage, chauffage, et autres usages de bois, tant pour bâtiment que pour réparations dans les forêts nationales, seront tenus, dans les six mois qui suivront la publication de la présente loi, de produire sous récepissé aux secrétariats des préfectures et sous-préfectures dans l'arrondissement désquelles les forêts prétendues grevées desdits droits se trouvent situées, les titres ou actes possessoires dont ils en infèrent l'existence ; sinon, et ce délai passé, défenses leur sont faites d'en continuer l'exercice, à peine d'être poursuivis et punis comme délinquans.

» Les communes et particuliers dont les droits d'usage ont été reconnus et fixés par les états arrêtés au ci-devant conseil sont dispensés de la formalité prescrite par l'article précédent. »

§ II.

La faculté de faire pâturer les bestiaux dans les autres lieux s'exerce, soit d'après les dispositions des réglemens locaux, soit suivant les usages des communautés. Il y a des paroisses où il est interdit aux habitans de faire paître les bêtes à laine dans les communaux, qui en général ne sont destinés qu'aux chevaux, bœufs et vaches; d'autres communes y laissent paître les bêtes à laine, depuis la Saint-Jean jusqu'au 1er février. Mais partout on défend de mener les cochons dans les prairies; on ne peut que les envoyer dans les terres incultes.

La même prohibition atteint les chèvres, aussi bien dans les lieux de parcours, comme dans ceux qui ne sont pas assujétis à cet usage. *Voyez* l'article 18 du titre II de la loi du 6 octobre, rapporté *verbo* CHÈVRES. *Voyez* aussi, pour l'époque à laquelle doit commencer le pâturage en tous lieux, dans les champs moissonnés et ouverts, l'article 22 de la même loi, déjà tracé à l'article PARCOURS.

Un arrêt de réglement du parlement de Paris, du 9 mai 1777, fait défenses à tout propriétaire, usufruitier, fermier et autres possesseurs de biens ruraux, d'avoir plus d'une bête à laine *et son suivant* par arpent de terre labourable qu'il possède ou cultive; défend à tous autres habitans qui ne font valoir aucune terre, d'envoyer paître des bêtes à laine dans les campagnes, sous quelque prétexte que ce puisse être, à peine de dix livres d'amende, de saisie et de confiscation des bêtes à laine qui seraient trouvées dans les campagnes.

L'intérêt de l'agriculture et les vœux de tous les propriétaires ou possesseurs de terres appellent fortement la sollicitude des administrateurs, des législateurs même, sur le renouvellement de semblables dispositions, qui paraissent tombées en désuétude, ou du moins généralement oubliées. Des arrêtés locaux, en leur donnant une nouvelle vie, exciteraient le zèle des agens chargés de faire respecter les propriétés, et seraient un véritable bienfait.

Il a existé aussi d'anciens réglemens qui défendaient de faire paître les bestiaux la nuit, dans aucun lieu et dans les champs ouverts, parce que le bétail peut s'écarter et causer du dommage. Il serait encore très-convenable de renouveler ces défenses, qui ont un but utile et avantageux aux propriétaires.

Voici un arrêt de la cour suprême, qui décide un fait singulier. « Le seul fait que des bestiaux sont trouvés dans un lieu *où l'on n'a pas pu les mettre en pâturage*, constitue-t-il un délit, lorsqu'à ce fait n'est pas jointe la preuve qu'ils ont effectivement pâturé ou causé du dommage ? » Jugé affirmativement par ces motifs :

« Attendu que de l'article 3 de la loi du 6 octobre 1791 (titre II), il résulte que tous les faits mentionnés dans les articles suivans constituent un délit rural punissable; d'où il suit, et d'après l'article 12 de la même loi, que le fait mentionné dans cet article, de l'abandon des bestiaux sur les propriétés d'autrui susceptibles d'en éprouver un dommage, est classé parmi les délits ruraux; attendu que d'après la loi du 3 brumaire an IV, article 4, tout délit donne essentiellement lieu à l'action publique; attendu enfin, que d'après la loi du 23 thermidor an IV, la peine pour tout délit rural et forestier ne peut être au-dessous de trois journées de travail, ou de trois jours d'emprisonnement; d'où il suit qu'en déclarant, dans l'espèce, que le fait en question n'était pas un délit, et en n'appliquant à ce fait

aucune peine, il a été contrevenu aux diverses lois précitées. Par ces motifs la cour casse, etc. »

A quelle autorité appartient-il de connaître de la
question de savoir si telle commune a le droit de pâturage sur la propriété d'un particulier? La cour décide que les administrateurs ne sont pas compétens,
attendu que de telles contestations, portant sur la propriété, sont du ressort des tribunaux ordinaires; mais
qu'avant de plaider, la commune doit se pourvoir en
autorisation devant le conseil de préfecture. (*Arrêt du
7 avril* 1812.)

PÊCHE. Des réglemens relatifs à l'exercice de la pêche ont été donnés d'une manière aussi sage que com-
plète, par la mémorable ordonnance de 1669, d'ont les
dispositions nous sont heureusement conservées par les
lois des 15 avril 1791, et 14 floréal an x.

Commençons par analyser les textes de l'ordonnance.

L'article 1er défend de pêcher, en quelques jours et
saisons que ce puisse être, à d'autres heures que depuis
le lever du soleil jusqu'à son coucher; sinon aux arches
des ponts, aux moulins et aux gords où se tendent des
diédeaux, auxquels lieux on pourra pêcher tant de nuit
que de jour.

L'article 6 dit : « Les pêcheurs ne pourront pêcher
dans le temps du frai, savoir : aux rivières où la truite
abonde sur tous les autres poissons, depuis le 1er février
jusqu'à la mi-mars, et aux autres, depuis le 1er avril
jusqu'au 1er de juin; à peine pour la première fois, de
vingt francs d'amende et d'un mois de prison, et de
deux mois pour la seconde. »

Par l'article 7, exception est faite de la prohibition

portée au précédent, de la pêche aux saumons, aloses et lamproies, qui sera continuée en la manière accoutumée; mais on ne pourra, dit l'article 8, mettre des bires ou nasses d'osier à bout des diédeaux pendant le temps du frai, à peine de vingt francs d'amende et de confiscation du harnois, pour la première fois, et d'être privé de la pêche pendant un an, pour la seconde.

Néanmoins il est permis d'y mettre des chausses ou sacs, du moule de dix-huit lignes en carré, et non autrement, sous les mêmes peines; mais après le temps du frai passé, les pêcheurs pourront mettre des bires ou nasses d'osier à jour, dont les verges seront éloignées les unes des autres de douze lignes. (*Art.* 9.)

Défenses expresses sont faites aux maîtres pêcheurs de se servir d'aucun engin ou harnois prohibé par les anciennes ordonnances sur le fait de la pêche, et en outre, de ceux appelés gille, tramail, furet, épervier, chalon et sabre, dont elles ne font pas mention..... Comme aussi d'aller au barandage et mettre des bacs en rivière, à peine de cent francs d'amende, pour la première fois, et de punition corporelle pour la seconde. (*Art.* 10.)

Les pêcheurs rejetteront en rivière les truites, carpes, barbeaux, brêmes ou mouniers qu'ils auront pris, ayant moins de six pouces entre l'œil et la queue, et les tanches, perches et gardons qui en auront moins de cinq, à peine de cent francs d'amende, et de confiscation contre les pêcheurs et marchands qui en auront vendu ou acheté. (*Art.* 12.)

Défenses sont faites à toutes personnes de jeter en rivière aucune chaux, noix vomique, coque du levant, moruc et autres drogues ou appât, à peine de punition corporelle. (*Art.* 14.)

Pareillement défenses sont faites à toutes personnes d'aller sur les mares, étangs et fossés, lorsqu'ils seront glacés, pour en rompre la glace et y faire des trous, ni d'y porter des flambeaux, brandons ou autres feux, à peine d'être punis comme de vol. (*Art.* 18.)

Comparons à ces dispositions celles des lois nouvelles :

« A compter du 1er vendemiaire prochain, nul ne pourra pêcher dans les fleuves et rivières navigables, s'il n'est muni d'une licence, ou s'il n'est adjudicataire de la ferme de la pêche, conformément aux articles suivans. (*Art.* 12 *de la loi du* 16 *floréal an* x.)

» Le gouvernement déterminera les parties des fleuves et rivières où il jugera la pêche susceptible d'être mise en ferme, et il réglera pour les autres les conditions auxquelles seront assujétis les citoyens qui voudront y pêcher moyennant une licence. (*Art.* 13.)

» Tout individu qui, n'étant ni fermier de la pêche, ni pourvu de licence, pêchera dans les fleuves et rivières navigables, autrement qu'à la ligne flottante et à la main, sera condamné, 1º à une amende qui ne pourra être moindre de cinquante francs ni excéder deux cents francs; 2º à la confiscation des filets et engins de pêche; 3º à des dommages-intérêts envers le fermier de la pêche d'une somme pareille à l'amende. En cas de récidive l'amende sera double. (*Art.* 14.)

» Les délits seront poursuivis et punis de la même manière que les délits forestiers. (*Art.* 15.)

» Les gords, barrage et autres établissemens fixes

de pêche, construits ou à construire, seront pareillement affermés après qu'il aura été reconnu qu'ils ne
nuisent point à la navigation, qu'ils ne peuvent produire aucun attérissement dangereux, et que les propriétés riveraines n'en peuvent souffrir de dommage.
(*Art.* 16.)

» La police, la surveillance et la conservation de
la pêche seront exercées par les agens et préposés de
l'administration forestière. » (*Art.* 17.)

» Les fermiers de la pêche pourront établir des
garde-pêches, à la charge d'obtenir l'approbation du
conservateur des forêts, et de les faire recevoir comme
gardes forestiers. » (*Art.* 18.)

Un arrêté du gouvernement, en date du 17 nivôse
an XII, après avoir ordonné que l'article 14 de la loi
du 14 floréal an x sera exécuté suivant sa forme et teneur, ajoute : « En conséquence, tout individu, autre
que les fermiers de la pêche ou les pourvus de licence,
ne pourront pêcher sur le fleuves et rivières navigables
qu'avec une ligne flottante tenue à la main. »

Ce que nous venons de dire s'applique plus particulièrement aux rivières navigables et flottables qu'à celles
qui ne le sont pas. Néanmoins on a prétendu que ces
dernières étaient une propriété des communes; mais
un avis du conseil d'état du 27 pluviôse an XIII, approuvé le 3o du même mois, a rejeté cette prétention
et a maintenu les propriétaires riverains dans la jouissance de la pêche, chacun sur son terrain, dans les
rivières non navigables ni flottables, en se conformant
néanmoins aux lois générales ou réglemens locaux
concernant la pêche, sans pouvoir conserver ce droit

si, par la suite, la rivière non navigable devient navigable.

Ainsi, point de doute que les propriétaires riverains doivent s'abstenir de la pêche durant le temps qu'elle est prohibée, et ne se servir d'aucun filet, piége, engin, etc., prohibés par les lois. Il existe trois arrêts de la cour régulatrice, des 2 mars 1809, 20 décembre 1810, et 20 août 1812, qui ont décidé que l'article 10 du titre XXXI de l'ordonnance de 1669, dont nous avons précédemment donné le texte, n'est point uniquement applicable à ceux qui pêchent avec des engins prohibés dans les fleuves et rivières navigables; « attendu, dit le dernier de ces arrêts, qu'aux termes des articles 5 du titre XXVI et 28 du titre XXXII de l'ordonnance de 1669, les délits commis dans les étangs et rivières des particuliers, même pour la pêche, doivent être punis des mêmes peines et réparations ordonnées dans les eaux et pêcheries royales ; d'où il suit qu'il est indifférent, pour l'application des peines aux délits de pêche, que ces délits aient été commis dans des eaux et rivières navigables ou non navigables, et par des individus pêcheurs ou non pêcheurs de profession.... »

Mais ces délits peuvent-ils être poursuivis d'office par le ministère public quand ils ne sont commis que dans les eaux des particuliers, c'est-à-dire dans les étangs, ruisseaux ou rivières non navigables ? Les juges peuvent-ils appliquer la peine prononcée contre ces délits lors même que le ministère public n'y conclurait pas ?

« Pêcher dans les eaux d'autrui, même en temps

non prohibés et avec des engins non défendus, c'est un délit toutes les fois qu'on le fait sans le consentement du propriétaire; et ce délit est passible de la peine déterminée par la loi, toutes les fois que le propriétaire s'en plaint.

» Le tribunal correctionnel devant lequel le propriétaire porte sa plainte est donc obligé non-seulement de lui adjuger les dommages-intérêts qui lui sont dus, mais encore de condamner le coupable à la peine déterminée par la loi. »

Telle fut la doctrine du ministère public lors de l'arrêt de la cour régulatrice du 27 juin 1811, qui la confirma pleinement.

Nous remarquons encore trois autres arrêts en ces matières. Le premier, du 1er brumaire an xiv, décide que la défense de pêcher pendant la nuit est commune aux rivières qui ne sont ni navigables, ni flottables.

Le second, du 27 décembre 1810, déclare que la défense de pêcher dans le temps du frai est commune aux mêmes rivières non navigables, ni flottables.

Et le troisième déclare que la pêche avec des engins propres à dépeupler les rivières est commune à toutes rivières ainsi qu'aux canaux. (*Arrêt du* 20 *décembre* 1819.)

Il faut ajouter aux peines prévues par l'ordonnance de 1669 sur les délits de pêche, celles qui sont prononcées par l'article 452 du Code Pénal, qui punit d'un emprisonnement d'un an à cinq ans et d'une amende de seize francs à trois cents francs, ceux qui empoisonnent des poissons dans des étangs, viviers ou réservoirs. Les coupables peuvent être en outre mis, par l'arrêt ou le jugement, sous la surveillance de la haute police pendant deux ans au moins, et cinq ans au plus.

Mais cet empoisonnement était bien plus sévèrement réprimé par le Code Pénal de 1791, qui prononçait six années de fers contre les coupables; ce qui plaçait ce fait au rang des crimes; alors il était vrai de dire que la peine n'était pas proportionnée au délit; heureusement notre article 452 modifie une peine excessive.

Terminons cet article par une observation générale. Toutes les peines dont nous avons parlé ici sont toujours indépendantes des restitutions et des dommages-intérêts qui sont ou peuvent être prononcés au profit des parties lésées.

PERSONNES RESPONSABLES. *Voyez* RESPONSABILITÉ.

PIEDS-CORNIERS. Ce sont des arbres destinés à servir de limites aux propriétés, telles que les champs, vignes, etc.

Une ordonnance du mois de janvier 1518 défend d'abattre les arbres pieds-corniers qui séparent ou délimitent les bois, à peine d'amende, de punition corporelle et de bannissement, suivant les circonstances.

Mêmes défenses sont faites par les articles 4 et 6 de l'ordonnance de 1667, à peine de cent livres d'amende pour chaque pied-cornier arraché et déplacé; et en cas de récidive, la privation de tous droits et coutumes aux ventes, et le bannissement à perpétuité des forêts.

Mais ces dispositions furent changées par la loi du 6 octobre 1791, article 32 du titre II, et il fut prononcé contre quiconque aurait déplacé ou supprimé des pieds-corniers, indépendamment du dommage et des frais de remplacement de l'arbre, une amende de la valeur de douze journées de travail, et une détention dont la durée serait proportionnée aux circonstances, sans qu'elle pût excéder une année, excepté le cas ou le déplacement aurait eu lieu pour parvenir à une usurpation ; alors la détention pouvait être de deux années.

Enfin le Code Pénal actuel modifie ces dispositions; il punit seulement d'un emprisonnement d'un mois à une année, et d'une amende qui ne peut être au-dessous de cinquante francs, ceux qui arrachent ou déplacent des pieds-corniers. (*Voyez*, pour complément de cet article, BORNES (déplacemens de).

PIGEONS. Il est défendu expressément d'élever dans les villes des pigeons privés ou autres; mais dans les campagnes chacun peut avoir de ces oiseaux de basse-cour, à la charge de répondre du dommage qu'ils peuvent commettre sur les propriétés d'autrui.

Avant la révolution, le droit d'avoir des colombiers proprement dits n'appartenait qu'aux seigneurs, et les propriétaires ne pouvaient construire sur leurs terrains que des fuies ou volets; cependant il existait différentes exceptions, suivant les coutumes.

On sait que ces colombiers ou fuies étaient des bâtimens ronds ou carrés, disposés pour recevoir les pigeons. Mais depuis la suppression des féodalités, ce droit exclusif est cessé.

Néanmoins, tout en supprimant, la loi du 4 août 1789 a conservé ; elle a en effet renouvelé des réglemens anciens qui ordonnent à tout détenteur de pigeons de les renfermer aux époques déterminées par la police des communes, et pendant le temps des semences. Cette loi a fait plus, elle a permis, contre le vœu même de ces anciens réglemens, de réputer les pigeons qui divaguent dans les temps prohibés comme gibier, et de les tuer sur le terrain où ils commettent des dégâts.

Cette disposition ayant fait naître des difficultés, le comité féodal de l'assemblée nationale fut consulté tout à la fois sur l'existence et le mode d'exécution de la loi. Voici les réponses qu'il donna le 23 juillet 1790.

« Iʳᵉ. Que d'après l'esprit général du décret du 14 décembre 1789, le conseil général de la commune doit exercer dans chaque paroisse le droit de la communauté entière, et qu'ainsi c'est à ce conseil qu'il appartient de fixer dans chaque lieu les époques auxquelles les colombiers doivent être fermés.

» IIᵉ. Que l'article 2 du décret du 4 août 1789, qui permet de tuer les pigeons, n'est point abrogé par celui du 28 avril 1790, qui concerne le gibier en général...

» IIIᵉ. Que le même article 2 ne prononçant contre le défaut de clôture des colombiers d'autre peine que d'exposer les pigeons à être tués sur le terrain d'autrui, il n'est permis ni aux municipalités, ni aux conseils généraux des communes, d'imposer une autre peine quelconque. »

C'est ce que trois arrêts de la cour régulatrice ont prononcé les 27 juillet 1820, 27 septembre et 5 octobre 1821, attendu que les pigeons sont réputés volailles; qu'il n'appartient pas aux maires de prendre des arrêtés contre ceux qui laissent divaguer leurs pigeons; que la seule mesure répressive autorisée par la loi, est que, pendant le temps de la clôture, lorsqu'elle a été ordonnée, les pigeons sont regardés comme gibier, et peuvent être tués sur le lieu du dégât.

Mais il est défendu de dérober les pigeons d'autrui, soit en les attirant par des odeurs qu'ils aiment, ou par d'autres appâts, soit en les prenant avec des filets ou autrement. Cependant si les pigeons qui ne sont point attirés par fraude et artifice, passent dans un autre colombier, ils appartiennent dès ce moment au propriétaire du lieu où ils se rendent. (*Art.* 564, *Code Civil.*)

PLANTS. *Voyez* RÉCOLTES.

POLICE RURALE. « La police des campagnes est spécialement sous la juridiction des juges de paix et des officiers municipaux (les maires), et sous la surveillance des gardes champêtres et de la gendarmerie. » (*Art.* 1ᵉʳ *du titre* II *de la loi du* 6 *octobre* 1791.)

Aussi, tous les délits ruraux mentionnés dans cette loi étaient déclarés de la compétence des juges de paix et des municipalités : mais cet ordre est changé. Les juges de paix exercent la juridiction d'abord confiée aux municipalités, et les juges correctionnels exercent celle qui était uniquement confiée aux juges de paix.

Quels sont les objets sur lesquels la police rurale doit s'exercer principalement ? Nous en avons déjà traité un grand nombre par des articles séparés. (*Voyez* DÉLITS RURAUX.) Ajoutons ici des dispositions générales.

« Toute propriété territoriale ne peut être assujétie envers les particuliers qu'aux redevances et aux charges permises par les lois, et envers l'état, aux contributions publiques ainsi qu'aux sacrifices qu'exige le bien général, sauf une juste et préalable indemnité.

» Tout propriétaire est libre de varier à son gré la culture et l'exploitation de ses terres, d'en conserver à son gré les récoltes, de disposer de ses productions dans tout l'intérieur de la France et au dehors, sans préjudicier à autrui, et en se conformant aux lois. (*Même loi du 6 octobre.*)

» Nulle autorité ne peut suspendre ni entraver les travaux de la campagne, dans les semences et récoltes.

» Tout propriétaire peut avoir chez lui telle quantité et espèce de troupeaux qu'il croit utile à l'exploitation de ses terres, et il peut les faire pâturer exclusivement, sauf le droit de parcours dans les lieux où il est conservé. (*Ibid.*)

» Nul employé avec des bestiaux aux travaux de l'agriculture, ou à la garde des troupeaux, ne peut être arrêté si ce n'est pour crime, avant qu'il ait été pourvu à la sûreté des animaux. En cas de crime, il y est pourvu immédiatement après l'arrestation, et sous la responsabilité de ceux qui exercent les poursuites. (*Ibid.*)

» Aucune des choses et des animaux utiles à l'exploitation des terres ne peuvent être saisis ni vendus pour contribution publique, ni pour aucune créance, autre que celle de celui qui a fourni lesdits objets ou bestiaux, ou pour paiement de fermages; et ils doivent toujours être les derniers objets saisis, dans le cas d'insuffisance des autres effets mobiliers. *Voyez* l'article 524 du Code Civil, qui déclare immeubles par destination les bestiaux attachés au labourage : mais il ne faut regarder comme tels, que ceux qui sont indispensables à l'agriculture. *Voyez* aussi l'article 692 du Code de Procédure.

» Les municipalités pourvoient, à moins de frais possibles, à faire cultiver, ensemencer et récolter les terres de tout propriétaire absent, infirme, ou hors d'état de faire ses travaux. Les frais sont prélevés sur le produit de la récolte; le surplus est remis au propriétaire. S'il y a du déficit, il est supporté par le trésor public. (*Même loi du 6 octobre.*)

» Les ouvriers qui se refusent aux réquisitions pour les travaux ci-dessus mentionnés, moyennant leurs salaires ordinaires, y sont contraints, par la peine de trois jours de prison, et de trois mois en cas de récidive. Ceux qui se coaliseront pour refuser leur travail seront punis de deux années de fers. (*Loi du 16 septembre* 1793.)

» Les propriétaires qui refusent de prêter pour lesdits travaux, et après leurs travaux finis, leurs bestiaux et ustensiles de culture, sont condamnés à 500 francs d'amende, payable par corps, au profit de celui dont le fonds a manqué d'être cultivé. (*Loi du* 12 *janvier* 1794, ou 23 *nivôse an* II.)

Conformément à l'ordonnance du 22 mars 1777, les fermiers, laboureurs et cultivateurs sont tenus de faire mettre leur nom sur les coutres de leurs charrues, de manière à ce qu'il ne puisse s'effacer; et afin d'éviter aux malfaiteurs la facilité de se procurer des instrumens dangereux, ils doivent enfin rentrer tous les soirs lesdits coutres chez eux, à peine de l'amende de simple police. (*Article* 471 *du Code Pénal.*)

Indépendamment de ces dispositions spéciales, la police rurale s'étend à tout ce qui a pour objet la tranquillité, la salubrité et la sûreté des campagnes. (*Loi du 6 octobre*, *art.* 1ᵉʳ, *tit.* II.)

» Les poursuites des délits ruraux sont faites au plus tard dans le délai d'un mois, soit par la partie lésée, soit d'office par le ministère public. (*Art.* 8 , *ibid, ibid.*)

» Tout délit rural désigné aux articles du titre II de la même loi est puni d'une amende ou de détention municipale ou correctionnelle, ou de détention et d'amende réunies, suivant les circonstances, sans préjudice des réparations et dommages-intérêts, qui sont toujours payés par préférence à l'amende. Au reste, les peines pécuniaires sont dues solidairement par les délinquans. » (*Même loi.*)

Mais le *maximum* des peines de simple police est constamment appliqué pour tout délit rural. (*Loi du* 23 *thermidor an* IV.)

« Le défaut de paiement des amendes et des indemnités entraîne la contrainte par corps, vingt-quatre heures après le commandement. La détention remplace l'amende à l'égard des insolvables ; elle ne peut excéder un mois, si elle n'a pas été prononcée pour le délit ; si elle l'a été avec l'amende, elle peut être prolongée d'un quart en sus du temps prescrit par la loi. (*Article* 5 *de la loi du* 6 *octobre, titre* II.)

» Les maîtres et autres supérieurs sont civilement responsables des délits ruraux ou contraventions de leurs domestiques, de leurs enfans mineurs, de leurs femmes, etc. » (*Art.* 7 et 8.)

Voyez, pour complément des dispositions que nous venons d'analyser, les articles ABEILLES, DÉLITS RURAUX, DESTRUCTION, INSTRUMENS D'AGRICULTURE, GÉRENT, PARCOURS, *supra* ; et ci-après, SABLES, VAINE PATURE, VERS A SOIE ET RESPONSABILITÉ.

POPULATION. « Dans les villes et dans les campagnes les corps municipaux feront constater l'état des habitans, soit par des officiers municipaux, soit par des commissaires de police, s'il y en a, soit par des citoyens commis à cet effet. Chaque année, dans le cours des mois de novembre et décembre, cet état sera vérifié de nouveau ; et on y fera les changemens nécessaires. L'état des campagnes sera recensé au chef-lieu de canton par des commissaires que nommeront les officiers municipaux de chaque commune particulière. (*Art.* 1er, *tit.* Ier *de la loi du 22 juillet* 1791.)

» Le registre contiendra mention des déclarations que chacun aura faites de ses noms, âge, lieu de naissance, dernier domicile, profession, métier, et autres moyens de subsistance. Le déclarant qui n'aurait à indiquer aucun moyen de subsistance désignera les citoyens domiciliés dans la municipalité dont il sera connu, et qui pourront rendre bon témoignage de sa conduite. (*Art.* 2, *ibid.*)

» Ceux qui, étant en état de travailler, n'auront ni moyens de subsistance, ni métier, ni répondans, seront inscrits avec la note de gens sans aveu. Ceux qui refuseront toute déclaration seront inscrits, sous leur signalement et demeure, avec la note de gens suspects. Ceux qui seront convaincus d'avoir fait de fausses déclarations seront inscrits avec la note de gens malintentionnés. Il sera donné communication de ces registres aux officiers et sous-officiers de la gendarmerie, dans le cours de leurs tournées. (*Art. 3, ibid.*)

» Les officiers de police ont le droit d'entrer à toute heure du jour dans la maison d'un citoyen, pour la confection des états de population. » (*Art. 8.*)

PORT-D'ARMES. Le mode d'obtenir le port-d'armes, ses conditions et sa durée se règlent par des arrêtés administratifs, qui sont faits pour l'exécution des lois et conformément à leurs dispositions.

La déclaration royale du 23 mars 1728 prohibe indéfiniment le port d'armes cachées, telles que poignards, épées en bâtons, stylets, etc. Cette prohibition, que l'on voit dans plusieurs réglemens plus anciens [1], sous peine des galères à perpétuité, et même de mort, en cas de récidive, a été renouvelée par deux décrets des 2 nivôse an XIV et 23 mars 1806. Le premier dit : « Toute personne qui, à dater de la publication, sera trouvée porteur de fusils et pistolets à vent, sera poursuivie et traduite devant les tribunaux de police correctionnelle pour y être jugée et condamnée, conformément à la déclaration du 23 mars 1728.»

Le second décret dit : « La déclaration du 23 mars 1728 sera imprimée et exécutée conformément au décret du 2 nivose. » Cela résulte encore de l'article 484 du Code Pénal actuel.

Il n'est donc pas douteux que cette ancienne déclaration conserve encore toute sa force, et c'est d'après

[1] Edit du mois de décembre 1528, déclarations des 23 juillet 1559, 30 avril 1565, 4 août 1598, 24 juillet 1617, etc., etc.

cela que j'ai dit dans mon *Commentaire de police*, et auparavant dans mon *Recueil général de la jurisprudence des justices de paix*, que les contraventions relatives au port d'armes étaient de la compétence correctionnelle, excepté celles relatives aux armes de chasse, dont les juges de police doivent connaître; parce qu'une déclaration du 14 juillet 1716, répétée en partie par celle du 23 mars 1728, ne défend le port d'*armes de chasse*, que sous la peine de dix francs d'amende; amende qui est par sa valeur essentiellement de la simple police.

. Je devais d'autant plus croire les tribunaux de police compétens de réprimer le port d'armes *de chasse* non autorisé, que la cour suprême elle-même, par arrêt du 1er août 1811, avait reconnu cette compétence. En effet, cet arrêt casse un jugement du tribunal de police de Villeneuve-sur-Vannes, pour avoir fait une fausse application de la loi rurale, qui déclare prescrits après trente jours les délits ruraux, attendu que cette sorte de prescription n'est point applicable aux délits de port d'armes; mais la cour n'a point réformé ce jugement comme incompétemment rendu, ce qui est reconnaî-tre au moins implicitement la compétence, d'autant plus que la cour, par les motifs de son arrêt, confirme les conclusions de la partie publique, qui avait intro-duit la cause devant le tribunal de police simple.

Mais depuis il a été donné un décret, le 14 mai 1812, dont voici le texte :

« *Art*. 1er. Quiconque sera trouvé chassant et ne jus-tifiant point d'un permis de port d'armes de chasse, délivré conformément à notre décret du 11 juillet 1810,

sera-traduit devant le tribunal de police correctionnelle, et puni d'une amende qui ne pourra être moindre de trente francs, ni excéder soixante francs.

» *Art.* 2. En cas de récidive, l'amende sera de
soixante francs au moins et de deux cents francs au
plus. Le tribunal pourra en outre prononcer un emprisonnement de six jours à un mois.

» *Art.* 3. Dans tous les cas, il y aura lieu à la confiscation des armes; et si elles n'ont pas été saisies, le délinquant sera condamné à les rapporter au greffe, ou à
en payer la valeur, suivant la fixation qui en sera faite
par le jugement, sans que cette fixation puisse être au-
dessous de cinquante francs. »

Ainsi plus de doute que tous les délits relatifs aux
ports d'armes de toute espèce, sans distinction, doivent être reprimés par la police correctionnelle. *Voyez*,
pour *complément*, CHASSE, GARDES CHAMPÊTRES.

PORC. C'est un animal immonde, vorace et malfaisant, quoique mis au rang des animaux domestiques.
Il n'est pas permis de le laisser divaguer, parce qu'il
cause habituellement des dégâts ou des dommages,
lorsqu'on le laisse libre, sans le museler ni le garder.

Ainsi ceux qui laissent divaguer des porcs sont passibles de la peine prononcée par l'article 471, nᵒ 7 du
Code Pénal, c'est-à-dire une amende de six à dix francs
inclusivement. La cour de cassation décide même que,
lorsque la divagation d'un porc n'occasione pas de
dommage, il y a également contravention punissable.
(*Arrêt du* 23 *mars* 1821.)

Ceux qui vendent ou exposent en vente des viandes
de porcs de mauvaise qualité, gâtées, ou qui commen-

cent à se corrompre, sont punis des peines de police déterminées par l'article 605 du Code des Délits et des Peines du 3 brumaire an IV, sans préjudice de la confiscation ou destruction des viandes.

PRAIRIES ARTIFICIELLES. Il est défendu de mener des bestiaux dans aucun temps sur les prairies artificielles appartenant à autrui, dans les vignes, oseraies, dans les plants de capriers, dáns ceux d'oliviers, de mûriers, de grenadiers, d'orangers et arbres du même genre, dans tous les plants et pépinières d'arbres fruitiers, ou autres, faits de main d'homme.

« L'amende encourue pour le délit sera une somme de la valeur du dédommagement dû au propriétaire; l'amende sera double, si le dommage a été fait dans un enclos rural, et, suivant les circonstances, il pourra y avoir lieu à la détention de police municipale. (*Art.* 24, *tit.* II *de la loi du 6 octobre* 1791.)

» Dans aucun cas et dans aucun temps, le droit de parcours ni celui de vaine pâture ne pourront s'exercer sur les prairies artificielles, et ne pourront avoir lieu sur aucune terre ensemencée ou couverte de quelques productions que ce soit, qu'après la récolte. » (*Art.* 9, *sect.* IV, *tit.* Ier *de la loi du 6 octobre* 1791.)

PRESCRIPTIONS. Nous ne devons point parler des prescriptions admises en matières civiles, elles sont étrangères à notre sujet, aussi bien que celles qui sont établies en police simple et en police correctionnelle.

Et même déjà nous avons discouru de la prescription des délits ruraux. *Voyez* DÉLITS RURAUX, où nous avons établi que la durée de cette prescription n'est que d'un mois, malgré les changemens et les modifications faites par les codes qui ont paru depuis la loi du 6 octobre 1791. Mais nous devons, à l'appui de cette règle, ajouter ici des développemens qui ne sont pas entrés dans notre précédente discussion; nous devons examiner en outre les principes qui peuvent s'appliquer à la prescription des délits commis dans les bois; prescription dont nous n'avons encore parlé nulle part, et qui a été l'objet d'une controverse qu'il convient d'aplanir pour lever tous les doutes.

Commençons par les délits ruraux.

Il est de règle non contestée qu'une loi générale n'abroge pas tacitement les dispositions spéciales d'une loi particulière, et qu'en ce cas l'abolition du texte spécial ne peut avoir lieu sans une dérogation formelle et positive. C'est pourquoi les prescriptions établies pour les contraventions et délits par le Code de brumaire an IV, n'avaient point changé la prescription particulière d'un mois établie par la loi du 6 octobre précitée, ni même les prescriptions spéciales des lois antérieures pour les différens délits et contraventions qu'elles avaient prévus; il doit donc en être ainsi du Code d'Instruction criminelle, qui d'ailleurs lève tous les doutes par son article 643, déjà rapporté à DÉLITS RURAUX.

Mais cette prescription d'un mois s'applique-t-elle aussi aux délits commis dans les bois? La loi du 15 septembre 1791, titre IX, article 11, fixe le délai de la prescription pour différens dégâts commis dans les bois et forêts à trois mois; ce terme paraît avoir été observé jusqu'à la loi du 3 brumaire an IV, qui y a dérogé, du moins suivant l'avis du ministre de la justice, du 22 fructidor an V, ainsi conçu :

« Tout dégât commis dans les forêts étant un délit,
et tout délit donnant essentiellement lieu à une action
publique, il en résulte que la prescription de trois mois
pour les délits forestiers, établie par la loi de septembre 1791, doit cesser d'avoir lieu. La loi du 3 brumaire
an IV a dérogé aux précédentes ; et d'après l'article 9 de
cette loi, l'action publique et l'action civile ne se prescrivant qu'au bout de trois ans, pour tous les délits quelconques, il s'ensuit que toutes les formes de procédure,
autres que celles établies par la loi nouvelle, sont an-
nulées. »

Cependant un arrêt de la cour régulatrice, du 9 janvier 1807, est entièrement opposé à la décision ministérielle, « attendu que, de quelque espèce que soient les
délits commis dans *les bois des communes*, qu'il s'a-
gisse de dépaissance, d'enlèvement de bois, etc., n'importe, l'action n'en peut être éteinte que par la prescription de trois mois établie par la loi du 15 septembre
1791. » Déjà un autre arrêt, du 16 floréal an II, avait
prononcé d'après le même esprit.

Ainsi, le Code de brumaire an IV n'a pas dérogé, suivant ces arrêts, à la prescription de trois mois fixée par
la loi de septembre. Mais qui doit faire la règle, de cet
arrêt, ou de la décision mistérielle ? Sans doute l'avis
d'un minittre de la justice est fort respectable, mais il
n'est pas toujours obligatoire pour les tribunaux, tandis
que les arrêts de la cour suprême sont des règles spéciales qui ont certaine force coercitive, celle de la cassation.

Ajoutons que lors même que le Code de brumaire
aurait dérogé à la prescription de trois mois, il n'en

a pas du moins fait ainsi de l'ordonnance de 1669, dont il conserve au contraire les dispositions pour être provisoirement exécutées. (*Art.* 609.) Or, cette ordonnance avait servi de base à la loi de septembre pour cette prescription particulière.

Au reste, toute prescription en matière de délits doit être suppléée par le juge lorsque les parties ne l'invoquent pas.

La raison en est simple. C'est que la prescription opère cet effet, que ni la partie lésée, ni la partie publique, ne peuvent poursuivre la réparation de la contravention après l'expiration du temps requis pour la prescription. Il est même défendu d'admettre un délinquant condamné par défaut, à purger la contumace après la prescription. (*Art.* 64 *du Code d'Instruction criminelle.*)

C'est ce qui a été jugé par arrêt de la cour de cassation du 9 mai 1812.

RAT

RATELAGE. C'est l'action de ramasser avec des râteaux de fer ou de bois le foin ou le blé qui restent sur le sol, après l'enlèvement des récoltes. On n'entend ici que le râtelage qui se fait par les indigens, quand le propriétaire des récoltes les a déjà fait enlever.

Le râtelage n'est permis que de la même manière, dans le même temps et sous les mêmes conditions que le grappillage et le glanage, dont nous avons traité. *Voyez* GLANAGE.

RÉCIDIVE. C'est retomber dans une première faute. Aussi, en matière criminelle ou de police, il n'y a récidive que lorsqu'on a commis pour la seconde fois une contravention de même classe, ou un fait du même genre que le premier, et à raison duquel il y a déjà eu une peine prononcée dans la même année par le même tribunal.

La législation de police rurale n'est point la même sur la récidive que celle des autres contraventions. On ne peut en douter d'après l'article 484 du Code Pénal, qui conserve expressément toute la force des lois particulières portées sur des matières qu'il n'a pas prévues. C'est donc suivant ces lois particulières que les juges de police doivent régler leur compétence pour les délits ruraux. (*Arrêt du* 13 *décembre* 1821.)

La loi du 6 octobre 1791 ne parle point de la récidive pour les nombreux délits qu'elle prévoit par le titre II; mais le Code de brumaire an IV, qui conserve cette loi et l'annexe même à ses dispositions, s'exprime en ces termes : « En cas de récidive, les peines suivent la proportion réglée par les lois des 19 juillet et 28 septembre 1791 (6 octobre), et ne peuvent en conséquence être prononcées que par le tribunal correctionnel.

Ainsi, les juges de police simple ne sont pas compétens de connaître des faits de récidive en matière rurale, quoiqu'ils soient compétens de juger les récidives des contraventions ordinaires, prévues par le Code Pénal; ce qu'ils font en effet journellement.

RÉCOLTES. *Voyez* DESTRUCTIONS, DÉVASTATIONS ET MUTILATIONS, BLÉS COUPÉS EN VERT, MARAUDAGE, VOLS DANS LES CHAMPS.

La législation offre ici plusieurs variations et des distinctions essentielles qu'il importe de bien saisir.

On voit d'abord que le *législateur prévoit les plus petites destructions des récoltes, et nous en avons traité particulièrement. Viennent ensuite les dévastations, qui, en occasionant de grandes pertes au public comme aux particuliers, ne donnent aucun profit au coupable, si ce n'est le triste avantage de satisfaire des passions haineuses et cruelles.

Aussi, la loi prononça toujours des peines sévères contre de pareils attentats aux propriétés confiées à la foi publique. Le nouveau Code Pénal inflige à ces crimes la peine de deux à cinq ans de prison, avec la surveillance de la haute police pendant cinq à dix ans. (*Art.* 444.)

Cette disposition n'est point modifiée par la loi du 25 juin 1824, dont nous allons parler. Ainsi la différence *sensible* entre la dévastation des récoltes et leur vol simple, reste tout entière, et par la loi, et par la nature des faits.

Il faut aussi faire une juste différence du maraudage, qui est bien une espèce de vol de récoltes sur pied ou branches, mais qui, par les circonstances, ne produit ni les mêmes effets, ni les mêmes peines. *Voyez* ces différences à MARAUDAGE.

Ce que l'on doit entendre par vol de récoltes, dans toute l'étendue de l'expression, c'est l'enlèvement tenté ou exécuté d'une portion notable d'une récolte qui n'est pas encore détachée du sol; enlèvement fait avec des moyens, des ustensiles et des circonstances qui caractérisent l'étendue de l'action et la préméditation des coupables.

C'est un tel vol que l'ancienne législation punissait des galères pour trois années, qui fut ensuite réprimé par le Code Pénal de 1791 par quatre années de détention; et qu'enfin, l'article 388 du Code Pénal actuel punit de la réclusion.

Cette dernière peine a paru trop sévère, et la sage philanthropie des législateurs vient de la modifier en ces termes :

« Lorsque les vols et tentatives de vols de récoltes et autres productions utiles de la terre, qui, avant d'avoir été soustraites, n'étaient pas encore détachées du sol, auront été commis, soit avec des paniers ou des sacs, soit à l'aide de voitures ou d'animaux de charge, soit de nuit par plusieurs personnes, les individus qui en auront été déclarés coupables seront punis suivant l'article 401 du Code Pénal. » (*Art.* 13 *de la loi du 25 juin* 1824.)

Mais quelles peines inflige l'article 401 ? Les voici : « Les autres vols non spécifiés dans la présente section, les larcins et filouteries, ainsi que les tentatives de ces mêmes délits, seront punis d'un emprisonnement d'un an au moins, et de cinq ans au plus, et pourront même l'être d'une amende qui sera de seize francs au moins, et de cinq cents francs au plus. Les coupables pourront encore être interdits des droits mentionnés en l'article 42 du présent Code, pendant cinq ans au moins, et dix ans au plus, à compter du jour où ils auront subi leur peine. Ils pourront aussi être mis, par l'arrêt ou le jugement, sous la surveillance de la haute police pendant le même nombre d'années.

REPRISES DE TERRAINS. Il arrive assez souvent dans les campagnes, que des propriétaires ou cultivateurs qui se croient lésés par de prétendues empiétations de leurs voisins, se permettent de reprendre de leur autorité tout le terrain qu'ils croient leur appartenir, et cela, sans aucune formalité judiciaire. En agissant ainsi, ils commettent un délit, et nous ne pouvons mieux le démontrer qu'en rapportant une circulaire du ministre de la justice, du 1er brumaire an v, adressée aux procureurs du Roi près les tribunaux criminels, correctionnels et de police.

« Je suis informé, citoyens, qu'il s'est élevé des doutes sur les peines à infliger aux laboureurs qui renversent furtivement les terres voisines des leurs, sous prétexte de reprendre ce qui leur appartient, et qui, pour y parvenir, enfoncent la charrue, quelquefois à plusieurs reprises dans les terrains ensemencés, souvent même dans le blé déjà germé, déjà levé, déjà très-avancé.

» Cet abus, qui se renouvelle chaque printemps et chaque automne, lors de la semaille des grains, a excité l'attention du commissaire du directoire exécutif près l'administration centrale du département des Vosges, qui en a fait une lettre très-intéressante aux commissaires du directoire exécutif près les administrations municipales de ce département.

» J'attends les renseignemens qui doivent résulter de cette lettre, pour inviter le directoire exécutif à provoquer une loi générale et justement sévère, qui garantisse efficacement la propriété et l'agriculture des atteintes partielles et fréquentes qu'on leur porte.

» Mais en attendant, il est de votre devoir de faire

du moins exécuter les lois actuelles qui sont relatives à cette matière. Or, les reprises de terrain, par cela seul qu'elles sont des *voies de fait*, sont soumises à la disposition n° 8 de l'article 605 du Code des Délits et des Peines, et doivent par conséquent être punies conformément à cet article, indépendamment des dommages-intérêts que les tribunaux de police sont autorisés, par l'article 154, à adjuger aux parties lésées.

» Mais si, par ces reprises de terrain, celui qui se les permet détruit du blé en vert, ou d'autres productions de la terre, il doit être puni conformément à l'article 26 du titre II de la loi du 28 septembre 1791, et alors il ne peut être traduit devant le tribunal de simple police qu'autant que la valeur du dédommagement dû au propriétaire n'excèderait pas celle de trois journées de travail; hors ce cas, le délit est du ressort du tribunal correctionnel. »

M. Henrion de Pansey n'est pas d'avis de la distinction que fait ici M. le ministre de la justice; il prétend au contraire que les reprises de terrain sont dans tous les cas de la compétence des juges correctionnels.

Je crois cependant que les juges de paix peuvent connaître exclusivement de toutes reprises de terrain, dans deux circonstances. La première, si le propriétaire lésé se borne à agir par action possessoire ou civile, comme il le peut faire, puisque les reprises de terrain sont de véritables troubles de possession, et que d'ailleurs chacun est libre de demander civilement les réparations pécuniaires d'un délit, quelque forte que soit l'indemnité; alors le juge de paix en connaît exclusivement. (*Loi du* 24 *août* 1790, *arrêt du* 21 *décembre* 1813.)

La seconde est lorsque la personne qui éprouve la reprise de terrain ne conclut pour ses dommages-intérêts qu'à une somme de 15 francs et au-dessous. Alors l'amende, qui est fixée à une valeur égale à l'indemnité, doit être appliquée par les juges de paix en tribunal de police. (*Art.* 28, *tit.* II *de la loi du* 6 *octobre* 1791.)

Ainsi, ce n'est que lorsque l'une ou l'autre de ces circonstances ne se rencontrent pas que les juges correctionnels connaissent des reprises de terrain, c'est-à-dire lorsqu'il n'y a point d'action possessoire, ni une autre action civile devant le juge de paix, mais bien -une plainte qui évalue l'indemnité du plaignant au-dessus de quinze francs.

RESPONSABILITÉ. De droit commun, chacun doit répondre de ses propres faits, c'est une règle aussi juste qu'incontestée, et qui est écrite dans toutes nos lois anciennes et modernes. Néanmoins il est une exception commandée aussi par l'équité.

« Les maris, pères, mères, tuteurs, maîtres, entrepreneurs de toute espèce, seront civilement responsables des délits commis par leurs femmes et enfans, pupilles mineurs, n'ayant pas plus de vingt ans et non mariés, domestiques, ouvriers, voituriers et autres subordonnés. L'estimation du dommage sera toujours faite par le juge de paix et ses assesseurs, ou par des experts par eux nommés. (*Art.* 7, *tit* II, *loi du* 6 *octobre* 1791.)

» Les domestiques, ouvriers, voituriers, ou autres subordonnés, seront à leur tour responsables de leurs délits envers ceux qui les emploient. » (*Art.* 8.)

Ces dispositions ne sont point nouvelles ; l'ancienne jurisprudence les appliquait souvent, même avec plus d'étendue. On a même vu (chose aussi absurde que cruelle) l'enfant innocent puni pour le père coupable du crime de lèze-majesté au premier chef; et là-dessus les lois romaines n'étaient pas plus sages. Mais abandonnons ces pénibles idées, elles ne sont ni de notre sujet ni dans nos mœurs.

La loi du 22 juillet 1791 ne parla point de la responsabilité civile des maris, pères, maîtres, etc., ce qui fut une lacune qui fut remplie par les textes précités de la loi du 6 octobre; mais ces textes ont paru trop généraux, même aux législateurs, puisqu'ils n'admettent ni exception, ni distinction. Aussi le Code Civil les a modifiés en ces termes : « Le père et la mère, après le décès du mari, sont responsables du dommage causé par leurs enfans mineurs habitant avec eux; les maîtres et les commettans, du dommage causé par leurs domestiques et préposés, dans les fonctions auxquelles il les ont employés; les instituteurs et les artisans, du dommage causé par leurs élèves et apprentis pendant le temps qu'ils sont sous leur surveillance.

» La responsabilité ci-dessus *a lieu*, à moins que les père et mère, instituteurs et artisans ne prouvent qu'ils n'ont pu empêcher le fait qui donne lieu à cette responsabilité. » (*Art.* 1384.)

Point de doute que ce texte ne fasse la règle unique dans les matières civiles; mais doit-il en être de même dans celles des délits ruraux ? Il faut distinguer : dans tous les cas de responsabilité civile qui sont prévus par le Code Pénal, les tribunaux doivent appliquer la règle de l'article 1384 précité; c'est le Code Pénal qui le dit lui-même (*Art.* 74); mais dans les circonstances non

prévues par le Code, il faut observer les lois particulières qui les régissent. (*Art.* 484, *ibid.*) Or, ni le
Code Civil, ni le Code Pénal, ne parlent nullement de
la responsabilité du mari pour les réparations civiles
des délits ruraux que la femme peut commettre; c'est
donc la loi du 6 octobre qui continue à faire la règle
sur ce point; mais comme cette règle est de rigueur, il
faut la restreindre dans ses justes limites, c'est-à-dire
aux seuls délits ruraux de la femme, car son mari n'est
point responsable de ses autres faits, en aucune manière. Jugé ainsi par la cour régulatrice, les 6 juin et
16 août 1811.

Voici d'autres cas de responsabilité. « Le propriétaire
d'un animal, ou celui qui s'en sert, est responsable,
pendant qu'il est à son usage, du dommage qu'il a causé,
soit qu'il fût sous sa garde, soit qu'il fût égaré ou
échappé. (*Art.* 1385, *Code Civil.*)

» Le propriétaire d'un bâtiment est responsable du
dommage causé par sa ruine, lorsqu'elle est arrivée par
une suite du défaut d'entretien, ou par le vice de sa
construction. » (*Art.* 1386, *ibid.*)

La responsabilité que ces deux textes imposent est
bien différente de celle purement civile, imposée aux
pères, mères, maris et maîtres. Ceux-ci cessent d'être
responsables dès qu'ils justifient avoir employé tous les
moyens qui sont en leur pouvoir pour empêcher le
dommage ou le délit, ou la contravention; mais le propriétaire d'un animal est toujours responsable, même
lorsqu'il ne s'agit que d'une échappée qu'il n'a pu empêcher; de même le propriétaire du bâtiment est responsable des effets de sa chute dans les cas prévus,

quoiqu'il ait pris des mesures pour l'empêcher, parce que ces mesures tardives n'ont pu détruire la cause de la ruine du bâtiment, existante auparavant.

Au reste, ces différens effets de responsabilité sont dans la nature des choses; mais ce qui en sortirait fortement, ce serait de rendre les maîtres responsables des injures et voies de fait commises par des domestiques hors des travaux ou des fonctions que les maîtres leur ont confiés. En ce cas, ils n'en courent aucune responsabilité. Jugé ainsi par arrêt de la cour régulatrice, du 15 juin 1807.

Il est une question commune à tous les cas de responsabilité, quels que soient leurs différences et leurs effets; c'est de savoir si les personnes que la loi déclare civilement responsables de certains délits ne sont passibles que de condamnations purement civiles, telles que les restitutions, les dommages-intérêts et les frais, ou si elles le sont en même temps des amendes. Voici comment M. Merlin en raisonne :

« Il y a d'abord une distinction à faire entre les matières criminelles, correctionnelles et de police qui rentrent dans le droit commun; et celles qui sont régies par des lois spéciales.

» Dans les premières, nul doute que la responsabilité civile ne soit limitée aux restitutions, dommages-intérêts et frais, et qu'on ne doive par conséquent en exclure les amendes.

» En effet, les amendes sont rangées par l'article 9 du Code Pénal parmi les peines proprement dites.

» Et l'article 10 du même Code dit expressément que la condamnation aux peines établies par la loi est toujours prononcée sans préjudice des restitutions et dommages-intérêts qui peuvent être dus aux parties.

» Les dommages-intérêts et les restitutions sont donc indépendans de l'amende. On ne peut donc pas, de ce que la responsabilité civile d'un délit entraîne la condamnation aux uns, conclure qu'elle entraîne aussi la condamnation à l'autre.

» Et dans le fait, c'est aux restitutions et aux dommages-intérêts que les articles 73 et 74 du Code Pénal restreignent la responsabilité civile.

» Quant aux matières criminelles, correctionnelles et de police qui sont réglées par des lois spéciales, il y a une sous-distinction à faire : ou la loi spéciale qui établit la responsabilité civile en étend les effets jusqu'à l'amende, ou elle est muette là-dessus.

» Au premier cas, point de difficulté; la loi peut déroger au droit commun, et lorsqu'elle le fait en termes exprès il n'y a plus de question.

» Ainsi, relativement au délit de pâturage dans les bois, l'ordonnance de 1669, titre XIX, article 13, et titre XXXII, article 10, veut que les pères, les maîtres répondent civilement des amendes encourues par leurs enfans et leurs domestiques.

» Mais dans le second cas, le droit commun n'étant point modifié par la loi spéciale, relativement aux effets de la responsabilité civile, la loi spéciale est censée subordonner ses effets au droit commun; elle est par conséquent censée limiter la responsabilité civile qu'elle établit aux restitutions et aux dommages-intérêts. Pour que l'on pût *étendre* cette responsabilité jusqu'à l'amende, il faudrait que l'amende eût dans les matières spéciales un caractère particulier; il faudrait qu'elle n'y fût pas considérée comme une peine, mais bien comme une réparation civile. Or, il est certain que dans les matières spéciales, comme dans les matières ordinaires, l'amende a un caractère pénal; et c'est parce qu'elle a ce caractère, même dans les matières spéciales, que l'héritier du contrevenant n'en est pas tenu lorsqu'elle n'a pas été prononcée du vivant de celui-ci. » (*Arrêt de cassation du 9 décembre 1813.*)

Cette doctrine me paraît tout entière dans l'esprit des lois. Aussi, elle a reçu une nouvelle sanction de la même cour le 14 juillet 1814.

RIVIÈRES ET RUISSEAUX. Par le droit romain, les rivières appartenaient au public, *flumina autem publica sunt.* (Instit. § 2, de rerum divis.)

Il n'en est pas ainsi depuis long-temps parmi nous, du moins pour les fleuves et les rivières navigables et flottables. Déjà nous avons fait connaître cette distinction aux articles COURS D'EAU, EAUX VICINALES, PÊCHES.

L'ordonnance de 1669, article 41, titre XXVII, dit : « Déclarons propriété de notre couronne tous les fleuves et rivières portant bateaux de leurs fonds sans artifice et ouvrages des mains et faire partie du domaine de notre couronne, nonobstant tous titres et possessions contraires, sauf les droits de pêche, moulins, bacs et autres choses que les propriétaires peuvent y avoir. »

La loi du 22 novembre 1790 confirma ces dispositions, que le Code Civil a répétées. (*Art. 538.*)

Mais les rivières non navigables ou flottables, qui jadis appartenaient aux seigneurs, sont maintenant présumées être la propriété des riverains; du moins ils peuvent se servir de leurs eaux à leur passage pour l'irrigation de leurs propriétés, et y exercer le droit de pêche, chacun vis-à-vis de son fonds, en se conformant aux lois et réglemens sur ce point. Quant aux ruisseaux, il n'y a nul doute qu'ils appartiennent aux riverains, chacun en droit soi.

Ces principales règles posées, examinons ce qui peut être réputé délit ou contravention à l'égard des rivières et ruisseaux.

« Nulle personne, soit propriétaire, soit engagiste, soit usufruitier, ne pourra construire des moulins, bâtardeaux, écluses, gords, pertuis, murs, plants d'arbres, amas de pierres, de terres, de fascines, ni autres édifices ou autres empêchemens nuisibles au cours de l'eau, dans les fleuves ou rivières navigables ou flottables, ni même y jeter aucune ordure, immondices, ou les amasser sur les quais et rivages, à peine d'amende arbitraire. Il est enjoint à toutes personnes de les ôter dans trois mois, et si aucuns se trouvent subsister après ce temps, ils doivent être incessamment ôtés et levés aux frais de ceux qui les auront faits ou causés, à peine de cinq cents fr. d'amende.

» Ceux qui ont fait bâtir des moulins, écluses, vannes, gords et autres édifices dans l'étendue des fleuves et rivières navigables et flottables sans en avoir obtenu la permission, seront tenus de les démolir, sinon ils le seront à leurs frais et dépens.

» Défenses sont faites à toutes personnes de détourner l'eau des rivières navigables et flottables, ou d'en affranchir ou altérer le cours par tranchées, fossés ou canaux, à peine contre les contrevenans d'être punis comme usurpateurs, et les choses réparées à leurs dépens. »

Ce que nous venons de dire est extrait de l'ordonnance de 1669, qui conserve encore sa puissance, ainsi que nous l'avons dit plusieurs fois. Mais voici ce que porte un réglement plus moderne, l'arrêté du gouvernement du 19 ventôse an VI.

« Il est enjoint aux administrations centrales et municipales de veiller avec la plus sévère exactitude à ce qu'il ne soit établi par la suite aucun pont, aucune chaussée permanente ou mobile, aucune écluse ou usine, aucun bâtardeau, moulin, digue ou autre obstacle quelconque, au libre cours des eaux, dans les rivières navigables ou flottables, dans les canaux d'irrigation ou de desséchemens généraux, sans en avoir d'abord obtenu la permission de l'administration centrale, qui ne pourra l'accorder que de l'autorisation expresse du directoire exécutif (le gouvernement). (*Art* 9.)

» Elles veilleront également à ce que nul ne détourne le cours des eaux des rivières et canaux navigables ou flottables, et n'y fasse des prises d'eau ou saignées pour l'irrigation des terres, qu'après y avoir été autorisé par l'administration centrale, et sans pouvoir excéder le niveau qui aura été déterminé. (*Art.* 10.)

» Les propriétaires des canaux de desséchement particulier ou d'irrigation ayant à cet égard les mêmes droits que l'état, il leur est réservé de se pourvoir en justice réglée pour obtenir la démolition de toutes usines, écluses, bâtardeaux, pêcheries, gords, chaussées, plantations d'arbres, filets dormant ou à mailles ferrées, réservoirs, engins, lavoirs, abreuvoirs, prises d'eau, et généralement de toute construction nuisible au libre cours des eaux. et non fondée en droits. (*Art.* 11.)

» Il est défendu aux administrations municipales de consentir à aucun établissement de ce genre dans les canaux de desséchement, d'irrigation ou de navigation appartenans aux communes, sans l'autorisation formelle et préalable des administrations centrales. » (*Art.* 12.)

Les anticipations et entreprises sur les rivières non navigables et flottables peuvent-elles être poursuivies et punies comme des délits? Il n'y aurait aucun doute à prononcer affirmativement pour les rivières navigables ou flottables, puisque l'ordonnance de 1669 (article 42 du titre XXVII précité) punit de peines correctionnelles toute anticipation sur ces rivières ; mais il n'en est pas ainsi de celles qui ne sont ni flottables ni navigables, les lois sont muettes sur ce point, et tout fait qui n'est qualifié ni délit ni contravention ne peut être réprimé comme tel par les tribunaux. Tel est le dispositif formel d'un arrêt de la cour de cassation, du 29 juin 1813.

Pareille décision a été rendue par la même autorité, le 5 janvier 1809, relativement à une anticipation sur un ruisseau.

RUCHES. *Voyez* ABEILLES.

SAB

SABLES. Il est défendu de tirer du sable, des terres et pierres, à une distance moindre de six toises des rivières navigables ou flottables, à peine de cent fr. d'amende. (*Art.* 40, *titre* XVII *de l'ordonnance de* 1669.)

Pareilles défenses sont faites de tirer du sable, à une distance moindre de trente pieds des arbres plantés le long des grandes routes, sous peine d'amende arbitraire. (*Arrêt de réglement du parlement de Paris, du 5 avril 1772.*)

SOURCES. Celui dans le fond duquel jaillit une source en est propriétaire comme de l'héritage même; il peut en disposer arbitrairement, en détourner les eaux, même pour des usages voluptuaires, et en priver entièrement le domaine inférieur.

Ce principe ne reçoit qu'une exception, c'est lorsque le propriétaire inférieur reçoit les eaux du terrain supérieur à titre de servitude; car toutes les fois que les eaux ne s'absorbent pas sur le lieu de leur source, il faut qu'elles aient un écoulement; c'est ce qu'on appelle la servitude *d'aqueduc*, qui consiste dans la direction des eaux d'un terrain sur un autre. *Jus aquam ducendi per fundum alienum.* (Art. 611, Code Civil.)

Cette servitude peut procéder de l'une des trois causes suivantes : la nature des lieux, la convention, la possession : *Tria sunt per quæ, inferior locus servit superiori, lex, natura loci, vetustas.* (Leg. 2 ff de aqua pluv. arcend.)

Dans le cas où il y a lieu à l'exception dont nous parlons, le propriétaire de la source ne peut rien faire dans son fonds qui aggrave la servitude du fonds inférieur. Il en est de même de celui-ci. (*Leg.* 1, § 1, *ff de aqua et aquæ pluv. arcend.*) Voyez l'article 640 du Code Civil.

Nous devons nous borner à ces règles générales sur la propriété de la source, pour éviter des répétitions.

Voyez, pour les contraventions qui peuvent avoir lieu relativement aux sources, etc., COURS D'EAU (*supra*).

TRA

TRANSACTIONS SUR DES DÉLITS, ou CONTRAVENTIONS. En général, tout ce qui blesse ou compromet la religion, l'ordre public et les mœurs, ne peut faire la matière d'une transaction. *Privatorum pactionibus, juri publico, derogari non potest.* C'est ce que dit en d'autres termes l'article 6 du Code Civil.

Ainsi on peut transiger sur les réparations civiles, les restitutions et indemnités auxquelles les délits ou les contraventions peuvent donner lieu; mais on ne peut transiger sur la peine encourue par le délinquant; car toute peine encourue doit être appliquée. La punition d'un coupable intéresse la société entière. Le ministère public ne peut que poursuivre la vengeance de la société; mais il ne peut approuver en son nom des transactions particulières; autrement ce serait abuser de la prérogative suprême de faire grâce, qui n'appartient qu'au souverain.

Ainsi la partie publique n'est point liée par une transaction qui fixe par composition les dommages-intérêts de la partie lésée. « Enjoignons à nos procureurs de poursuivre incessamment ceux qui seront prévenus de crimes.... nonobstant toutes transactions et cessions de droits faites par les parties. » (*Art.* 19, *tit.* XXV *de l'ordonnance de* 1670.)

Il est vrai que ce texte ne concernait que les crimes

capitaux emportant peine afflictive, et qu'à l'égard des
autres il prescrivait l'exécution des transactions, sans
que la partie publique pût faire aucune poursuite d'office. Sans doute, on considérait que la loi était satisfaite, lorsque dans un délit privé la partie offensée était
satisfaite elle-même.

Mais il n'en est plus ainsi. Le Code Civil dit positivement, en termes généraux : « On peut transiger sur
l'intérêt civil qui résulte d'un délit. La transaction
n'empêche pas la poursuite du ministère public. »
(*Art.* 2046.)

Ainsi, on ne peut transiger sur l'affiche et la publication des jugemens ; car cette publicité est regardée
comme une partie de la peine. Décidé ainsi par décret
du 22 décembre 1812.

Au reste, les transactions sur les réparations civiles
d'un délit n'empêchent pas que la partie civile puisse
être condamnée aux dépens, lorsque, sur les poursuites
du ministère public, les juges déchargent le prévenu
de l'accusation sur laquelle il a traité. Voici un arrêt de
la cour régulatrice, du 5 février 1813, qui l'a décidé
ainsi :

« Vu les articles 66 et 182 du Code d'Instruction
criminelle, et l'article 157 du décret du 18 juin 1811 ;
attendu que Jean Marty s'était constitué partie civile,
en faisant citer Jean-Baptiste Coste et sa femme devant
le tribunal correctionnel de Moissac, et en concluant
contre eux à 9000 francs de dommages-intérêts et à
d'autres réparations civiles ; que c'est par le fait même
de Marty, par la suite nécessaire de l'action civile intentée par lui, qu'il y a eu dans la cause jugement en

première instance, appel à la requête de Coste condamné, citation sur cet appel à la requête du ministère public, et jugement en dernier ressort ; que la transaction des parties civiles sur leurs intérêts n'avait pas été notifiée au ministère public ; qu'elle n'a été exhibée qu'à l'audience en cause d'appel ; et qu'enfin elle ne pouvait faire obstacle à l'exercice de l'action publique provoquée par la citation et les conclusions à fins civiles de Marty ; d'où il suit que le tribunal du chef-lieu du département de Tarn et de Garonne, en refusant de condamner aux frais Jean Marty, dont il a rejeté les demandes, a violé les lois citées ci-dessus. Par ces motifs, la cour casse et annule...... etc. »

Peut-être la cour eût décidé autrement si Marty eût fait signifier un désistement de sa plainte, et surtout si ce désistement eût été accompagné de la notification de la transaction ; du moins il paraît conforme aux principes, que les frais faits ultérieurement à la notification soient supportés par celle des parties qui reste en cause et qui succombe.

TROUPEAUX MALADES. *Voyez* ÉPIZOOTIES.

TROUPEAUX A PART. « Dans les pays de parcours ou de vaine pâture, soumis à l'usage du troupeau en commun, tout propriétaire ou fermier pourra renoncer à cette communauté, et faire garder par troupeau séparé un nombre de têtes de bétail proportionnellement à l'étendue des terres qu'il exploitera dans la paroisse. (*Art.* 12, *sect.* IV, *tit.* Ier *de la loi du* 6 *octobre.*)

» La quantité de bétail proportionnée à l'étendue du terrain sera fixée dans chaque paroisse, à tant de

bêtes par arpent, d'après les réglemens et usages locaux ;
et à défaut de documens positifs à cet égard, il y sera
pourvu par le conseil général de la commune. » (*Art.*
13, *ibid.*, *ibid.*)

On appelait dans l'ancien droit *troupeau à part*, le
droit exclusif qu'avait le seigneur d'un fief d'y faire
paître son troupeau par un berger particulier ; mais
cette faculté était interdite aux autres habitans, qui devaient mettre leurs bestiaux sous la garde d'un pâtre
commun.

Ce droit exclusif ayant été réputé seigneurial, fut
aboli par les lois des 4 et 11 août 1789 et 13 avril 1791.
Néanmoins des exceptions furent faites en faveur de
quelques provinces ; mais ces exceptions elles – mêmes
furent supprimées à leur tour par la loi du 17 juillet
1793. (*Art.* 1er.)

TROUPEAU COMMUN. C'est l'usage dans lequel
sont les habitans des communes où existe le parcours
ou la vaine pâture, de réunir leurs troupeaux dans un
seul, pour les confier à la garde d'un pâtre commun (ou
de paroisse) qui est responsable des bestiaux et des dégâts qu'ils peuvent commettre. (*Art.* 3 *du tit.* XIX *de*
l'ordonnance de 1669.)

Cette responsabilité n'empêche cependant pas que les
habitans soient civilement responsables de leurs pâtres,
même des amendes qu'ils ont encourues. Voici un
arrêt de la cour régulatrice, du 22 février 1811, qui
l'a jugé ainsi :

« Attendu que, d'après les actes produits au procès
et les faits déclarés constans par l'arrêt attaqué, Schmit
a dû être considéré comme pâtre du troupeau commu-

nal de Rollingen; d'où il suit que la commune de Rollingen a pu et dû être condamnée au paiement des
amendes applicables au délit, légalement constaté commis par ce pâtre, sauf à être fait administrativement, et
conformément à la loi du 11 frimaire an VII, une ré-
partition ultérieure desdites amendes entre les propriétaires des bestiaux trouvés en délit. La cour rejette le
pourvoi du maire de Rollingen....... »

Mais donnons le texte de la loi du 11 frimaire, citée
dans cet arrêt; il est ainsi conçu : « Les dépenses relatives aux pâtres et aux troupeaux communs ne pourront être comprises dans les dépenses communales;
mais elles seront supportées en commun par ceux qui
en profiteront, et conformément au réglement que les
administrations municipales devront faire sur cet objet. » *Voyez* BERGERS, BESTIAUX LAISSÉS A L'ABANDON.

USA

USAGE (DROIT D') ET USAGER. La loi 12 ff *de
usu et habitatione*, défend aux usagers de prendre
d'autres fruits sur l'objet assujéti à leur droit, que ceux
qui sont nécessaires à leurs besoins et à ceux de leurs
familles, sans pouvoir en vendre en aucune manière.

L'usager d'un troupeau de bêtes à laine n'a droit de
s'en servir que pour l'engrais de son champ; il ne peut
toucher ni au lait, ni aux agneaux, ni à la laine. (*Leg.*
12, § 2 *ff de usu et habit.*)

L'usager ne peut vendre, donner ni louer son droit;
mais il peut habiter la maison avec sa femme, ses en-

fans, ses domestiques, et y recevoir les étrangers qui viennent le visiter ; il peut même, en occupant en personne une partie de la maison, avoir un locataire dans l'autre partie. (*Leg.* 2, 4, 13 *et* 8 *ff eod. tit.*)

Le Code Civil est en parfaite harmonie avec les lois romaines. Il décide de même 1º que l'usager d'un fonds ne peut prendre plus de fruits que sa consommation et celle de sa famille ne l'exigent. (*Art.* 630.)

2º Que le droit d'habitation ne peut être cédé ni loué ; qu'il en est ainsi du droit d'usage. (631 et 634.)

3º Que l'usage des bois et forêts est réglé par des lois particulières. (*Art.* 636.)

Il résulte de ce dernier texte que l'ordonnance des eaux et forêts, du mois d'août 1669, souvent citée dans cet ouvrage, doit encore régler les droits d'usage qui appartiennent à des particuliers dans les bois et forêts. C'est à ce point de droit principalement que nous consacrons cet article, parce que le droit d'usage dans les bois est le plus commun dans les campagnes. Nous devons cependant établir avant tout les règles générales de la matière, qui fixent aussi l'exercice du droit d'usage.

D'après l'ordonnance précitée, l'usager ne peut, de sa seule autorité, user de son droit ; s'il le fait, il agit arbitrairement et il commet un délit. Mais, pour exercer régulièrement et paisiblement son droit, il doit obtenir de l'administration forestière la désignation et même la délivrance des bois dont il doit se servir ; il ne peut se dispenser de cette autorisation sous aucun prétexte, et en cas de refus, il doit se pourvoir devant l'autorité supérieure, et non pas agir par voies de fait.

Il existe de nombreuses décisions sur ce point ; mais il suffit de citer quatre arrêts de l'ancienne jurisprudence et deux autres de la moderne. Les premiers, qui sont des 25 janvier 1731, 6 juillet 1737, 27 mars 1744 et 6 juillet 1758, décident tous unanimement que les usagers ne peuvent par eux-mêmes déterminer les bois qu'ils ont droit de prendre pour leurs besoins, ni encore moins couper les arbres futaies pour construction ou réparation des bâtimens qui donnent le droit d'usage ; ils ordonnent, au contraire, que délivrance sera faite aux usagers, soit par le juge des lieux, soit par des prud'hommes nommés par les habitans, de la quantité de bois suffisante aux usagers.

Mais on ne peut mieux tracer les règles existantes sur ce point, qu'en présentant le texte d'un arrêt de la cour régulatrice, dont la date est omise par l'arrêtiste qui le rapporte, mais qui n'a pu être rendu qu'après le 5 mars 1808, date d'un autre arrêt donné par la cour criminelle de la Sarre, qui a été cassé par les dispositions suivantes :

« Vu les ordonnances de François Ier, du mois de janvier 1529, et de l'an 1544, article 20 ; l'article 2 de l'ordonnance d'Henri III, du mois de janvier 1583 ; les articles 3 du titre XIX, et 3 du titre XXVI de l'ordonnance de 1669, et le réglement du 1er mars 1757 ; toutes lesdites lois confirmatives des dispositions précédentes ; attendu que la réalité du droit d'usage réclamé par les habitans de la commune de Schœnberg n'a pas été contestée par l'administration forestière.... ; attendu au fond, 1° que les usagers ne peuvent, d'après les lois précitées, quel que soit le titre constitutif de leurs droits, couper arbitrairement des bois dans les forêts soumises à leur usage, mais qu'ils doivent préalablement solliciter et obtenir la permission de l'administration forestière, à qui il appartient de leur désigner et délivrer les bois, après avoir rempli toutes les formalités prescrites par la loi, et avoir fait procéder au martelage pour ce qui est en coupe réglée; et qu'en fait il est reconnu que les habitans de la commune de Schœnberg n'ont rapporté de l'administration forestière aucune délivrance des bois dans la forêt royale de Lincheid;

» Attendu 2° que le refus de la délivrance des bois de la part de l'administration, qui dans certains cas peut être justifié et même prescrit par les dispositions des articles 5 des titres XIX et XX de l'ordonnance de 1669, ne peut jamais attribuer aux usagers le droit exhorbitant de couper des bois sans délivrance préalable, les voies du recours à l'autorité supérieure leur étant toujours ouvertes pour faire réprimer la résistance des agens forestiers, si elle n'est pas juste; et qu'en fait, non-seulement les prévenus n'établissent pas qu'ils ont pris les mesures légales pour faire cesser les prétendus refus dont ils se plaignent, mais qu'ils aient même prouvé avoir mis régulièrement en demeure l'administration forestière pour en obtenir la délivrance des bois qu'ils devaient exploiter; d'où il résulte que la contravention étant avouée sous tous les rapports, la cour de justice criminelle, en refusant de prononcer contre Lambert Knauff et consorts les peines prononcées par les articles 3, 4, 5 et 9 du titre XXXII de l'ordonnance de 1669, a violé les lois de la matière et commis un excès de pouvoir. Par ces motifs, la cour casse et annule, etc. »

On ne peut donc douter qu'il y a délit dans le procédé arbitraire de l'usager qui désigne lui-même et prend délivrance dans les forêts royales des bois qui doivent lui être accordés et limités par l'autorité. Mais en est-il ainsi de l'usager d'un bois appartenant à un particulier? Les raisons et les motifs nous paraissent les mêmes, ainsi qu'il a été jugé affirmativement par arrêt du 21 novembre 1812.

Il est vrai que l'on peut dire que l'ordonnance de 1669 ne punit point, par une disposition spéciale, le fait de l'usager qui coupe dans un bois particulier, grevé de son droit d'usage, les arbres ou taillis dont il peut avoir besoin, sans autorisation préalable ; mais cette ordonnance punit du moins un pareil fait par une disposition générale. C'est ainsi que l'on doit entendre les textes des articles 1er et 6, titre XXXII de cette ordonnance, qui fixent les amendes encourues pour délits commis dans les forêts depuis le lever jusqu'au coucher du soleil, et la privation, en cas de récidive, *des droits d'usage*, etc. C'est ainsi encore que la cour suprême l'a pensé par l'arrêt qui vient d'être cité : « Attendu qu'aux termes des anciennes ordonnances, et spécialement de celle de 1669, article 5, titre XXVI, et article 28 du titre XXXII, les particuliers propriétaires de bois ont, comme le gouvernement, le droit de poursuivre correctionnellement les usagers qui se permettent de couper arbitrairement des bois dans les forêts soumises à leurs usages. »

USINES et **MANUFACTURES**. Le décret du

15 octobre 1810 contient des mesures de police pour l'établissement de différentes usines et manufactures qui, sous plusieurs rapports, ne peuvent se placer que dans les campagnes. Les dispositions de ce décret doivent paraître ici, puisque l'exécution doit en être surveillée par les officiers qui sont chargés de la police des campagnes.

« *Art.* 1ᵉʳ. A compter de la publication du présent décret, les manufactures et ateliers qui répandent une odeur insalubre ou incommode ne pourront être formés sans une permission de l'autorité administrative. Ces établissemens seront divisés en trois classes. La première classe comprendra ceux qui doivent être éloignés des habitations particulières [1];

» La seconde, les manufactures et ateliers dont l'éloignement des habitations n'est pas rigoureusement nécessaire, mais dont il importe néanmoins de ne permettre la formation qu'après avoir acquis la certitude que les opérations qu'on y pratique sont exécutées de manière à ne pas incommoder les proprié-

[1] Voici les ateliers et usines compris dans la première classe, suivant l'état annexé au décret :

« Les amidoniers, artificiers, fabricans de bleu 'de Prusse, les boyaudiers, charbon de terre épuré, charbon de bois épuré, chiffonniers, fabricans de colles-fortes, de cordes à instrumens; les crétonniers, équarrissage, eau-forte, acide sulfurique, suif brun; les ménageries, fours à plâtre et à chaux, minium, porcheries, rouissage de chanvre et de lin, fabriques de sel ammoniac, de soude artificielle, de taffetas et toiles vernies; tuerie, tourbe carbonisée, triperies, échaudoirs, cuirs vernis, cartonniers, fabriques de vernis, d'huile de pieds ou de cornes de bœuf. »

taires du voisinage, ni à leur causer des dommages (1).

» Dans la troisième classe seront placés les établisse-mens qui peuvent rester sans inconvénient auprès des habitations, mais doivent rester soumis à la surveillance de la police (2).

» *Art.* 2. La permission pour la formation des manufactures, et ateliers compris dans la première classe sera accordée, avec les formalités ci-après, par un décret rendu en notre conseil d'état; celle qu'exigera la mise en activité des établissemens compris dans la seconde classe le sera par les préfets, sur l'avis des sous-préfets; les permissions pour l'exploitation des établissemens placés dans la dernière classe seront délivrées par les sous – préfets, qui prendront préalablement l'avis des maires.

» *Art.* 3. La permission pour les usines et manufactures de première classe ne sera accordée qu'avec les formalités suivantes. La demande en autorisation sera présentée au préfet et affichée par son ordre dans toutes les communes à cinq kilomètres de rayon. Dans ce

(1) Les usines de la seconde classe sont celles de blanc de cé-ruse, de chandeliers, de corroyeurs, couverturiers, dépôts de cuirs verts, distilleries d'eau-de-vie, fonderies de métaux, affinage de métaux au fourneau à manche, suif en branche, noir d'ivoire, noir de fumée, plomberies, plomb de chasse, salles de dissection, fabriques de tabac, taffetas cirés, vacheries, teinturiers, hongroyeurs, mégissiers, pompes à feu, blanchîment de toiles par l'acide muriatique oxigéné, les filatures de soie.

(2) Les ateliers de la troisième classe du décret sont les fabriques d'alun, de bouton, de colle de parchemin, les brasseries, cireries, les cornes transparentes, caractères d'imprimeries, doreurs sur métaux, papiers peints, savonneries, vitriols, etc.

lai, tout particulier sera admis à présenter ses moyens d'opposition. Les maires des communes auront la même faculté.

» *Art.* 4. S'il y a des oppositions, le conseil de préfecture donnera son avis, sauf la décision au conseil d'état.

» *Art.* 5. S'il n'y a pas d'opposition, la permission sera accordée, s'il y a lieu, sur l'avis du préfet et le rapport de notre ministre de l'intérieur.

» *Art.* 6. S'il s'agit de fabrique de soude, ou si la fabrique doit être établie dans la ligne des douanes, notre directeur-général des douanes sera consulté.

» *Art.* 7. L'autorisation de former les manufactures et ateliers compris dans la seconde classe ne sera accordée qu'après que les formalités suivantes auront été remplies.

» L'entrepreneur adressera d'abord sa demande au sous-préfet de son arrondissement, qui la transmettra au maire de la commune dans laquelle on projette de former l'établissement, en le chargeant de procéder à des informations de *commodo* et *incommodo*. Ces informations terminées, le sous-préfet prendra sur le tout un arrêté qu'il transmettra au préfet. Celui-ci statuera, sauf le recours à notre conseil d'état par toutes parties intéressées. S'il y a opposition, il y sera statué par le conseil de préfecture au conseil d'état.

» *Art.* 8. Les établissemens ou ateliers portés dans la troisième classe ne pourront se former que sur la permission du préfet de police, à Paris, et sur celle du maire, dans les autres villes. S'il s'élève des réclama-

tions contre la décision prise par le préfet de police
ou les maires, sur une demande en formation de ma-
nufacture ou d'atelier compris dans la troisième classe,
elles seront jugées au conseil de préfecture.

» *Art.* 9. L'autorité locale indiquera le lieu où les
manufactures et ateliers compris dans la première classe
pourront s'établir, et exprimera sa distance des habitations particulières.. Tout individu qui ferait des constructions dans le voisinage de ces manufactures et
ateliers, après que la formation en aura été permise,
ne sera plus admis à en solliciter l'éloignement.

» *Art.* 11. Les dispositions du présent décret n'auront point d'effet rétroactif; en conséquence tous les
établissemens qui sont aujourd'hui en activité, continueront à être exploités librement, sauf les dommages dont pourront être passibles les entrepreneurs de
ceux qui préjudicient aux propriétés de leurs voisins;
les dommages seront arbitrés par les tribunaux.

» *Art.* 12. Toutefois, en cas de graves inconvéniens
pour la salubrité publique, la culture ou l'intérêt
général, les fabriques et ateliers qui les causent pourront être supprimés en vertu d'un décret rendu en notre conseil d'état, après avoir entendu la police locale,
pris l'avis des préfets, et reçu la défense des manufac-
turiers ou fabricans.

» *Art.* 13. Les établissemens maintenus par l'art. 11
cesseront de jouir de cet avantage dès qu'ils seront trans-
férés dans un autre emplacement, ou qu'il y aura une
interruption de six mois dans leurs travaux. Dans
l'un et l'autre cas, ils rentreront dans la catégorie
des établissemens à former, et ils ne pourront être

remis en activité qu'après avoir obtenu, s'il y a lieu, une nouvelle permission.

Ceux qui négligent d'entretenir, de réparer ou de nettoyer les usines où l'on fait du feu, sont punis, pour la première fois, d'une amende d'un franc à cinq francs inclusivement, et en cas de récidive, d'un emprisonnement qui ne peut excéder trois jours, mais qui peut n'être que d'un jour ou deux; cela dépend de la prudence du juge et des circonstances, quelquefois même de la qualité des personnes.

USTENSILES. *Voyez* INSTRUMENS D'AGRICULTURE.

USURPATIONS. *Voyez* ARBRES, BORNES (*déplacement de*), CHEMINS, DESTRUCTIONS ET MUTILATIONS, REPRISES DE TERRAIN, etc.

VAG

VAGABONDS. On qualifie ainsi ceux qui sont sans aveu, ni métier, ni profession, ni domicile certains, et qui ne peuvent justifier de leurs moyens d'existence. Les vagabonds se réfugient principalement dans les campagnes, pour échapper à la police active des villes.

Les ordonnances anciennes ont prévu souvent le vagabondage, en lui infligeant des punitions. La plus moderne de l'ancienne législation était celle du 3 août 1764, qui augmentait même les peines prononcées en ces matières.

La législation transitoire ne fut pas moins attentive à réprimer les vagabonds; les lois des 24 vendémiaire

an- 11, 10 vendémiaire an iv, et 18 pluviôse an ix, at-
testent assez cette surveillance.

Il résulte de l'ensemble et de la combinaison de ces
lois, que « tout homme qui était trouvé hors de son
canton sans passe-port devait être arrêté et détenu provisoirement pendant vingt jours. Ce temps écoulé, s'il
ne justifiait pas qu'il avait un domicile, et qu'il était
inscrit sur le tableau de la commune où il était domicilié, il était par cela seul prévenu de vagabondage,
et il devait être traduit devant le tribunal compétent
pour connaître de ce délit. Ce tribunal devait, si le
prévenu ne justifiait pas devant lui de son domicile,
le condamner d'abord à une année de détention. Cette
année expirée, de deux choses l'une, ou le condamné
fournissait enfin la preuve qu'il avait un domicile, ou
il ne la fournissait pas : au premier cas, mise en liberté;
au deuxième, transportation.

Néanmoins, le seul défaut d'inscription sur les registres d'une commune ne suffisait pas pour établir le
vagabondage, le prévenu devait encore être convaincu
d'errer sans passe-port et sans exercer un métier quelconque. (*Arrêt du 24 prairial an* xiii.)

Mais voyons l'état actuel de la législation sur le vagabondage.

Le nouveau Code Pénal porte : (*art.* 269) « Le
vagabondage est un délit.

» *Art.* 270. Les vagabonds ou gens sans aveu sont
ceux qui n'ont ni domicile certain, ni moyens de subsistance, et qui n'exercent habituellement ni métier,
ni profession.

» *Art.* 271. Les vagabonds ou gens sans aveu, qui

auront été légalement déclarés tels, seront pour ce seul fait punis de trois à six mois d'emprisonnement, et demeureront, après avoir subi leur peine, à la disposition du gouvernement pendant le temps qu'il déterminera, eu égard à leur conduite.

» *Art.* 272. Les individus déclarés vagabonds par jugement pourront, s'ils sont étrangers, être conduits, par les ordres du gouvernement, hors du territoire de la France.

» *Art.* 275. Les vagabonds nés en France pourront, après un jugement même passé en force de chose jugée, être réclamés par délibération du conseil municipal de la commune où ils sont nés, ou cautionnés par un citoyen solvable. Si le gouvernement accueille la réclamation ou agrée la caution, les individus ainsi réclamés ou cautionnés seront, par ses ordres, renvoyés ou conduits dans la commune qui les a réclamés, ou dans celle qui leur sera assignée pour résidence, sur la demande de la caution. »

Il existe encore dans le Code Pénal actuel d'autres dispositions contre le vagabondage; mais elles sont communes aux mendians, et elles paraissent sortir des bornes de la police rurale, ce qui nous dispense de les rapporter ici.

VAINE PATURE. La vaine pâture a reçu plusieurs définitions par les anciens auteurs et par les coutumes; il est inutile de les rapporter. Disons seulement que la vaine pâture, dont nous allons traiter, est le pâturage ou servitude qu'exercent les propriétaires sur leurs propriétés respectives, le plus communément après la première herbe enlevée. Cette servitude s'exerce encore entre les communes ou paroisses, suivant les titres, possessions et usages existans.

Ainsi, sans examiner les variations coutumières, ni l'ancienne jurisprudence sur la vaine pâture, il convient de se borner à la législation actuelle.

« Le droit de vaine pâture dans une paroisse, accompagné ou non de la servitude du parcours, ne pourra exister que dans les lieux où il est fondé sur un titre particulier, ou autorisé par la loi, ou par un usage local immémorial, et à la charge que la vaine pâture n'y sera exercée que conformément aux règles et usages locaux qui ne contrarieront point les réserves portées dans les articles suivans de la présente section. (*Art.* 3, *tit.* I*er de la loi du* 6 *octobre* 1791.)

» Le droit de parcours et le droit simple de vaine pâture ne pourront, en aucun cas, empêcher les propriétaires de clore leurs héritages; et tout le temps qu'un héritage sera clos de la manière qui sera déterminée par l'article suivant, il ne pourra être assujéti ni à l'un ni à l'autre droit ci-dessus. (*Art.* 5, *ibid.*, *ibid.*)

» La clôture affranchira de même du droit de vaine pâture, réciproque ou non réciproque, entre particuliers, si ce droit n'est pas fondé sur un titre. Toutes lois et tous usages contraires sont abolis. (*Art.* 7 *ibid.*)

» Entre particuliers, tout droit de vaine pâture fondé sur un titre, même dans les bois, sera rachetable, à dire d'experts, suivant l'avantage que pouvait en retirer celui qui avait ce droit, s'il n'était pas réciproque, ou eu égard au désavantage qu'un des propriétaires aurait à perdre la réciprocité si elle existait; le tout sans préjudice au droit de cantonnement, tant pour les particuliers que pour les communautés. Confirmé par l'article 8 du décret des 16 et 10 septembre 1790. (*Art. 8 ibid.*)

» Dans aucun cas et dans aucun temps le droit de parcours ni celui de vaine pâture ne pourront s'exercer sur les prairies artificielles, et ne pourront avoir lieu sur aucune terre ensemencée ou couverte de quelques productions que ce soit, qu'après la récolte. (*Art.* 9.)

» Le droit dont jouit tout propriétaire de clore ses héritages a lieu, même par rapport aux prairies, dans les paroisses, où sans titre de propriété, et seulement par l'usage, elles deviennent communes à tous les habitans, soit immédiatement après la récolte de la première herbe, soit dans tout autre temps déterminé. (*Art.* 11.)

» Tout chef de famille domicilié, qui ne sera ni propriétaire ni fermier d'aucune terre sujette à la vaine pâture, et les propriétaires ou fermiers auxquels la modicité de leur exploitation n'assurerait pas l'avantage qui va être déterminé, pourront mettre sur lesdits terrains, soit par troupeau séparé, soit en troupeau en commun, jusqu'au nombre de six bêtes à laine et d'une vache avec son veau, sans préjudice aux droits desdites personnes sur les terres communales, s'il y en a dans la paroisse, et sans entendre rien innover aux lois, coutumes ou usages locaux et de temps immémorial qui leur accorderaient un plus grand avantage. (*Art.* 14 *ibid.*)

» Les propriétaires ou fermiers exploitant des terres sur les paroisses sujettes à la vaine pâture, et dans lesquelles ils ne seraient pas domiciliés, auront le même droit de mettre dans le troupeau commun, ou de faire garder par troupeau séparé, une quantité de têtes de bétail proportionnée à l'étendue de leur exploitation, et suivant les dispositions de l'article 13 de la présente section; mais dans aucun cas ces propriétaires ou fermiers ne pourront céder leurs droits à d'autres. » (*Art.* 15 *ibid.*)

Mais dans quel temps et comment s'exerce la vaine pâture? L'article 1er du titre Ier de la loi citée répond que dans aucun cas et dans aucun temps la vaine pâture ne pourra être exercée sur les prairies artificielles et sur tout autre terrain ensemencé. L'article 10 ajoute que partout où les prairies naturelles sont sujettes à la vaine pâture, elle n'aura lieu provisoirement que dans les temps autorisés par les usages et coutumes, mais jamais tant que la première herbe ne sera pas enlevée.

Quant à la quantité de bétail qui peut être envoyée en vaine pâture proportionnellement à l'étendue du terrain, elle sera fixée dans chaque paroisse à tant de bêtes par arpent, d'après les réglemens et usages locaux, et à défaut de documens positifs à cet égard, il y est pourvu par le conseil général de la commune. (*Art.* 13 *ibid.*)

Il en est ainsi des autres mesures de police que peut nécessiter l'exercice de la vaine pâture; c'est-à-dire que ces mesures sont déterminées par des réglemens locaux émanés de l'autorité administrative, qui a le droit de prévenir ou de réprimer tous abus ou contraventions sur ce point. C'est là une police qui rentre dans l'exercice légal des attributions administratives.

Ainsi, leurs arrêtés sont obligatoires pour les citoyens, et les peines qui peuvent être infligées aux contrevenans sont celles établies par la loi du 24 août 1790. Jugé ainsi par arrêt du 25 janvier 1821. Au reste, *Voyez* PARCOURS.

VENDANGE. *Voyez* BAN DE VENDANGE.

VERS A SOIE. Les vers à soie sont insaisissables pendant leur travail, ainsi que la feuille du mûrier qui leur est nécessaire pour leur éducation. (*Art.* 9, *sect.* v, *tit.* Ier *de la loi du* 6 *octobre* 1791.)

Ainsi, la saisie qui serait faite de ces utiles et ingénieux insectes pendant le temps déterminé serait nulle. C'est un égard mérité que la loi conserve en faveur de l'agriculture.

VIGNES. *Voyez* PRAIRIES ARTIFICIELLES.

VOIES PUBLIQUES. *Voyez* CHEMINS VICINAUX.

Nous n'avons pas dû comprendre *verbo* CHEMINS plusieurs documens qui sont relatifs à la voie publique en général, mais seulement les dispositions relatives aux chemins vicinaux. C'est ici le cas de parler des règles générales de conservation de la voie publique.

L'article 605, paragraphe 11, du code de brumaire an IV, punit d'une amende de la valeur de trois journées de travail, ou de trois jours d'emprisonnement, ceux qui embarrassent ou dégradent la voie publique, ceux qui exposent devant leurs maisons, sur la voie publique, des choses qui peuvent nuire par leur chute, ou causer des exhalaisons nuisibles.

Ces dispositions sont modifiées par le paragraphe IV de l'article 471 du nouveau Code Pénal, conçu en ces termes : « Ceux qui auront embarrassé la voie publique, en y déposant ou y laissant sans nécessité des matériaux ou des choses quelconques qui empêchent ou diminuent la liberté ou la sûreté du passage ; ceux qui, en contravention aux lois et réglemens, auront négligé d'éclairer les matériaux par eux entreposés, ou les excavations par eux faites dans les rues et places, sont punis d'une amende depuis un franc jusqu'à cinq francs inclusivement.

» En cas de récidive, la peine d'emprisonnement pendant trois jours est toujours prononcée. (*Art.* 474 *ibid.*)

» Les cultivateurs ou tous autres qui dégradent ou détériorent, de quelque manière que ce soit, des chemins publics, ou usurpent sur leur largeur, seront condamnés à la réparation ou à la restitution, et à une amende qui ne pourra être moindre de trois francs ni excéder vingt-quatre francs. » (*Art.* 40, *tit.* II, *loi du* 6 *octobre.*)

Le fait d'avoir usurpé sur la voie publique, en y faisant une construction, doit-il être regardé comme rentrant dans la disposition de cet article 40 ? ou au contraire se rattache-t-il au fait d'avoir embarrassé la voie publique en y déposant des matériaux, cas prévu par l'article 471, paragraphe 4 ? Il faut répondre que la construction sur la voie publique est une usurpation sur sa largeur et une véritable détérioration. Ainsi, c'est un fait correctionnel, aux termes de l'art. 40, précité. C'est ce qui a été jugé par la cour régulatrice, par arrêt du 29 juin 1820.

Il en est de même de la dégradation d'un chemin public, en y plaçant des heurtoirs ; ce n'est pas là un simple embarras de la voie publique. (*Arrêt du* 7 *mars* 1822.)

Je ne sais si ces deux arrêts ne sont pas en contradiction avec les décrets et arrêts que j'ai rapporté *verbo* CHEMINS VICINAUX; il est du moins prudent de n'appliquer ces arrêts que dans leur hypothèse spéciale. D'ailleurs voici une autre décision de la même autorité, rendue dans le même mois, qui attribue à la police simple un fait de dégradation de la voie publique. Cet arrêt, qui est du 22 mars 1822, décide en effet qu'il n'appartient pas au conseil de préfecture, mais bien au tribunal de police, de réprimer une contravention à un arrêté local qui ordonne la démolition d'un établi et d'un banc placés devant une maison et faisant saillie sur la voie publique, lorsque cette voie n'est pas le prolongement d'une route royale ou départementale.

Mais laissons aux circonstances les applications particulières de décisions si contradictoires en apparence. Il nous reste une autre question.

Lorsqu'un individu, poursuivi devant un tribunal de justice de police pour embarras de la voie publique ou usurpation d'un chemin, oppose que le chemin n'est pas public, cette exception présente-t-elle une question préjudicielle qui ne puisse être jugée par le tribunal saisi de la connaissance du délit? Décidé affirmativement par la cour de cassation, le 7 mars 1822; ce qui est conforme à l'article 3 du Code d'Instruction criminelle.

VOIRIE. Les magistrats qui ont ce qu'on appelle le droit de voirie ont celui de faire des réglemens locaux pour l'alignement, la sûreté, le nettoiement des rues, chemins et places, pour les conserver en bon état, libres et commodes, et faire cesser toutes entreprises contraires au bon ordre, à la commodité publique et au service du commerce. Ce sont ces différentes choses qui constituent la police de la voirie.

« L'administration en matière de grande voirie appartiendra aux corps administratifs, et la police de conservation, tant pour les grandes routes que pour les chemins vicinaux, aux juges de district. » (*Art.* 6 *tit.* XIV *de la loi du* 7 *septembre* 1790.)

Ce texte a été développé, du moins dans sa première partie, par la loi du 7 octobre suivant, qui porte que « l'administration en matière de grande voirie attribuée aux corps administratifs par l'article 6 du titre XIV de la loi sur l'organisation judiciaire, comprend dans toute l'étendue du royaume l'alignement des rues, des villes, bourgs et villages qui servent de grandes routes.

Mais ces deux lois ne disent rien de la petite voirie. « Quel en est le motif ? se demande M. Merlin. C'est que déjà, répond-il, l'article 50 de la loi du 14 décembre 1789 et l'article 3 du titre XI de celle du 24 août 1790 avaient rangé la petite voirie dans les attributions de la police municipale. »

Néanmoins et depuis plusieurs lois ont conféré aux conseils de préfecture une partie des attributions faites aux tribunaux par les lois précédentes. Cet état de choses a souvent donné lieu à des contestations sur la compétence des différentes autorités appelées à maintenir la police de la voirie ; contestations qui paraissent maintenant difficiles à reproduire si l'on veut se conformer à deux arrêts de la cour régulatrice, et dont il est essentiel de faire connaître les motifs.

Le premier, rendu le 29 mars 1821, dit : « Attendu que l'alignement des maisons qui bordent les rues des villes, *bourgs et villages*, est une mesure qui intéresse essentiellement la sûreté et la commodité du passage dans ces rues ; que le pouvoir de déterminer cet alignement entre donc dans les attributions que la loi confère aux corps municipaux, remplacés aujourd'hui par les maires ;

» Que les articles 1er et 2, titre XI, de la loi du 24 août 1790, donnent à la juridiction du pouvoir municipal la connaissance des contraventions aux réglemens faits sur les objets spécifiés dans les articles 3 et 4, même titre, de cette loi ;

» Que les tribunaux de police sont maintenant investis de cette juridiction, et que leur devoir est d'assurer l'exécution des réglemens de police administrative, en prononçant contre les contrevenans les peines que la loi a déterminées ;

» Que s'il est des rues à l'égard desquelles la contravention aux réglemens sur l'alignement soit hors du ressort de la juridiction des tribunaux de police, ce sont uniquement celles qui, formant le prolongement d'une grande route, sont par cette circonstance dans les attributions de la grande voirie ; que, quant à toutes les autres, leur alignement est un objet de petite voirie, qui se rattache au 1er § de l'article 3 du titre XI de la loi du 24 août 1790 ; que c'est au pouvoir municipal qu'il appartient de faire des réglemens sur cette matière, et que par l'article 471, no 5, du Code Pénal, la contravention aux réglemens ou arrêtés concernant la petite voirie est, en termes exprès, déclarée contravention de police et punissable de la peine qu'il prononce. »

Le second arrêt, du 12 avril 1822, s'exprime ainsi : « Attendu que les tribunaux de police ne doivent point se borner à prononcer la peine des contraventions dont ils ont été saisis dans l'ordre de leurs attributions ; qu'ils doivent encore statuer sur la réparation du dommage qui en est résulté ; que relativement à une construction faite ou entreprise au-delà de l'alignement donné par le maire, dans les rues et places des villes, bourgs et villages qui ne sont pas toutes royales et départementales, la réparation du dommage ne peut exister que par la démolition de cette construction ; que cette démolition doit donc être ordonnée par le jugement qui prononce l'amende pour l'anticipation sur l'alignement, ou pour la violation dans la construction des règles prescrites par l'autorité municipale ;

» Qu'en principe général, les maires doivent dresser procès-verbal des infractions à leurs réglemens sur la voirie urbaine ; qu'ils doivent faire sommation aux contrevenans de s'y conformer ; que la négligence ou le refus d'exécuter cette sommation, contre laquelle il n'y aurait pas eu recours par les voies légales, doit être poursuivie devant les tribunaux de police, qui, en prononçant la peine, doivent ordonner la réparation de la contravention, et par conséquent la démolition, la destruction ou l'enlèvement de ce qui fait la matière de cette contravention ;

» Que s'il appartient à l'autorité municipale d'ordonner la démolition d'édifices menaçant ruines, sauf le recours devant l'autorité supérieure, c'est parce que ces édifices exposent la sûreté publique ; mais que cette attribution pour ce cas particulier ne modifie d'aucune manière celle des tribunaux de police relativement aux anticipations, ou bien aux modes, aux formes des constructions qui ont été entreprises contre les règles fixées dans les arrêtés municipaux. »

Toutes ces considérations m'ont toujours paru autant de conséquences naturelles du 5e no de l'article 471 du Code Pénal, qui, à l'imitation des réglemens antérieurs, attribue exclusivement aux juges de police la connaissance « des négligences et des refus d'exécuter les réglemens et arrêtés concernant la petite voirie, et *d'obéir à la sommation* émanée de l'autorité administrative, de réparer ou démolir les édifices menaçant ruines.

VOLS COMMIS DANS LES CHAMPS. Il faut distinguer parmi ces faits ceux de destruction et de dévastation dont nous avons traité; ceux de maraudage et les vols de petites parties de récoltes, auxquels nous avons consacré des articles séparés que l'on peut consulter. Nous ne devons donc parler ici que des vols d'objets confiés à la foi publique, et nécessairement.

« Quiconque, dit l'article 388 du Code Pénal, aura volé dans les champs des chevaux ou bêtes de charge, de voiture ou de monture, gros et menus bestiaux, des instrumens d'agriculture, sera puni de la réclusion. Il en sera de même à l'égard des vols de bois dans les ventes, et de pierres dans les carrières, ainsi qu'à l'égard du vol de poisson en étang, vivier ou réservoir. »

Avant ce texte, le Code Pénal de 1791 infligeait la peine de quatre à six années de détention, suivant les circonstances, à ceux qui volaient des charrues, des instrumens aratoires, des bestiaux, ruches d'abeilles, chevaux et autres bêtes de somme, confiés à la foi publique, soit dans les champs, les foires et les marchés, soit sur les chemins; mais avant la révolution, les mêmes vols étaient punis de trois années de galères pour la première fois, et de plus longues années en cas de récidive.

« Beaucoup de ces crimes restèrent impunis alors, parce que la peine était trop forte et que l'on aimait mieux acquitter les coupables; mais la loi du 25 frimaire an VIII présenta un inconvénient tout différent; elle attribuait la connaissance des mêmes délits aux tribunaux de police correctionnelle; alors la peine fut insuffisante, ce qui produisit, à peu de chose près, le même effet que l'impunité. » (*Discours de l'orateur du gouvernement.*)

Malgré cela, les législateurs sont revenus aux modifications de la loi du 25 frimaire par une disposition toute nouvelle, ainsi conçue : « Les vols et tentatives de vols spécifiés dans l'article 388 du Code Pénal seront jugés correctionnellement et punis des peines déterminées par l'article 401 du même Code. (*Art. 2 de la loi du 25 juin 1824.*)

On sait que les peines prescrites par cet article 401 sont un emprisonnement dont la durée est d'un an au moins et de cinq ans au plus, et une amende facultative de seize francs au moins et de cinq cents francs au plus. *Voyez* le texte de ce même article *verbo* RÉCOLTES.

Mais il faut distinguer plusieurs vols qui ne sont pas assimilés à ceux des récoltes. En voici quelques exemples. La cour suprême décide qu'un vol de sel sur les bosses des marais salans n'est pas un vol de récoltes dans le sens de l'article 388 du Code Pénal. Le mot récolte employé dans cet article ne doit s'entendre que de la dépouille des biens de la terre. (*Arrêt du* 31 *juillet* 1818.)

Le vol de planches commis dans un champ, sans aucune circonstance aggravante, entraîne-t-il l'application du même article 388? Non, ce n'est là qu'un simple délit, qui ne peut être puni que des peines correctionnelles. (*Arrêt de cassation du* 5 *mars* 1818.)

Et même le vol des fruits récoltés commis dans un champ n'est point passible de la peine portée audit article 388, si ce vol a été commis après la saison de la récolte, et lorsqu'il n'y avait par conséquent aucune nécessité de laisser les fruits exposés à la foi publique. (*Arrêt du* 2 *juin* 1815.)

Mais le vol d'animaux placés dans les champs sous la surveillance d'un gardien, est un vol de choses confiées à la foi publique, tout aussi bien que si les bestiaux n'eussent pas été gardés ou surveillés. Dans un cas comme dans l'autre il y a lieu à la peine de réclusion. Jugé ainsi par la cour suprême le 28 octobre 1818.

VOLAILLES. Les dégâts qu'elles commettent dans les champs ne donnent lieu qu'à une action civile, pour faire condamner le détenteur des volailles à payer la valeur des dégâts. (*Loi du* 24 *août* 1790, *art.* 10, *tit.* III.)

Néanmoins il est permis au propriétaire ou possesseur des terrains sur lesquels les volailles font du dommage, de les y tuer, sans pouvoir les emporter.

Les pigeons sont réputés volailles; nous l'avons déjà dit *verbo* PIGEONS, où nous avons cité plusieurs arrêts de la cour régulatrice qui l'ont jugé ainsi.

Mais il n'en est pas de même des oies, dont la divagation et le pâturage sont réputés délits. Ainsi les maires peuvent défendre d'introduire ces animaux dans les champs et les prés sujets au parcours ou à la vaine pâture. Voici un arrêt de la cour régulatrice qui l'a décidé ainsi en ces termes :

« Attendu..... que la loi du 6 octobre 1791 sur la police rurale, et celle du 28 pluviôse an VIII, ont donné aux administrations municipales le pouvoir de régler dans chaque commune où le droit de parcours a lieu l'exercice de ce droit, par conséquent d'ordonner des mesures propres à en prévenir ou à en réprimer l'abus, ainsi que toute entreprise tendante à détériorer les pâturages et à priver ainsi les communes de l'avantage qu'elles doivent retirer de la jouissance du droit dont il s'agit pour la nourriture de leurs troupeaux ; que les arrêtés pris à cet effet par le pouvoir municipal sont donc dans l'ordre légal de ses attributions ; que ce sont des réglemens de police qui doivent recevoir toute leur exécution, tant qu'ils ne sont pas réformés par l'autorité administrative supérieure ; que les contraventions qui y sont commises, sont d'après les dispositions de l'article 5 du titre XI de la loi du 24 août 1790, punissables des peines de police.... ; attendu que par un arrêté du maire de Ville-Parisis, du 26 juillet dernier, il est défendu à tous propriétaires d'oies de les envoyer paître dans aucun temps et dans aucun champ sujet au parcours des troupeaux et des vaches ; que Pierre-François Noël et Pierre Chartron, traduits à la requête du ministère public au tribunal de police du canton de Claye, comme prévenus de contravention à cet arrêté, ont été déclarés coupables et condamnés en conséquence à deux francs d'amende et aux frais de l'instance; que s'il est des habitans de la commune de Ville-Parisis qui se croient fondés à se plaindre dudit arrêté, le recours à l'autorité supérieure leur est ouvert, et qu'ils ont, sans aucun douté, le droit de porter leurs réclamations devant le préfet du département, à qui il appartient de les apprécier et de les juger; mais qu'aussi longtemps qu'il subsiste, il est obligatoire pour tous les individus qui en sont l'objet, et que ses infracteurs sont soumis à des peines de police.... »

VOYAGEUR. « Tout voyageur qui déclora un champ pour se faire un passage dans sa route paiera le dommage fait au propriétaire, et de plus une amende de la valeur de trois journées de travail, à moins que le juge de paix du canton ne déclare que le chemin public était impraticable; et alors les dommages et les frais de reclôture seront à la charge de la communauté. » (*Art.* 41 *du titre* II *de la loi du* 6 *octobre* 1790.) *Voyez* CLOTURES.

FIN.

NOTICE INDICATIVE

DES

ARTICLES TRAITÉS DANS LE CODE RURAL.

A.

B.

O.

P.

R.

S.

T.

U.

V.

FIN DE LA NOTICE.